MorgenMeditationen

365
Einstimmungen in den Tag

OSHO

Inhalt

Vorwort

Dieses Buch ist eine Auswahl aus Vorträgen, die der Mystiker Osho im Laufe von vielen Jahren in seiner spirituellen Kommune im indischen Pune vor seinen Schülern und Besuchern aus aller Welt gehalten hat.
Osho hat die Zusammenstellung dieser Texte selbst angeregt, und empfohlen, jeden Morgen direkt nach dem Aufwachen – noch ehe der Verstand sich den Anforderungen und Problemen des Tages zuwendet –, einen Abschnitt zu lesen.
Das Buch enthält 12 Kapitel mit je 31 Abschnitten, also einen Text für jeden Tag des Jahres. Monat eins muß nicht der Januar sein, sondern der Monat, an dem Sie das Buch zu lesen beginnen; danach sollte man aber Tag für Tag weiterlesen, anstatt quer durch das Buch zu spazieren oder es in einem Zug zu lesen.
Die Texte dienen der meditativen Besinnung und Einstimmung auf den Tag, das alltägliche Leben. Sie sollen an das erinnern, was hinter allen Erscheinungen existiert, das, was wirklich wichtig, wesentlich und unvergänglich ist im Leben. Es geht dabei nicht etwa darum, die Worte Oshos als Handlungsanweisungen zu verstehen, zu befolgen, zu glauben, zu bezweifeln oder zu kritisieren. Die Worte eines Mystikers sind nicht Teil einer Theorie, die es zu akzeptieren oder zu widerlegen gilt.
Im Grunde sind es gar nicht die Aussagen selbst, die wichtig sind, sondern die Schwingung, die sich in ihnen überträgt.

Osho sagt dazu: „In den Worten eines Mystikers schwingt eine Stille mit, seine Worte machen keinerlei Lärm. Sie haben eine Melodie, einen Rhythmus, eine Musik, und im Innersten seiner Worte herrscht vollkommene Stille. Wenn du in die Tiefe seiner Worte eindringen kannst, wirst du unendlicher Stille begegnen. Aber um in die Worte eines Buddhas einzudringen, sind analysieren, argumentieren oder diskutieren nicht der richtige Weg. Der Weg besteht darin, mit ihm in Gleichklang zu fallen, mit ihm in Harmonie zu kommen, mit ihm synchron zu sein. In diesem Gleichklang, in diesem Ein-Klang betritt man das innerste Zentrum der Worte des Meisters. Und dort wirst du nicht die Spur eines Tons, keinerlei Lärm finden; dort findest du nur absolute Stille. Die zu kosten heißt, den Meister zu verstehen. Wichtig ist also nicht die Bedeutung des Wortes, sondern die Stille des Wortes."

Maneesha

Der Mensch
ist ein Same…
… von großem Potenzial

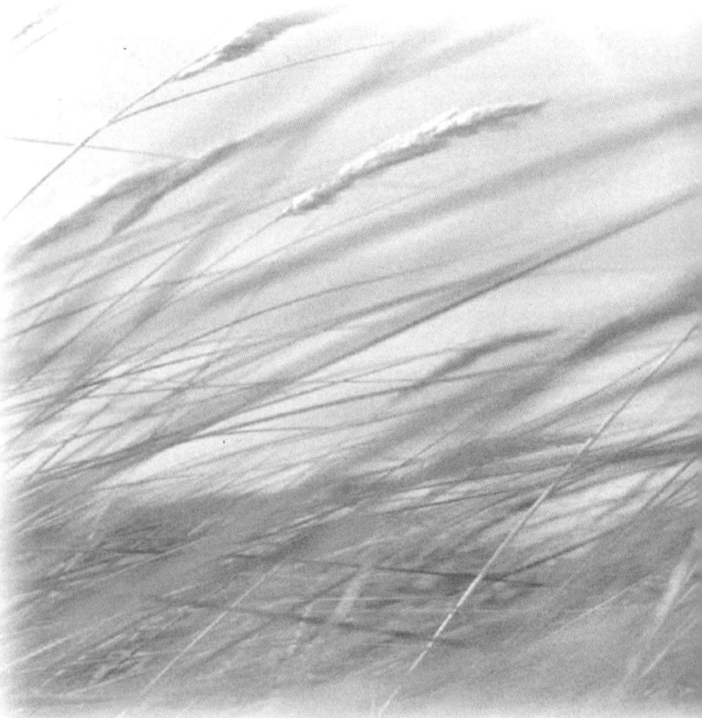

1. *Tag*

Der Mensch ist nicht dazu
bestimmt, auf der Erde
herumzukrabbeln und
zu kriechen.
Er hat die Fähigkeit, zum
Höchsten aufzusteigen.

2. *Tag*

Jedes Zeitalter braucht eine neue Art von Spiritualität, denn jedes Zeitalter unterscheidet sich von allen anderen. Deshalb kommen immer wieder Boten. Ein Bote ist nichts anderes als jemand, der seinen Zeitgenossen die ewige Wahrheit übersetzt. Abraham ist einer dieser Botschafter Gottes. Es ist gut, mit Abraham in Verbindung zu sein, aber behaltet in Erinnerung, dass auch Abraham eine Wiedergeburt braucht.

3. *Tag*

Der moderne Mensch ist der erste Mensch in der gesamten Menschheitsgeschichte, der keinen Begriff vom Heiligen hat, der ein durch und durch weltliches Leben führt. Er interessiert sich für Geld, Macht, Prestige. Und das, glaubt er, ist alles. Das ist solch eine dumme Haltung.

Sein Leben ist umgeben von kleinen Dingen, sehr kleinen. Er hat keine Vorstellung von etwas, das größer ist als er selbst. Gott hat er verleugnet – er hat ihn für tot erklärt. Das Leben nach dem Tod hat er verleugnet, das Leben in seinem Innern hat er verleugnet. Er glaubt nur daran, das Innere zu verleugnen, deshalb sehen wir überall um uns herum solche Langeweile. Das ist natürlich, denn wenn du dich nicht auf etwas, das größer ist als du, beziehen kannst, wird dein Leben mühsam, langweilig. Das Leben wird nur dann zum Tanz, wenn es ein Abenteuer ist. Und es kann nur zum Abenteuer werden, wenn es etwas zu erlangen, etwas zu verwirklichen gibt, das größer ist als du.

Der Same muss zum Spross werden, der Spross muss zum Baum werden, der Baum muss auf den Frühling warten und in Tausende von Blüten explodieren und seine Seele in den Kosmos verströmen. Nur so gibt es Erfüllung. Und das Heilige ist nicht weit entfernt; wir müssen nur anfangen, danach zu forschen. Am Anfang tasten wir natürlich im Dunkeln herum; aber bald beginnen wir, uns darauf einzustimmen, bald beginnen wir, Blicke vom Jenseitigen zu erhaschen, eine bisher noch nie gehörte Musik fängt an, unser Herz zu berühren; sie bringt unser Wesen zum Schwingen, sie gibt uns eine neue Farbe, eine neue Freude, ein neues Leben.

4. Tag

Wir sind keine Fremden, keine Außenseiter. Wir sind Teil der Existenz. Dies ist unser Zuhause. Wir sind nicht zufällig hier, wir sind hier, weil wir gebraucht werden. Wir sind hier, weil Gott uns einfach hier haben wollte. Es ist sein Wille. Darum braucht sich niemand entfremdet zu fühlen. Das ist eines der grundlegendsten Probleme, dem sich die Menschheit heutzutage gegenübergestellt sieht. Überall auf der Welt fragen intelligente Menschen sich besorgt, bekümmert, verstört: Warum sind wir hier? Für die Naturwissenschaft ist es ein Zufall. Und wenn wir zufällig hier sind, sind wir nutzlos. Dann macht es keinerlei Unterschied, ob wir hier sind oder nicht.

Deshalb herrscht auf der ganzen Welt ein Klima von Bedeutungslosigkeit. Gott bedeutet ganz einfach nichts anderes als „Bedeutung". Das Leben ist bedeutungsvoll – das ist die ganze Bedeutung von Gott.

Für mich ist „Gott" keine Person. Es ist die Bedeutsamkeit der Existenz. Es ist keine Person, vielmehr eine Präsenz. Das einzige, was nötig ist, ist, dass du eine Leere in dir schaffst – und nicht, dass du Gott suchst. In dem Augenblick, in dem du leer bist, dringt etwas vom Jenseitigen in dich ein, füllt deine Leere. Du beginnst, mit etwas völlig Neuem überzufließen, dass du niemals vorher gekostet, nie vorher gekannt hast. Es ist ein solcher Segen, eine solche Gnade. Es ist eine solche Ekstase, dass du von diesem Moment an weißt, dass es keine Geburt gibt und keinen Tod, dass auch du ewig bist. Von dem Moment an weißt du, dass du Teil einer ungeheuren Energie bist, die Göttlichkeit heißt. Göttlichkeit ist wie eine ozeanische Energie, wir sind nur Wellen darin.

5. *Tag*

Wir haben nichts verloren. Gott ist nicht verloren gegangen und braucht deshalb auch nicht wieder gefunden zu werden. Wir haben nur vergessen, es ist nur eine Frage des Sich-Erinnerns. Es ist da, im tiefsten Kern unseres Seins. Nenne es Wahrheit, Gott, Segen, Schönheit, das alles weist auf das gleiche Phänomen hin: In uns ist etwas Ewiges, etwas Unsterbliches, etwas Göttliches.

Das einzige, was wir tun müssen, ist tief hineingehen, tief hineintauchen in unser eigenes Sein und sehen, wahrnehmen, erkennen. Deshalb ist die Reise nicht wirklich eine Reise. Wir brauchen nirgendwo hinzugehen, wir brauchen nur still zu sitzen und sein.

6. *Tag*

In dem Moment, in dem du leer bist von dir selbst, bist du voll von Gott. Beide können nicht zusammen existieren, merk dir das. Ruf es dir immer wieder ins Gedächtnis zurück: beide können nicht zusammen existieren, es ist entweder du oder Gott. Und es ist der törichte Mensch, der sich selber wählt. Wähle Gott, verschwinde als Ego. Vergiss die Idee, dass du ein von der Existenz getrenntes Wesen bist, und in diesem Verschwinden wirst du wiedergeboren. Es ist ein sehr paradoxer Zustand: In dem Moment, in dem du leer bist von dir selbst, wirst du voll, wirst du zum ersten Mal voll, überfließend voll, unerschöpflich voll. Und das Ego ist nur ein Schatten, es hat keine Substanz. Es ist nur ein Traum, keine Realität. Lass den Schatten fallen, so dass du zur Substanz gelangst. Lass das Falsche fallen, so dass du zum Echten gelangst. Ich lehre hier nur eins, und das ist, wie du leer werden kannst von dir selbst, so dass du voll werden kannst mit Gott. Und diese Fülle ist Erfüllung.

7. Tag

Man hat uns beigebracht, Feinde der Existenz zu sein, man hat uns lebensverneinende Ideologien beigebracht, und das ist so lange Zeit geschehen, dass es uns in Fleisch und Blut übergegangen ist. Wir lieben das Leben nicht, wir hassen es. Und die sogenannten Religionen haben den Leuten beigebracht, dass das Leben eine Strafe ist, dass du für die Erbsünde bestraft wirst.

Das Leben ist keine Bestrafung, sondern eine Belohnung, es ist ein Geschenk. Nimm es total an. Wenn du anfängst, dich mit dem Leben anzufreunden, wirst du überrascht sein, wie schön es ist, wie poetisch es ist, wie voller Musik es ist. Wenn die Idee der Verneinung völlig verschwunden ist und sich etwas Positives in dir niedergelassen hat, dann öffnet sich eine geheime Tür; das Leben beginnt, dir seine Geheimnisse zu offenbaren. Diese Geheimnisse können nur vor Freunden offenbart werden, sie können nicht jedermann offenbart werden, sie können nicht der Öffentlichkeit zugänglich gemacht werden. Nur wenn du eine tiefe, intime Beziehung zum Leben hast, offenbart dir das Leben sein Herz. In dieser Offenbarung wird man der Wahrheit gewahr, wird man der Liebe gewahr, wird man des Segens gewahr, wird man Gottes gewahr.

Man muss nicht nach einer anderen Art von Leben suchen, man muss tief in dieses Leben eindringen, und man wird das andere Leben verborgen in diesem Leben finden. Das andere Ufer ist an diesem Ufer versteckt, die andere Welt ist in dieser Welt versteckt. Wir müssen nicht davon weggehen, wir müssen tiefer hineingehen.

8. *Tag*

Der Mensch muss absolut leer sein, nur dann hat Gott Raum, sich in ihm niederzulassen. Und wir sind so voller Schrott, voller Müll; sogar wenn Gott hereinkommen will, findet er in uns keinen Platz. Unsere Tasse ist voll. Nicht einmal einen Tropfen mehr kann sie aufnehmen. Wir müssen die Tasse völlig ausleeren.

In dem Moment, in dem du absolut leer bist und du nichts mehr in dir erblickst, wird plötzlich alles zu Licht. Plötzlich öffnen sich Tausende von Blüten in deinem Sein. Du bist voller Duft und Musik, einer nie zuvor gehörten Musik, einem überirdischen Duft. Und mit dieser Erfahrung wirst du befreit, vom Leben befreit, vom Tode befreit, von der Zeit an sich befreit. Du wirst Teil des ewigen Fließens der Existenz. Aber man muss vollkommen verschwinden, damit Gott sein kann.

9. *Tag*

Bevor man sich nicht selbst entdeckt, bleibt man nur ein Mittel. Sobald man sich selber entdeckt hat, hat man das Ziel gefunden. Das Äußerliche deines Seins sind die Mittel: der Körper, der Verstand, das Herz. Benutze sie alle, um ins Tiefinnerste einzudringen, dein Zentrum zu erreichen – und das ist das Ziel. Indem man das findet, findet man alles, was man finden muss. Indem man das erkennt, hat man alles erkannt. Indem man das erreicht, hat man Gott erreicht.

10. *Tag*

Das Leben ist immer neu, der Verstand ist immer alt. Das Leben ist niemals alt, der Verstand ist niemals neu. Deshalb treffen sie sich nie, sie können sich nicht treffen. Der Verstand geht rückwärts, das Leben geht vorwärts. Deshalb begehen diejenigen, die versuchen, das Leben nach dem Verstand zu leben, eine so große Dummheit, dass sie an dem Tag, an dem sie erkennen, was sie sich selber angetan haben, es nicht fassen können, dass sie so dumm, so lächerlich, so absurd sein konnten.

Das Leben kann nur in einem Zustand von Nicht-Verstand erkannt werden. Das ist es, was Meditation bedeutet: den Verstand beiseite lassen, ohne Gedanken sein, einfach sein, still – nicht ein einziges Wort bewegt sich im Verstand, kein Verkehr, alles ist leer, ruhig, still. Dann bist du plötzlich mit dem Leben in Kontakt, und dann kennst du seine ungeheure Frische, seine befreiende Frische. Das ist Gott, das ist Nirvana. Das Leben in seiner Totalität zu leben, das Leben in seiner absoluten Frische zu kennen, bedeutet selig zu sein, in Frieden zu sein.

11. *Tag*

Der Diamant ist im Inneren, und wir sind im Äußeren. Er ist Teil unseres Seins, aber wir suchen ihn überall, außer dort; daher das Leiden, daher die Frustration, daher die Verzweiflung.

Schau nach innen, schau in dich hinein, und das Königreich Gottes ist dein. Wir haben es nie verloren, nicht einmal für einen einzigen Augenblick. Tatsächlich können wir es gar nicht verlieren, sogar wenn wir wollten, es ist unser Sein an sich. Aber aufgrund unserer eigenen Entscheidung sind wir Bettler geworden, aufgrund unserer eigenen Dummheit. Wir haben vergessen, wie man die Sprache unserer inneren Schriften liest, und wir suchen in den Veden und im Koran und in der Bibel... Wir werden große Schriftgelehrte, aber nicht reich, wir bleiben so arm wie immer. Reichtum entsteht nur auf eine einzige Art und Weise: indem man nach innen geht. Denn dort ist die Goldmine, der Schatz, der unerschöpfliche Schatz.

Gehe nach innen, stimme dich auf dein Inneres ein, und dann entsteht große Freude – unaufhörlich. Erst dann ist das Leben bedeutsam, niemals vorher. Erst dann ist das Leben wirklich Leben, niemals vorher.

12. Tag

Bereite den Weg, so dass Gott hereinkommen kann, sei bereit, die Sonne, das Licht zu empfangen. Und das einzige, was du dazu brauchst, ist, immer wachsamer zu werden, immer weniger im Verstand zu sein, immer mehr außerhalb des Verstandes zu sein, indem du ihn beobachtest, ohne dich hineinziehen zu lassen. Werde zum Abstand haltenden Zuschauer. Das genau ist die Bedeutung des Wortes „Ekstase" – außerhalb stehen.

Lerne, außerhalb des Verstandes zu stehen, dann hast du alles gelernt, was es zu lernen gibt. Alle Religionen lehren auf verschiedene Art, in verschiedenen Sprachen nur ein Geheimnis: wie man außerhalb seines Verstandes steht. Und der Tag, an dem dir das gelingt, ist der größte Tag deines Lebens. An dem Tag wirst du wiedergeboren. An dem Tag bist du nicht mehr ein Teil der physischen Welt, sondern du wirst ein Teil Gottes.

13. *Tag*

Einer der großen indischen Mystiker, Kabir, sagt: Ich habe Gott jahrein, jahraus gesucht und konnte ihn nicht finden. Dann gab ich die ganze Idee auf und ich wurde still und liebevoll – was hätte ich sonst tun können? Gott konnte ich nicht finden, da blieb mir nichts anderes übrig, als dem Göttlichen so nahe wie möglich zu sein. Deshalb wurde ich schweigsam, ich wurde still, ich wurde liebevoll, ich wurde selig, als ob ich ihn schon gefunden hätte; es war „als ob". Eines Tages kam er, auf der Suche nach mir; und von dem Tag an habe ich mich nicht mehr groß um ihn gekümmert. Aber er folgt mir immer noch nach. Anfangs rief ich ihn: „Gott, wo bist du?"

Jetzt ruft er: „Kabir, wo bist du?"

Kabir sagt etwas ungemein Wichtiges.

Wörtlich sagt er: „Er folgt mir nach wie ein Schatten und ruft mich: ‚Kabir, Kabir, wohin gehst du, was machst du? Kann ich dir irgendwie helfen?' Ich kümmere mich keinen Deut um ihn, wo ich jetzt den Weg kenne. Der Weg ist nirgendwo draußen, er geht nach innen. Er ist nicht in den Ritualen der Religion, er ist in der Liebe. Er ist nicht in Formalitäten, sondern in formloser Freundschaft mit der Existenz."

14. *Tag*

Wir sollten uns immer daran erinnern – und das ist das Allerwichtigste im Leben –, dass Gott uns liebt, dass er uns nicht im Stich gelassen hat, dass wir ihm nicht gleichgültig sind, dass er sich ständig mit uns beschäftigt, sich um uns kümmert.
Je tiefer sich dieser Gedanke in dein Herz einprägt, desto besser, denn wenn du anfängst, dich immer mehr von Gott geliebt zu fühlen, wirst du in der Lage sein, andere zu lieben. Auf diese Art werden wir fähig zu lieben: Wenn wir geliebt werden, können wir lieben; wenn wir nicht geliebt werden, wissen wir nicht, wie man liebt, wissen wir nicht, was Liebe ist.
In der heutigen Welt ist die Liebe dabei zu verschwinden, den Gott ist verschwunden. Der Himmel ist leer. Er war einst voller Liebe. Jahrhunderte lang beteten die Menschen, während sie zum Himmel aufsahen. Sie fühlten sich emporgehoben; sie fühlten, wie die Liebe auf sie herabregnete, sie fühlten sich mit Liebe überschüttet, überflutet. Sie waren bewegt, berührt davon, wurden dadurch transformiert. Und dann waren sie fähig, andere zu lieben – denn wenn du Liebe besitzt, kannst du sie anderen geben. Wenn du keine Liebe hast, wie kannst du sie dann anderen geben? Und die einzige Quelle, von der man sie bekommen kann, ist Gott, denn er ist die einzige unerschöpfliche Quelle.

15. *Tag*

Der Gast ist jederzeit bereit hereinzukommen, aber der Gastgeber fehlt. Entweder ist er woanders – er träumt, er hängt Wünschen nach... Er ist nie zu Hause, nie jetzt-hier – er ist entweder in der Vergangenheit oder in der Zukunft.

Es gibt nur zwei Wege, die in die Irre führen: der eine führt in das, was schon vergangen ist, der andere in das, was noch nicht geschehen ist. Die Vergangenheit und die Zukunft sind die einzigen zwei Wege, um vor der Gegenwart davonzulaufen. Und Gott kennt nur eine Zeit. Vergangenheit und Zukunft sind ihm unbekannt; die Gegenwart ist die einzige Zeit für ihn – und wir sind nie in der Gegenwart. Daher klopft der Gastgeber ständig an, kann aber Gott nicht finden, denn der Gastgeber klopft in der Vergangenheit an.

Und Gott klopft ständig an, kann aber den Gastgeber nicht finden, denn er klopft in der Gegenwart, und der Gastgeber ist niemals in der Gegenwart.

16. *Tag*

Es ist immer jetzt, es ist niemals dann. Es ist immer hier, es ist niemals dort. Dann und dort existieren nicht. Hier und jetzt existieren, tatsächlich sind sie die zwei Seiten der einen Medaille. Sogar die Physiker sind zu dieser Einsicht gekommen, dass Zeit und Raum nicht getrennt sind. Hier bedeutet Raum, jetzt bedeutet Zeit. Einer der größten Beiträge Albert Einsteins ist die Theorie, dass Zeit eine vierte Dimension von Raum ist, sie ist nichts Eigenständiges. Raum ist dreidimensional, und Zeit ist die vierte Dimension. Aber das ist schon lange die Einsicht der Mystiker. Sie ist schon so alt, dass man nur schwer sagen kann, seit wann es sie gibt. Es ist die allerälteste Einsicht der Mystiker.

Aber es ist natürlich, dass die Wissenschaft Tausende von Jahren hinterherhinkt; denn ihre Art vorzugehen ist äußerst langwierig. Aber jetzt sagen die Physiker genau das, was die Mystiker schon vor fünftausend Jahren gesagt haben, dass jetzt und hier die zwei Seiten derselben Medaille sind. Und das ist das einzige Wirkliche; alles andere ist entweder Einbildung oder Erinnerung.

Aus Einbildung und Erinnerung herauszukommen, ist Meditation, und in dem Moment, in dem du in Meditation bist, bist du frei, bist du aus dem Gefängnis entlassen.

17. *Tag*

Sei der Existenz völlig ergeben, kein Kampf mehr, kein Konflikt mehr, keine eigenen, privaten Ziele mehr. Lass das Ganze dich in Besitz nehmen, lass das Ganze dich leiten. Wohin auch immer es dich führt, ist dann gut, was auch immer es aus dir macht, ist dann gut.

Der Mensch allein kann nichts richtig machen, er wird nur Falsches machen. Das Richtige geschieht nur, wenn der Mensch Gott erlaubt, durch ihn zu wirken.

Erlaube Gott also, durch dich zu wirken. Vertraue! Wenn dieses ganze Universum so wunderbar funktioniert, warum sollte es dann nicht in der Lage sein, sich um dich zu kümmern? Warum solltest du dir Sorgen machen, Angst haben um dich selbst? Kein Rosenstrauch macht sich Sorgen, kein Vogel, kein Tier, kein Stern. Es ist nur der dumme menschliche Verstand, der so viele Sorgen kreiert. Und der einfache Grund dafür ist, dass er glaubt, er wäre für sich, separat. Natürlich, wenn du glaubst, dass du separat, auf dich alleingestellt bist, dann sind alle Sorgen dein; wenn du nicht separat bist, dann beschützt dich das Ganze.

18. *Tag*

Wenn du dich der Existenz hingibst, bist du siegreich – augenblicklich wirst du gekrönt.
Seinen eigenen Willen durchsetzen ist egoistisch; Gottes Willen geschehen lassen ist Hingabe. Mit Gott und in Gott sein, heißt siegreich sein, es gibt keinen größeren Sieg als diesen.

19. *Tag*

Suche Gott im Schönen, der Schönheit von allem. Lass das zu deiner Suche werden. Diene dem Schönen, erfreue dich an der Schönheit. Und wenn du dem Schönen dienst und dich an der Schönheit erfreust, beginnst du, schön zu werden... das Wahre und das Gute folgen nach. Wenn man eines der drei erlangt, folgen die anderen zwei automatisch nach.

20. *Tag*

Werde liebevoller und stiller. Das ist eine schwierige Aufgabe. Sei liebevoll zu anderen, und sei still, wenn du allein bist. Fange an, schweigend zu sitzen. Immer wenn du Zeit hast, sitze schweigend mit geschlossenen Augen, ohne etwas zu tun. Ich weiß, es wird ein sehr schwieriges Unterfangen werden, aber wenn du einmal damit anfängst, wirst du eines Tages fähig sein, es fertig zu bringen.

Diese zwei Dinge sind von großer Bedeutung: die Gabe der Liebe für andere und die Gabe der Stille für dich selbst. Es wird dir große Freude schenken, und eines Tages wird es Gott an deine Tür bringen.

21. *Tag*

Ein Gesegneter ist derjenige, der ein Segen für die Existenz ist. Solange man kein Segen für die Existenz ist, kann man kein Gesegneter sein. Wir müssen es uns verdienen, wir müssen dessen würdig sein, und die einzige Art, es zu verdienen, ist, dich in deiner Liebe für die Existenz zu verlieren.

Religion ist nichts anderes als eine Liebesgeschichte mit der Existenz. Sie ist nicht rituell. Sie hat nichts zu tun mit Kirchen und Tempeln und Moscheen und nichts mit den Veden und dem Koran und der Bibel. Sie hat eine ganz andere Bedeutung: du bist mit der Existenz verheiratet. Du bist verliebt in die Sterne und die Bäume und die Berge und die Wolken, denn das sind die verschiedenen Sphären Gottes. Du bist verliebt in Menschen und Tiere – bist verliebt in alles, was ist.

Wenn das möglich ist, überkommt dich eine große Gnade; du wirst vom Jenseits mit ungeheurer Freude überschüttet, du schwimmst in Wonne.

22. Tag

Gib dich der Existenz hin. Sich hingeben ist schön, weil es dir Schönheit verleiht, weil es dir Anmut verleiht, weil es zu einer großartigen Gelegenheit wird und Gott anfängt, sich in Tausenden von Segnungen auf dich herabzulassen.

Ein Mensch, der ständig in Kampfstimmung ist, bleibt verschlossen. Ein Mensch, der entspannt ist, in sich ruht, der keine Feindschaft gegen die Existenz unterhält, der in keiner Form versucht, irgend jemand oder irgend etwas zu erobern, dieser Mensch steht Gott zur Verfügung. All seine Fenster und Türen stehen offen, der Wind kann kommen, der Regen kann kommen, die Sonne kann kommen, Gott kann hereinkommen. Das sind Gottes Wege: manchmal kommt er als Wind und manchmal als Regen und manchmal als Sonne. Das sind seine Wege, auf denen er zu dir kommt. Er kommt niemals als Gott – er ist keine Person. Du wirst ihn niemals als Person treffen, du wirst ihn immer als eine natürliche Energie treffen. Eine Blume, die dich anlächelt, ist Gott, der dich begrüßt. Der sternenübersäte Himmel – Gott schwebt gerade über dir, bereit, dich zu umarmen.

Aber er kann dich nur umarmen und küssen, wenn du aufhörst zu kämpfen. Sonst hältst du dich nämlich so beschäftigt, so in Anspruch genommen, dass dir keine Zeit bleibt, einen Liebeskontakt mit Gott zu machen.

Ein Sannyasin muss ein Leben der Liebe mit Gott führen. Es ist eine Liebesbeziehung, dafür braucht man große Ruhe, Entspannung, Loslassen, das sind die einzigen Voraussetzungen.

23. *Tag*

Das Paradies ist nicht irgendwo anders. Das Paradies ist kein geografischer Begriff. Es ist nicht über den Wolken im Himmel, es befindet sich in dir. Und es ist nicht in irgendeiner anderen Zeit, nach dem Tod. Es ist genau jetzt in dir, du bist daraus gemacht; es besteht also kein Anlass, irgendwo anders danach zu forschen und zu suchen.

Das einzig Notwendige ist, dich zu entspannen und in dir selbst zu sein, tief ins eigene Innere einzutauchen, so tief, dass die ganze Welt verschwindet, als ob sie im Moment gar nicht existierte, so dass dein Bewusstsein als einziges existiert. Die ganze Existenz wird nichtexistenziell, dein Leben ist alles. Und dessen Reinheit, denn es wird von nichts verunreinigt... Nichts wird in deinem Spiegel reflektiert. Dein Bewusstsein ist einfach rein, ohne die leiseste Bewegung, ohne eine Welle. In dem Moment erkennt man, was das Paradies ist.

Wir haben es nicht irgendwie verloren, wir sind nicht aus dem Paradies vertrieben worden. Es besteht bereits in uns, es hat schon immer in uns bestanden, aber wir schauen nie ins eigene Innere. Wir schauen immerfort nach außen, und so verpassen wir ständig unsere eigenen Schätze, unser eigenes Königreich Gottes.

24. Tag

Der Mensch wird als Suche geboren. Der Mensch wird nicht als vollständiges Wesen geboren. Ein Hund ist vollständig, wenn er geboren wird. Ein Baum, ein Felsen, die gesamte Existenz, außer dem Menschen, haben eines gemeinsam – sie alle sind vollständig, komplett. Nur der Mensch ist unvollständig, daher hat der Mensch ein offenes Ende. Alles andere ist abgeschlossen. Eine Rose ist eine Rose ist eine Rose; aber der Mensch hat tausendundeine Möglichkeit. Ein Mensch kann ein Judas sein, ein Mensch kann ein Jesus sein. Alle Möglichkeiten sind offen, alle Alternativen stehen zur Verfügung.

Daher gehen diejenigen, die ihr Leben als selbstverständlich betrachten, am Ziel vorbei. Das Leben ist eine Suche, ein Forschen, ein Forschen danach, wie man total, wie man ganz ist. Das ist die Würde des Menschen, das ist seine Einzigartigkeit: weil er nicht vollständig ist, kann er wachsen; weil er noch nicht ganz ist, kann er blühen, kann er lernen, kann er werden. Der Mensch wächst, entwickelt sich. Der Mensch ist eine Suche. Der Mensch ist kein Sein, sondern ein Werden, ein Forschen. Das ist seine Schönheit, seine Herrlichkeit – ein Geschenk Gottes.

25. *Tag*

Gott spricht in jedermanns Herzen. Aber wir sind so im Kopf beschäftigt, dass wir niemals der stillen, kleinen Stimme in unserem Innern zuhören. Da ist so ein Krach, so viel unnötiger Lärm – wir haben den Kopf zum Marktplatz gemacht –, dass das Herz immer wieder ruft, und wir bleiben ihm gegenüber taub. Gott ist nicht in weiter Ferne, er ist sehr nah. Alles, was wir brauchen, ist die eine Kunst, den Verstand ein wenig zum Schweigen zu bringen, ihn ein bisschen weniger geräuschvoll zu machen, ein bisschen friedlicher, entspannter. Sowie der Verstand sich in Entspannung begibt, beginnst du, eine göttliche Musik in dir zu hören. Gott hat angefangen, auf dem Instrument deines Herzens zu spielen, auf der Harfe deines Herzens – und diese Musik verwandelt dich.

Wenn du sie einmal gehört hast, wirst du sie nie wieder vergessen, wenn du sie einmal gehört hast, ist dein Leben nie wieder das gleiche, wenn du sie einmal gehört hast, bist du Teil der unsterblichen Existenz geworden: du bist kein Sterblicher mehr.

26. *Tag*

Auf uns selbst gestellt können wir nicht siegreich sein. Wenn wir versuchen, auf uns selbst gestellt siegreich zu sein, werden wir unweigerlich besiegt, ist unser Schicksal besiegelt. Das Versagen ist absolut sicher, unvermeidlich. Es ist, wie wenn eine kleine Welle gegen den großen Ozean kämpft: Sie gehört zum Ozean, wie kann sie kämpfen? Es ist wie der Teil, der gegen das Ganze kämpft, das Blatt, das gegen den Baum kämpft, zu dem es gehört. Das Blatt kann nur siegreich sein durch den Sieg des Baumes, nicht für sich allein. Die Welle kann nur mit dem Ozean siegreich sein, nicht gegen ihn, nicht ohne ihn.

Der Mensch ist siegreich, wenn er nicht seinem eigenen Willen entsprechend, sondern dem Willen Gottes entsprechend lebt. Und in dem Moment, in dem du deinen Willen, dein Ego, deine eigene Vorstellung von dem, was es zu erreichen gibt, fallen lässt, bewegt sich dein Leben auf einer vollkommen anderen Ebene. Dann ist jeder Schritt ein Sieg, und jeden Augenblick kommst du der Unsterblichkeit nahe.

27. *Tag*

Die Idee des Getrenntseins, die Idee „Ich bin separat, getrennt von der Welt, der Existenz“ ist die Ursache allen Leidens und die Ursache allen Hasses, Ärgers, Zorns.

Sei dir von diesem Moment an bewusst, dass du nicht von der Existenz getrennt bist. Sei dir dessen nicht nur bewusst, experimentiere: sei eins mit dem Baum, unter dem du sitzt; sei eins mit dem Fluss, in dem du schwimmst; sei eins mit der Person, deren Hand du hältst! Und erweitere das Experiment langsam: sei eins mit dem Felsen, auf dem du sitzt; sei eins mit dem fernen Stern, den du in der Nacht betrachtest!

So erwirbst du ganz langsam die Fähigkeit, unmittelbar mit dem Objekt zu verschmelzen. Der Beobachter wird das Beobachtete, der Wissende wird das Gewusste. Wenn du dann eine Rose betrachtest, wirst du die Rose, ihr seid nicht getrennt. In dem Moment erfährst du zweierlei: Liebe und Seligkeit – Seligkeit für dich, Liebe für das Ganze.

28. *Tag*

Der Mensch ist ein Same, aber nur ein Same – von großem Potenzial, aber nichts ist realisiert. Der Same kann als Same sterben, ohne je ein Baum zu werden, ohne jemals zu erblühen. Der Mensch ist der Same des Lichts. Aber für gewöhnlich ist der Mensch nicht strahlend von Licht, ist der Mensch nicht leuchtend, aus dem einfachen Grund, weil die Schale des Samens hart ist und keine Fenster hat. Der Mensch bleibt in sich selbst verschlossen, daher die Dunkelheit in den Gesichtern der Menschen, in den Augen der Menschen. Aber wenn die Schale aufgebrochen werden kann – und sie kann aufgebrochen werden –, dann wird großes Licht freigesetzt. Es ist eine Explosion! Diese Explosion bringt dich zum Ewigen. Diese Explosion macht dir dein Ewigsein bewusst, dein Göttlichsein.

Es gibt keinen anderen Weg die Schale aufzubrechen, als Meditation. Die Schale kann aufgebrochen werden, der Durchbruch ist möglich. Und das ist die einzige Hoffnung für den Menschen, denn nur durch diesen Durchbruch wirst du dir bewusst, dass Gott ist. Dann hat das Leben einen Sinn, eine Bedeutung, Schönheit, Gnade.

29. *Tag*

Alles ist unendlich, denn alles ist göttlich. Alles ist grenzenlos, denn alles nimmt an der Natur Gottes teil. Grenzen werden geschaffen durch unsere Sinne, es gibt sie überhaupt nicht. Alles ist mit allem anderen verbunden, aber unsere Sinne schaffen Abgrenzungen. Es ist so, als würdest du durch ein Fenster schauen, das dem Himmel einen Rahmen gibt. Der Himmel ist nicht eingerahmt, aber der Rahmen des Fensters wird zum Rahmen des Himmels.

Deine Augen sind Fenster, alles, was du durch die Augen siehst, bekommt einen Rahmen. Deine Ohren sind Fenster, alles, was du mit den Ohren hörst, bekommt sofort einen Rahmen. Alle unsere Sinne umgeben unaufhörlich Dinge mit Rahmen, die grundsätzlich rahmenlos sind.

Wenn du dir das merkst, gewinnst du ungeheure Einsicht. Dann wird der Tautropfen zum Ozean, dann wird der Kieselstein am Meeresstrand so groß wie das ganze Universum. Dann ist ein kleines Blatt die gesamte Biographie des Universums. Dann begegnet dir Gott, wo immer du hingehst, im Innen und im Außen. Und in dieser Grenzenlosigkeit bewusst zu leben, ist die größte Freude, die es gibt. Mehr als das ist undenkbar, mehr als das ist nicht möglich. Das ist der höchste Gipfel.

30. *Tag*

Jeder ist Gott, alles ist Gott. Existenz und Gott sind zwei Wörter für das gleiche Phänomen. Denke also nicht an Gott als eine Person, die die Welt geschaffen hat, die die Welt kontrolliert, die alle Angelegenheiten erledigt. Denke nicht an ihn als den obersten Boss – so jemanden gibt es nicht. Gott ist nicht jemand, Gott ist eine Eigenschaft. Es ist viel besser, das Wort Göttlichkeit zu benutzen. Es ist ein Duft.

Es besagt nur eins, dass die Welt nicht nur aus dem Sichtbaren besteht, sie enthält auch das Unsichtbare. Die Welt besteht nicht nur aus dem Messbaren – die Welt enthält auch das Unmess bare. Die Welt besteht nicht nur aus dem Äußeren, sie hat auch die Dimension des Innerlichen. Das ist alles, was Gott bedeutet: die Dimension des Innerlichen.

31. *Tag*

Jeder gehört zu Gott. Es gibt keinen anderen Weg. In Gott werden wir geboren, in Gott leben wir, in Gott sterben wir. Unsere Energie ist Gottes Energie. Gott ist einfach der Name für die gesamte Energie der Existenz.

Gott bedeutet einfach, dass die Existenz mehr ist, als sie erscheint. Sie ist mehr, als man messen kann. Sie ist mehr, als die Wissenschaft je in Experimenten untersuchen kann. Und Religion ist die Suche nach diesem „mehr", dieser geheimnisvollen, flüchtigen Eigenschaft. Daher gehört zwar jeder zu Gott, aber nur wenige sind sich der Tatsache bewusst.

In dem Augenblick, in dem du es aus dir selbst heraus weißt – nicht weil ich es sage, nicht weil Buddha es sagt, nicht weil Jesus es sagt, sondern weil du es fühlst – in dem Moment bist du verwandelt. Alles Leid verschwindet. Das Leben wird Licht und Freude, ein Segen und eine Gnade.

Das Königreich ist innen

1. *Tag*

Der Mensch ist kein Sein, sondern eine Brücke. Tiere haben ein Sein, Buddhas haben ein Sein, doch der Mensch ist nur eine Brücke. Er hat kein Sein, er ist ein Werden. Er ist ständig dabei zu werden, sich zu verändern, sich von einem Punkt zum andern zu bewegen. Er ist eine Reist, eine Pilgerschaft.

Behalte es im Sinn: bevor man nicht erleuchtet ist... gib dich niemals vorher zufrieden. Bleibe in göttlicher Unzufriedenheit bis zum letzten Augenblick, wenn du ins Licht explodierst, wenn du Licht wirst, wenn Licht dein Sein wird.

2. *Tag*

Spontan sein bedeutet, eine Antwort auf die Gegenwart finden. Die Menschen werden von der Vergangenheit beherrscht. Das Leben ändert sich ständig, in jedem Moment, und der Verstand hält immer an der Vergangenheit fest.
Zwischen dem Verstand und dem Leben ist eine Kluft. Alles, was aus dem Verstand kommt, wird niemals eine wahre Antwort sein; es ist nur eine Reaktion. Und die geht immer daneben, sie kann nicht ins Schwarze treffen; sie ist immer zu hoch oder zu tief. Die Zielscheibe ist die Gegenwart, und der Pfeil wird von der Vergangenheit gelenkt, die nichts von der Zukunft weiß, die nichts von der Gegenwart weiß.
Spontan sein bedeutet, von einem Moment zum anderen zu leben, eine Antwort zu finden auf das, was ist, ohne Vorurteil, ohne Verstand, ohne Vergangenheit, ohne Zukunft, ganz ohne Zeit. Dann kommt es plötzlich zu einer Begegnung – einer Begegnung zwischen dir und der Existenz. Diese Begegnung ist Seligkeit, diese Begegnung ist Gott.

3. *Tag*

Die Menschen leben mit der Vorstellung, dass sie dieses erreichen müssen, dass sie jenes erreichen müssen; dass sie dieses sein müssen oder jenes. Das hält sie angespannt, und genau diese Spannung ist der Grund allen Leides. Und weil sie unter dieser Spannung stehen, können sie nicht entspannen, können sie sich nicht ausruhen. Im Schlaf wälzen sie sich hin und her. Sogar während ihrer Ferien halten sie sich mit dem einen oder anderen Unsinn beschäftigt.

Dies ist eine merkwürdige Welt, wo die Leute davon reden, dass sie Ruhe suchen; aber was auch immer sie in ihrem ganzen Leben anstellen, es macht sie immer ruheloser. Sie hoffen darauf, sich eines Tages zur Ruhe zu setzen, und dann wird alles richtig werden; aber zu dem Zeitpunkt, zu dem sie sich zur Ruhe setzen, haben sie solche Gewohnheiten von Ruhelosigkeit angenommen, dass sie sich völlig ratlos fühlen: was sollen sie nur mit ihrem Ruhestand anfangen?

Meditation wird in der Zukunft immer bedeutsamer werden. In der Vergangenheit ist sie nie so wichtig gewesen, wie sie in der Zukunft sein wird. Sannyas wird der einzige Weg für die zukünftige Menschheit sein, denn es wird dir beibringen, wie du spielerisch sein kannst, wie du ruhevoll sein kannst, wie du ganz ohne Ziele leben und doch glücklich sein kannst.

4. Tag

Die Gesellschaft drückt jedem den Stempel der Künstlichkeit auf. Man nennt es Kultur, Zivilisation, Bildung. Man hat große Namen dafür, aber in Wirklichkeit macht es dich künstlich, es lehrt dich, deine Natur zu unterdrücken.

Alle meine Bemühungen laufen darauf hinaus, dir zu helfen, wieder natürlich zu sein, denn nur durch die Natur kann man zu Gott kommen. Je künstlicher, je artifizieller jemand ist, desto ferner ist er von Gott. Deshalb merke dir nun: Du wirst Höflichkeit, Kultur, Bildung brauchen, aber identifiziere dich nicht damit. Es sind Spiele. Man kann sie mitspielen, denn wir leben in einer Gesellschaft, wo jeder diese Spiele lebt; aber vergiss nicht, dass es Spiele sind, und dass sie nicht die Wirklichkeit sind. Pass auf, dass du dich nicht damit identifizierst, und sei natürlich, wann immer du sie nicht brauchst.

5. *Tag*

Diese zwei Dinge, Liebe und Meditation, sind von den so genannten Religionen immer getrennt worden – nicht nur getrennt und gespalten, sondern fast als gegensätzlich hingestellt worden. Jahrhundertelang haben die Religionen den Leuten beigebracht: „Wenn du liebst, verpasst du Meditation, deshalb lass alle Liebesbeziehungen fallen, geh in Kloster, bleibe Junggeselle, werde Mönch; vermeide die Liebe, fliehe die Liebe, nur dann kannst du Meditation erlangen." Das ist jahrhundertelang gelehrt worden. Oder wenn du dich in die Dimension der Liebe begeben möchtest, dann vergiss alles über Meditation.

So ist die Welt von den religiösen Menschen aufgespalten worden, sie haben ein Art Schizophrenie geschaffen. Und das Problem ist, dass der Mensch beides braucht und sich mit einem allein nicht zufrieden geben kann; es ist unmöglich, mit einem allein zufrieden zu sein. Es besteht ein gewisser Bedarf an Liebe, und ebenso besteht ein gewisser Bedarf an Meditation. Liebe ist wie ausatmen: deine Energien gehen nach außen, um dem anderen zu begegnen. Meditation ist wie einatmen: deine Energien gehen zum tiefsten Kern deines Seins. Am lebendigsten ist der Mensch, der ohne Widersprüchlichkeiten zu beidem fähig ist. Wenn wir die Menschen darauf aufmerksam machen können, werden von hundert geistigen Problemen fast neunundneunzig Prozent automatisch verschwinden.

6. *Tag*

Nur zu existieren ist noch kein Leben. Und die Menschen existieren nur, vegetieren, überleben irgendwie. Fürs Überleben sind Brot und Butter und ein Dach über dem Kopf genug, aber dabei gibt es keine Größe, keine Herrlichkeit. Dein innerer Himmel bleibt völlig dunkel. Es gibt keine Sterne, keine Vollmondnacht.

Man muss rebellieren, gegen all den Unsinn rebellieren, der von außen her von den Universitäten, von den Kirchen, von den Priestern, von den Politikern gelehrt wird. Man muss gegen alles und jedes rebellieren. Es ist eine lange, lange, tief verwurzelte Verschwörung.

Rebellion bedeutet, die ganze Vergangenheit fallenlassen und ohne jede Tradition in der Gegenwart leben, ohne Verstand, ohne irgendwelches Wissen, wie ein Kind leben, als wärest du der erste Mensch...

Lass die Vergangenheit fallen, als hätte sie nie existiert, fange immer wieder beim ABC an, frisch, von Anfang an. Und du wirst ein wunderbares Leben führen, du wirst ein abenteuerliches Leben führen. Du wirst eine ekstatische Qualität in deinem Leben haben.

7. *Tag*

Bevor man nicht alles geborgte Wissen fallengelassen hat, kann man nicht weise sein. Und der Anfang der Weisheit besteht darin, glücklich zu sein. Lass also alle Gedanken an Schuld fallen – es besteht keinerlei Anlass, sich schuldig zu fühlen. So wie du bist, bist du ganz und gar gut. So hat Gott dich geschaffen – er trägt alle Verantwortung.

Erfreue dich daran, wie du bist – was kannst du tun? Wenn du das verstehst, wenn du dich selber so akzeptierst, wie du bist, geschieht ein ungeheures Wunder; du beginnst im gleichen Moment zu wachsen, denn Schuld verschwindet und Fröhlichkeit tritt in dein Sein. Und im Klima der Fröhlichkeit wird Wachstum möglich.

Deshalb sage ich, Lachen ist eine der religiösesten Eigenschaften. Ein Mensch, der nicht lachen kann, ist unreligiös. Wenn du vor Freude tanzt und singst, weil du dich, so wie du bist, tief akzeptierst, kommt Weisheit auf. Du hast Klarheit, ungetrübte Klarheit, du erlangst Einsicht in die Dinge. Dann weißt du aus dir selbst heraus, was richtig und was falsch ist, was wesentlich und was unwesentlich ist. Und sobald du aus dir selbst heraus weißt, kannst du nichts falsch machen.

Das Unwesentliche beginnt dahinzuwelken, und das Wesentliche verstärkt sich immer mehr in dir.

8. *Tag*

Ein Tanz ist rein, wenn der Tänzer ganz darin aufgeht, sich auflöst, wenn der Tänzer nicht mehr existiert, wenn man den Tänzer nicht mehr finden kann und nur noch der Tanz existiert. Das ist Meditation, das ist Sannyas, das ist Ekstase, und letztlich ist es Gott.

Beginne ganz langsam, dich aufzulösen. Gehe in irgendeinem Tun auf, dann wird dieses Tun ein Tanz. Wenn du joggst und dich im Joggen auflöst, so dass es keinen Jogger mehr gibt, so dass nur noch das Joggen besteht, oder wenn du früh am Morgen läufst und es keinen Läufer, sondern nur das Laufen gibt – du bist so von dem Tun an sich besessen, da ist nur das Tun und niemand, der es tut – dann ist es ein Tanz. Immer wenn du dich verlieren kannst, ist es ein Tanz, ist es Sannyas.

Und lass es ganz allmählich zu deinem innersten Herzen werden. Dann kommt Gott und sucht und forscht nach dir. Du brauchst nirgendwo hin zu gehen, eines Tages klopft er an genau deine Tür.

9. *Tag*

Halte dich nicht abgetrennt, separat. Wenn du eine Rose siehst, werde die Rose! Wenn du einen Sonnenuntergang betrachtest, verliere dich darin! Stehe nicht daneben, sei nicht kalt. Bleibe kein Zuschauer, werde zum Teilnehmer. Wenn du zum Himmel voller Sterne aufschaust, werde selbst ein Teil davon, ein kleiner Stern! Aber nimm teil an dem Tanz.

Das ist für mich Religion, sich auflösen im Ganzen. So wie der Fluss sich im Ozean verliert, so verlierst du dich in Gott.

10. *Tag*

Du musst Herrscher der inneren Welt sein. Wir haben ein Königreich im Innern, das wahre Königreich. Wir alle wollen Könige werden, aber wir suchen immer in der falschen Richtung, wir suchen immer im Außen. Man kann ein weltlicher König werden, doch tief innen wird man wissen, dass man fehl gegangen ist. Man ist immer noch arm, man ist immer noch leer. Noch immer ist nichts erfüllt, und das Leben ist dir aus den Händen geglitten, während du Schrott angesammelt hast. Für gewöhnlich sind wir Sklaven, die sich als Herrscher ausgeben. Bevor man nicht das eigene Unbewusste erobert hat, bleibt man ein Hochstapler, bleibt man ein Sklave und spielt allerlei Spiele der Hochstapelei und Vortäuschung. Man gibt immer wieder Erklärungen ab: „Ich bin nicht der, der ihr glaubt, das ich bin." Und man weiß, was man ist, und alle anderen wissen es auch, denn alle anderen tun genau das gleiche.

Sei ein wahrer König. Und die Schönheit des inneren Königreichs ist, dass es keine Konkurrenz gibt. Du hast dein Königreich, ich habe mein eigenes, und sie stoßen nicht zusammen, sie überschneiden sich nicht. Jeder einzelne hat eine so weite innere Welt... ganz ohne Konkurrenz, ohne Kampf, ohne Streit mit jemand anderem.

11. *Tag*

Ein Weiser ist auf natürliche Weise königlich. Er mag ein Bettler sein, und doch ist er ein König. Sein Königreich ist innerlich. Er hat unerschöpfliche Schätze. Er hat sein Unbewusstes besiegt. Das ist es, was Weisheit ausmacht.

Weisheit ist nicht Wissen, Weisheit ist die Eroberung des Unbewussten. Es ist voller Licht, nicht einmal Inseln der Dunkelheit bleiben darin zurück. Wenn dein Sein voller Licht ist, ganz gleich, ob du etwas besitzt oder nicht, bist du königlich.

12. *Tag*

Auch die, die sagen, dass sie nicht an Gott glauben, gehören zu Gott. Auch die, die ihm den Rücken zukehren, gehören zu Gott. Und was Gott betrifft, sind alle erlöst. Dieses ganze Universum ist bereits auf der höchsten Stufe, wir haben es nur vergessen. Wir haben vergessen, dass wir schon dort sind, wo wir sein wollen. Wir haben vergessen, dass wir schon das sind, was wir gerne sein wollen, wovon wir träumen und was wir erstreben, und dass wir niemals anders waren... Aber wir sind in einen tiefen, tiefen Schlaf gesunken.

Die Aufgabe des Meisters ist es nicht, dich zu erlösen, sondern dich einfach zu erinnern.

13. *Tag*

Genau wie das Atmen, der Blutkreislauf, Essen und Nahrung für die körperliche Existenz notwendig sind, so ist Seligkeit notwendig für die Seele. Aber wir müssen ein wenig im Innern nachgraben, um den unterirdischen Strom zu entdecken. Wenn du einmal deine Seligkeit und ihre Quelle entdeckt hast, verändert sich deine ganze Sicht, deine gesamte Perspektive ist neu. Dann siehst du die Existenz mit neuen Augen, dann wirst du das, was du in dir selber gefunden hast, überall finden, denn was auch immer wir sind, finden wir in der Existenz.

Die Existenz ist einfach ein Spiegel, sie reflektiert unser wahres Gesicht, was das auch sein mag. Wenn wir unser wahres Gesicht hinter einer Maske verstecken, dann wird die Maske gespiegelt.

Die Existenz gibt uns ein Echo unseres Seins. Wenn du einmal erfahren hast, dass Seligkeit deine Natur ist, dann wird das gesamte Universum voller Seligkeit. Das ist es, was Verwirklichung, Befreiung bedeutet.

14. *Tag*

Gott ist kein Glaube, sondern eine Erscheinung. An Gott zu glauben, ist absolut unwesentlich. Es ist, als würde ein Blinder an Licht glauben oder ein Tauber an Musik. Sie haben keine Ahnung von dem, was sie glauben, sie können es sich nicht einmal vorstellen. Ihr Glaube ist eine Täuschung, aber das ist nicht ausschlaggebend; sie täuschen sich selbst, das ist viel wichtiger.

Gott muss eine Erfahrung sein; und alle meine Bemühungen sollen dir nicht etwa eine Doktrin geben, sie sollen dir helfen, aufzuwachen. Sie sollen dir helfen, die Augen aufzumachen und selber zu sehen.

15. *Tag*

Die Menschen gehen aus Angst zu Gott, und Angst ist ein Brunnen und keine Brücke. Wenn du Angst hast vor Gott, kannst du ihn nicht lieben, Angst kann niemals Liebe hervorbringen. Und wenn keine Liebe da ist, wie kann es dann Gebet geben, wie kann es Dankbarkeit geben? Wenn Angst da ist, dann ist Feindschaft im Untergrund: du möchtest dich rächen an der Person, die du fürchtest.

Aufgrund der angstorientierten Religion bleiben viele Mutige der Religion fern: Es würde feige aussehen. Aber tatsächlich hat Religion nichts mit Angst zu tun. Religion hat etwas mit Liebe zu tun, sie ist das Allermutigste im Leben, denn sie führt dich über die Grenzen von Körper, Verstand, Herz hinaus. Sie führt dich ins Unbekannte. Gott ist ein anderer Name für das Unbekannte und das Unerkennbare. Es ist das größte Risiko. Aber wenn du alles riskierst, beginnst du ungeheuer zu wachsen, in gewaltigen Sprüngen.

16. *Tag*

Ich gebe euch eine völlig neue Sichtweise von Religion. Sie gründet sich nicht auf Angst, sondern hat ihre Wurzeln in Furchtlosigkeit. Ich lehre euch kein Dogma, kein Glaubenssystem, keine Philosophie; ich gebe euch die Wissenschaft, wie man nach innen geht, wie man die Seele erweckt. Und niemand anderes kann das für dich tun, niemand kann es an deiner Stelle machen, du musst es tun. Der Meister kann dir nur den Weg weisen, du musst ihn gehen.

Wenn sich in deinem Bewusstsein etwas auch nur leise zu regen beginnt, ist die Entwicklung in Gang gebracht. Dann wächst es von alleine weiter. Der erste Schritt ist der schwierigste. Der Same, der in die Erde fällt, bereit zu sterben... das ist der schwierigste Schritt. Wenn der einmal getan ist, und der Same in der Erde gestorben ist, beginnt der Spross zu wachsen. Nur zwei Blätter machen den Anfang, und bald ist es eine Laubkrone mit vielen Ästen und ein riesiger Baum mit Tausenden von Blüten...

17. *Tag*

Der Mensch hat zuviel im Krieg gelebt. Außen kämpft er mit anderen, innen kämpft er mit sich selbst, als ob er nur eine Art zu leben kennt: kämpfen. Kämpfe im Namen der Politik mit anderen, kämpfe im Namen der Religion mit dir selbst! Auf diese Art haben wir Leid geschaffen. Kämpfen kann keinen Frieden bringen. Man muss lernen, diese alten Muster ständigen Kämpfens aufzugeben.

Ich lehre euch Nicht-Widerstehen, Nicht-Kämpfen. Kampf ist nutzlos, denn dieses ist unsere Existenz, wir sind ein Teil von ihr. Sie ist uns nicht feindlich gesinnt, sie ist nicht gegen uns, sie wird uns nicht verschlingen. Sie hat uns geboren, sie nährt uns, sie ist uns wohlgesonnen, sehr mütterlich. Dein Körper ist dein Freund und dein Verstand ebenso – du musst nur wissen, wie man sie benutzt.

Lass das deine Basis sein: Sei Freund mit der Existenz, außen, innen, sei Freund mit allen, mit jedem, auch mit dir selbst, was am schwierigsten ist. Die Menschen lieben sich nicht selbst. Das ist das letzte, was sie je tun. Es ist einfach, deinen Feind zu lieben; es ist sehr schwierig, dich selbst zu lieben. Du kennst dich selber zu gut – wie kannst du dich da lieben?

Aber der Mensch, der sich selber lieben kann, kann alle lieben. Liebe dich selbst, und du wirst deine Feinde und alle anderen lieben. Wenn du dich selbst lieben kannst, hast du die Grundvoraussetzung für Liebe erfüllt, und aus dieser Liebe erwächst Frieden. Und Frieden ist die Tür, durch die wir unsere Botschaften von Gott empfangen.

18. *Tag*

Liebe enthält meine ganze Botschaft. Liebe dich selbst – das ist der Anfang; liebe dann die, die dir nahe sind, dann liebe die Welt, dann liebe den ganzen Kosmos! Nur dann wirst du fähig sein, Gott zu lieben.

Die Reise beginnt bei dir selbst und endet bei Gott. Das sind die zwei Ufer des Flusses. Du bist an dem einen Ufer, Gott ist an dem anderen, und Liebe ist die Brücke. Die Brücke führt über den gesamten Fluss, aber die Menschen haben große Angst vor der Liebe, deshalb hören sie nicht auf zu beten. Sie verstehen nicht, was sie tun: ihr Beten ist einfach Unwissenheit. Solange es nicht voller Liebe ist, kann es nicht wahr sein. Ihrem Leben fehlt die Liebe, aber sie hören nicht auf, in die Kirche, in den Tempel zu gehen. Das ist völlig absurd. Solange du nicht in Liebe lebst, kannst du keinen Tempel Gottes betreten; und wer in Liebe lebt, braucht keinen Tempel zu betreten, er lebt schon darin.

Behalte diese simple Botschaft im Sinn und versuche, sie zu leben; denn dieses ist keine Doktrin, an die du glauben musst, sondern ein Leben, das sich entwickeln muss. Blühe in Liebe, verströme den Duft der Liebe – das ist Beten. Und nur der Duft der Liebe erreicht Gott, nichts sonst.

19. *Tag*

Keine andere Zeit, kein anderes Jahrhundert hat soviel über Liebe gesprochen, wie wir es tun. Und das ständige Sprechen darüber lässt die Illusion entstehen, dass wir wissen, was Liebe ist. Wir täuschen andere, wir täuschen auch uns selbst. Und der Mensch stirbt ohne Liebe, denn so, wie der Körper Nahrung braucht, so braucht die Seele Liebe, es ist ein Muss. Aber Nahrung kann man herstellen, kann man schaffen, kann man anbauen. Bei der Liebe muss man eine völlig neue Technik lernen, die Technik, entspannt, offen, verfügbar zu sein.
Das ist riskant. Es ist gefährlich, offen zu sein, verletzlich zu sein, denn man weiß nie, was geschehen wird. Deshalb bleiben die Menschen verschlossen. In dieser Verschlossenheit fühlen sie sich sicher. Es gibt Sicherheit, aber das Leben verschwindet. Sie sind tot, selbst während sie noch leben. Sie sind fast schon im Grab, sicher, geschützt, alles garantiert, keine Angst. Aber wenn es kein Leben gibt, was ist dann der Sinn all dieser Sicherheiten?
Ein wirkliches Leben ist immer abenteuerlich, und die Liebe ist das größte Abenteuer. Lieben heißt, ins Unbekannte gehen, dem Leben erlauben, dich in Besitz zu nehmen. Und das Leben kann dich nur in Besitz nehmen, wenn du bereit bist, dich darin aufzulösen. In diesem Verschmelzen wächst die Liebe. Wenn du nicht bist, ist die Liebe. Und so geschieht Gott. Liebe ist der Anfang Gottes, Liebe ist der Vorbote Gottes, der erste Sonnenstrahl.

20. Tag

In dem Moment, in dem du bereit bist zum Risiko, bereit für das Unsichtbare, für das, was über Worte hinaus geht, über die Logik, den Verstand hinausgeht; bereit für das, was niemals gemessen werden kann, für das, was niemals auf ein System reduziert werden kann, in dem Moment machst du einen Quantensprung. Der Verstand wird es „verrückt“ nennen. Aber diese Verrücktheit ist wirkliche geistige Gesundheit. Diese Verrücktheit ist das kostbarste Phänomen der Existenz.

Dank einiger Verrückter hat die Menschheit ihren Kontakt zu Gott noch nicht verloren. Ein Buddha hier, ein Jesus dort, ein Mohammed wieder woanders – nur ein paar Menschen, aber sie blieben in Kontakt mit Gott, und durch sie ist die ganze Menschheit in Kontakt mit Gott geblieben.

Diejenigen, die sich am Ufer festhalten, die eine solche Angst vor dem Ozean haben, dass sie ihn verleugnen, sagen: „Es gibt überhaupt keinen Ozean. Es ist alles Einbildung, poetische, mystische Einbildung. Es gibt überhaupt keinen Ozean, dieses Ufer ist alles.“ Sie mögen einigermaßen bequem leben, in ihrer eigenen, gemütlichen kleinen Welt, aber mit jedem Moment verlieren sie. Sie verlieren die großartige Gelegenheit, erwachsen zu werden, reif zu werden, über den Tod hinauszugehen, in die Existenz einzugehen.

21. *Tag*

Gott kann man sich nicht durch Logik annähern, sondern nur durch Liebe. Wenn du dich ihm mit Logik näherst, verfehlst du ihn. Das sichere Mittel, um Gott zu verfehlen, ist Logik. Sie versperrt und verhindert den Zugang. Gott kann nicht in einem Netz der Logik gefangen werden. Das logische Netz ist zu grob, und Gott ist zu fein. Er ist nicht wie ein Fisch, er ist mehr wie Wasser. Den Fisch kannst du im Netz fangen, aber nicht das Wasser, das Wasser entrinnt.

Der einzige Weg, Gott zu erkennen, ist die Liebe; und merke dir: Ich sage, es ist der einzige Weg. Denn nur die Liebe öffnet dein Herz für die Schönheit der Existenz, für die Großartigkeit von allem, was ist. Und diese Großartigkeit ist Gott, die Glorie der Existenz ist Gott.

Es herrscht ein ständiges Feiern, es ist ein Tanz ohne Anfang, ohne Ende. Aber unsere Herzen sind verschlossen, und wir denken immer mit unserem Kopf an Gott. Der Kopf ist der falsche Platz. Sei kopflos, was Gott angeht!

22. *Tag*

Gebet ist eine Blume, das höchste Blühen des Bewusstseins. Es gibt nichts Höheres, es ist ein Crescendo der Liebe. Und natürlich wird großer Duft freigesetzt.

Ein Mensch des Gebets ist ein Mensch voll großer Liebe. Er ist total in die Existenz verliebt. Sein ganzes Leben ist eine Liebesgeschichte. Jeder einzelne Moment ist eine Freude, denn jeder Moment bringt neue Überraschungen, jeder Moment bringt große Gaben. Nie ist ein Moment leer. Wegen unserer Blindheit können wir die Schönheit nicht sehen. Wegen unserer Taubheit können wir die Musik nicht hören, wir sind nämlich von Musik umgeben, wir sind von Schönheit umgeben. Aber du musst zu einer höheren Stufe aufsteigen, um sie zu erfahren.

Sex geht nach unten, Liebe geht nach oben, Gebet geht nirgendwohin. Es ist ein Seinszustand. Sex ist eine Bewegung und Liebe dergleichen, sie bewegen sich in genau entgegengesetzte Richtungen. Gebet ist ein Ruhepunkt, es gibt keine Bewegung, keine Reise, keine Pilgerschaft. Du bist einfach.

In diesem profunden Schweigen und dieser Stille, wenn du einfach bist, wirst du dir Gottes bewusst. Die ganze Existenz beginnt, sich mit Göttlichkeit zu füllen. Und es erschöpft sich nicht darin, dass du Göttlichkeit erfährst; wenn Leute dir nahe kommen, wenn Leute offen sind für dich, werden auch sie etwas Eigenartiges, Geheimnisvolles, Wundersames fühlen. Sie werden einen Hauch des Unbekannten spüren. In einigen Augenblicken werden sie vielleicht eine Aura um dich herum wahrnehmen. Das ist der Duft des Gebets.

23. *Tag*

Der Mensch ist für gewöhnlich leer, hohl. Das ist sein Elend. Er möchte voll sein, deshalb stopft er sich ständig voll mit Essen, mit Sex, mit Alkohol, mit Geld, mit Dingen, mit all dem Schnickschnack, den die Technik zur Verfügung stellt. Aber dennoch bleibt die innere Leere genauso hohl wie immer. In der Tat fühlt man sich stärker, wenn man von allen möglichen Dingen umgeben ist. Im Vergleich dazu sieht das Innere ganz arm aus.

Die Suche nach Geld, Macht und Ansehen besteht grundsätzlich deshalb, um eine Daseinsfülle zu schaffen, aber sie geht in die falsche Richtung. Das ist nicht der Weg, um erfüllt zu werden. Der Weg, um erfüllt zu werden, besteht aus Liebe, Gebet, Gnade. Es gibt nur einen Weg, um voll zu werden: schwanger zu sein mit Gott, verfügbar zu sein für Gott und für all seine Pracht und Herrlichkeit. Liebe die Existenz, und du wirst voll sein. Liebe bedingungslos, und du wirst überfließen. Und wenn man anfängt überzufließen, dann ist das der Moment des Nachhausekommens. Man ist heim gekommen. Man ist ungeheuer zufrieden.

24. *Tag*

Wir haben das Potential, vollkommen wach zu sein. Vielleicht verwirklichen wir es nicht. Dafür tragen wir die Verantwortung. Wir haben den Samen und die Erde und das Klima und alles, was wir brauchen, und trotzdem lässt du den Samen vielleicht nicht in die Erde fallen. Vielleicht behältst du den Samen, du magst ihn wie einen Schatz hinter verschlossenen Türen halten, in einem eisernen Safe. Dann bleibt das Potential nur ein Potential, dann bleibt dein Leben nur eine unerfüllte Gelegenheit.

Deshalb leben Millionen von Menschen in Leid. Und meines Wissens gibt es nur ein Leid, und das ist: nicht das sein, was du sein könntest. Das ist das einzige Leid in der Welt, alles andere ist geringfügig, unbedeutend.

Das wirkliche Leid ist, immer wieder die Gelegenheit zu verpassen, dein Potential in Wirklichkeit zu verwandeln.

Nur wenige Menschen kennen das Paradies des Lebens. Die anderen sind sich der Herrlichkeit, des Segens und der Gnade, die die Existenz ist, gänzlich unbewusst.

25. *Tag*

Wenn du dein höchstes Selbst kennst, wirst du ein Herrscher. Davor bleibst du ein Bettler. Selbsterkenntnis lässt dich das Königreich zum ersten Mal bewusst wahrnehmen. Das Königreich ist nicht im Außen. Alle äußeren Königreiche sind falsch, es sind Sandburgen oder aus Spielkarten gebaute Häuser, die jeden Moment verschwinden können. Nur ein leichter Windhauch reicht aus, um sie zu zerstören.

Aber es gibt noch ein anderes Königreich, das Königreich des Inneren – und das ist das wahre Königreich, der echte Schatz. Es kennen heißt, es besitzen. Das Wissen darum ist das Inbesitznehmen. Es gehört uns, wir haben es nur vergessen. Es ist nicht verloren, nur vergessen. Sobald du dich an deine Wirklichkeit erinnert hast, sie anerkannt hast, hast du keinerlei Wünsche mehr, alles ist erfüllt. Alles, was du je brauchtest, steht bereits zur Verfügung. Gott hat es dir von Anfang an gegeben. Gott macht keine Bettler, er macht nur Könige.

26. *Tag*

Es gibt nichts Wertvolleres als Meditation. Die Menschen, die den Zustand von Meditation nie gekostet haben, sind die Ärmsten in der Welt. Sie mögen alle Reichtümer haben, aber sie sind dennoch Bettler, denn sie haben den wahren Schatz noch nicht kennengelernt, den Schatz, der einem nicht genommen werden kann, den Schatz, der du bist.
Wir tragen einen unerschöpflichen Vorrat an Diamanten in uns, aber wir erforschen ihn nicht. Wir haben völlig vergessen, unsere eigene innere Welt zu erforschen. Wir sind zu sehr von der äußeren besessen. Wir sind so veräußerlicht, so extrovertiert geworden, dass wir nicht nur nicht das Innere erforschen, sondern nicht einmal mehr glauben, dass es ein Inneres gibt. Deshalb sagen die Leute, dass es keine Seele, keinen Gott gibt. Tatsächlich sagen sie, dass der Mensch kein Inneres hat. Sie sagen, dass die Existenz kein Inneres hat. Sie reden Unsinn, denn das Äußere kann ohne das Innere nicht existieren; genauso wenig kann das Innere ohne das Äußere existieren.

27. *Tag*

Frieden ist auf zwei Arten möglich. Die eine ist, ihn von außen zu kultivieren. Aber das ist ein falscher Frieden, er ist nur eine Maske, du siehst normal aus, aber nur oberflächlich, darunter verbirgt sich Verrücktheit. Das ist nicht der Frieden, den ich lehre, das ist der Frieden, der von den sogenannten organisierten Religionen gelehrt wird.

Sie lehren dich, wie man verdrängt, sie lehren dich, wie man kultiviert, sie lehren dich, dir einen bestimmten Charakter durch deinen Willen anzueignen. Aber alles, was mit dem Willen erlangt ist, ist durch Ego erlangt. Es kann nicht sehr tief gehen, das Ego selbst ist eine ganz oberflächliche Erscheinung. Es kann dir eine schöne Fassade geben, das ist alles.

Der zweite Weg, um Frieden zu erlangen, ist Meditation: nicht kultivierter Frieden, sondern bewusstes Wahrnehmen deiner Gedanken, bewusstes Wahrnehmen von allem, was du tust, denkst, fühlst – ein dreidimensionales Wahrnehmen.

Eine Dimension ist Handeln, die zweite Dimension ist Denken, die dritte Dimension ist Fühlen. All diese Dimensionen müssen schweigend beobachtet werden, ohne Beurteilung. Ganz langsam beginnt ein Wunder zu geschehen: Je mehr du beobachtest, desto weniger gibt es zu beobachten. Wenn deine Wahrnehmungsfähigkeit perfekt ist, steht der Verstand vollkommen still, er hört auf zu existieren. Und in dieser Abwesenheit des Verstandes ist Frieden.

Frieden ist eine Nebenwirkung von Meditation; und dann ist er wahr, dann ist er ein Brücke zwischen dir und der Existenz.

28. Tag

Meditation ist ein Zustand von Nicht-Verstand. Sie ist weder im Mittelpunkt des Verstandes noch an seinem Rand; sie ist einfach nicht Teil des Verstandes. Meditation betrachtet den Verstand von außen. Das genau ist die Bedeutung des Wortes „Ekstase"– außen stehen. Außerhalb des Verstandes zu stehen ist Ekstase. Und das genau ist Meditation. Sei ein Beobachter von der Außenseite, kein Teilnehmer mehr, nicht mehr identifiziert mit dem Verstand – so wie jemand, der den Verkehr auf der Strasse beobachtet; er sitzt schweigend an der Seite unter einem Baum, und es ist nicht von Belang, wer vorüber fährt. Man beobachtet einfach nur, was gerade passiert, ohne Vorlieben oder Abneigungen, ohne Rechtfertigung, ohne jedes Vorurteil. Wenn man den Verstand beobachten kann, ohne ihn zu verdammen, ohne ihn wertzuschätzen, ohne zu sagen: „Das ist gut" und „das ist schlecht", wenn man ihn in tiefer Stille beobachten kann – das ist Meditation.

Ein Wunder geschieht durch Meditation, und es geschieht nur durch Meditation: der Verstand verschwindet. Ganz allmählich geht alles weiter weg, ganz allmählich hörst du nur noch Geräusche aus der Ferne. Und plötzlich kommt ein Moment, in dem es keinen Verstand mehr gibt. Er ist verblichen, er ist dahingewelkt. Und wenn der Verstand nicht mehr ist und du alleine zurückbleibst ohne den Verstand, wird der Duft freigesetzt. Du bist zu Hause angekommen, du bist erfüllt. Der tausendblättrige Lotus deines Seins hat sich geöffnet. Du hast der Existenz deinen Duft angeboten. Das ist Gebet. Das ist das einzige Geschenk, das wir der Existenz machen können, und es ist das einzige Geschenk, das die Existenz annehmen kann.

29. *Tag*

Meditation kann nur in tiefer Entspannung erblühen. Entspannung ist der richtige Nährboden, um Meditation geschehen zu lassen. Meditation ist nicht Konzentration, merk dir das. Konzentration ist Anstrengung, sie kann nicht entspannt sein; sie ist Spannung, sie kann nicht ruhevoll sein. Konzentration bedeutet, dass du deine Verstandesenergie auf einen Punkt richtest und dabei alles andere ausschließt. Es ist eine große Bemühung und ermüdend.

Entspanne dich, wann immer du Zeit hast! Und sei allem gegenüber wach, was um dich herum passiert: der Hund, der in der Ferne bellt, die Nachbarn, die streiten, der Verkehrslärm... nichts sollte als Ablenkung genommen werden. In Meditation gibt es keine Ablenkung. Ablenkung kann es nur geben, wenn du versuchst, dich zu konzentrieren. Nichts kann also stören, nichts kann ablenken, alles wird einbezogen. Und in dieser Offenheit beginnt der Verstand langsam zu verschwinden, sich in Luft aufzulösen, einige kurze Blicke können auf den Nicht-Verstand geworfen werden. Das sind große Erfahrungen, und ganz langsam geschieht es eines schönen Tages, dass du weißt, du bist aus dem Verstand heraus, völlig aus dem Verstand heraus. Du hast ihn transzendiert. Daher sehen Mystiker manchmal fast wie Verrückte aus, denn Verrückte verlieren den Verstand. Sie fallen tiefer als der Verstand, die Mystiker gehen über den Verstand hinaus. Beide verlieren den Verstand auf verschiedene Weise, in verschiedene Richtungen, doch eins ist dabei ähnlich. Es ist also möglich, dass der Mystiker ein wenig verrückt aussieht, und umgekehrt, dass der Verrückte ein wenig mystisch wirkt.

30. *Tag*

Ein Mensch ohne Meditation wird mittelmäßig. Auf seinem Bewusstsein lagert sich Rost ab. Sein Bewusstsein wird mit Staub bedeckt. Er verliert alle Geistesschärfe, alle Intelligenz. Allmählich vergisst er, wer er ist. Er wird so dumm – das ist das Äußerste an Dummheit: zu vergessen, wer du bist. Und das ist der gesamten Menschheit passiert. Durch Meditation kann das Bewusstsein geschärft, kann der Staub entfernt, der Rost abgewaschen werden. Dein Spiegel kann wieder hell und klar werden. Und wenn dein Bewusstsein klar ist, reflektiert es die Realität. Gott ist ein anderer Name für die Realität. Gott kennen heißt, alles kennen. Gott nicht kennen heißt, in Unwissen leben, in Dunkelheit und Tod.

31. *Tag*

Jedermann – einige vollkommen Taube ausgenommen – glaubt, er sei fähig zu hören. Jedermann – einige wenige Blinde ausgenommen – glaubt, er könne sehen. Aber das ist nicht wahr. Echtes Zuhören bedeutet, mit tiefer Liebe und Sympathie zuzuhören. Man kann auf feindselige Weise zuhören, man kann mit von vornherein feststehenden Beschlüssen zuhören, man kann mit all den Vorurteilen zuhören, mit all den Konditionierungen des Verstandes. Dann ist es kein echtes Zuhören.

Aber die Liebe ist fähig, das alles beiseite zu lassen. Die Liebe ist fähig, schweigend zuzuhören. Und dann kann irgendetwas den Vorgang der Erleuchtung auslösen. Dieses Geräusch des Regens, der auf das Dach fällt... wenn man wirklich zuhören kann – reines Hören ohne Ideen, ohne den Wunsch zu interpretieren, ohne den Versuch zu verstehen – dann ist das genug. Dann wirst du sicherlich merken, dass nicht der Regen auf das Dach fällt, sondern Gott selber. Dann ist der Wind, der durch die Tannen weht, Gott, der durch die Tannen weht, und das Rauschen des Wassers, dann... irgend etwas. Es ist nicht wichtig, was du hörst, das Ausschlaggebende ist, wie du hörst. Höre mit Liebe, dann ist die Wahrheit nicht weit.

Die Liebe
ist ein Vogel.
Er liebt seine Freiheit.

1. *Tag*

Meine Botschaft ist Liebe. Das ist eigentlich ganz einfach, es hat nichts Komplexes an sich – keine Rituale, keine Dogmen, keine hypothetische Philosophie. Es ist ein ganz simpler und direkter Zugang zum Leben. Das kleine Wort „Liebe" kann es enthalten. Es geht nicht darum, wen du liebst. Es ist unwesentlich, an wen deine Liebe gerichtet ist. Was zählt, ist, dass du vierundzwanzig Stunden am Tag liebst, genau wie du atmest.

Genau wie das Atmen kein Objekt braucht, braucht auch die Liebe kein Objekt. Manchmal atmest du mit einem Freund, und manchmal atmest du neben einem Baum, und manchmal atmest du, während du im Pool schwimmst.

Auf die gleiche Art solltest du lieben. Liebe sollte der innerste Kern deines Atems sein, sie sollte so natürlich sein wie atmen. In der Tat steht die Liebe in der gleichen Beziehung zur Seele wie das Atmen zum Körper.

2. *Tag*

Eine der grundlegendsten Illusionen der Menschheit ist, dass jeder glaubt, er wüsste, was Liebe ist; deshalb entdeckt sie niemand. Jeder nimmt an, er wüsste, was Liebe ist; deshalb besteht keine Notwendigkeit zu lernen, keine Notwendigkeit zu suchen, keine Notwendigkeit, Erfahrungen zu machen. Und aus diesem Grund fehlt der Welt die Liebe. Liebhaber gibt es, aber keine Liebe. Eltern geben vor, ihre Kinder zu lieben; Kinder geben vor, ihre Eltern zu lieben; der Ehemann tut so als ob, die Ehefrau tut so als ob – nichts als Vortäuschungen. Und es ist nicht etwa so, dass sie es wissentlich tun, sie sind sich dieser Tatsache womöglich überhaupt nicht bewusst.

Wenn jedem von Anfang an gesagt würde, dass Liebe die höchste Kunst im Leben ist, weil sie den größten Zauber enthält, die wunderwirkendste Erscheinung ist... Man kann sie nicht einfach als selbstverständlich betrachten, man muss sie erforschen, man muss tief hineingehen, man muss ihre Wirkungsweisen kennenlernen. Sie ist eine Kunst...

Liebe ist kein Talent, sondern jedermanns Potential. Daher ist es letztlich möglich, dass die gesamte Menschheit zur Höhe der Liebe aufsteigen kann. Tatsächlich wird die wahre Menschheit erst an diesem Tag geboren. Wir leben noch vor dem eigentlichen Ereignis, es ist noch nicht passiert.

3. *Tag*

Totale Liebe schließt alles ein. Es ist wirklich nichts ausgelassen, alles ist darin einbezogen. Und achte darauf, ich sage nicht perfekte Liebe, sondern totale Liebe. Und die zwei sind völlig verschieden. Jahrhundertelang hat man uns beigebracht, wie wir unsere Liebe perfektionieren sollen. Und wir haben versagt, weil die ganze Idee Unsinn ist. Liebe kann nicht perfektioniert werden. Sie perfektionieren hieße sie töten. Und Liebe kann nicht getötet werden, denn Liebe ist Leben, Liebe ist ewig, zeitlos. Die Liebe kennt keinen Tod; die Liebe ist das einzige Phänomen der menschlichen Erfahrung, das den Tod transzendiert.

Aber totale Liebe ist etwas völlig anderes als perfekte Liebe. Perfekte Liebe beinhaltet eine bestimmte Idee, und diese Idee muss erfüllt werden. Man muss einem bestimmten Muster folgen; es gibt viele „du sollst" und „du darfst nicht", viele Gebote, und man muss ganz allmählich eine gewisse Qualität von Perfektion kultivieren. Aber totale Liebe ist unideologisch, sie kennt keine Ideen. Was auch immer du tust, tu es in jedem Moment von ganzem Herzen, halte nichts zurück – das ist alles. Das meine ich mit „total": Halte nichts zurück.

4. Tag

Liebe ist eher wie ein Duft als wie eine Blume. Eine Blume hat eine Form; aber jede Form stellt eine Begrenzung dar, und Liebe ist unbegrenzt, daher kann sie keinerlei Form haben. Aber aufgrund unserer Unbewusstheit versuchen wir, ihr eine Form, eine Farbe, eine Gestalt, eine Begrenzung zu geben. Wir versuchen, feststehende Grenzen zu schaffen, und je erfolgreicher wir dabei sind, desto mehr wird die Liebe verschwinden, sie wird sterben.

Sie muss wie ein Vogel im Flug, am Himmel, sein – du kannst ihn nicht in einen Käfig sperren. Sogar wenn du einen goldenen Käfig machst, wirst du den Vogel töten. Der Vogel am Himmel und der Vogel im Käfig sind nicht dasselbe, sie sind zwei verschiedene Phänomene. Sie sehen gleich aus. Aber der Vogel im Flug, im Wind, in den Wolken ist frei, und aufgrund dieser Freiheit ist er glücklich. Der Vogel im Käfig sieht nur rein äußerlich gleich aus, aber er hat keinen Himmel, keine Freiheit, kein Glück.

Die Liebe ist ein Vogel, der seine Freiheit liebt. Sie braucht die Weite des Himmels, um zu wachsen. Achte darauf, sie niemals in einen Käfig zu sperren, sie nicht gefangen zu halten, ihr niemals Grenzen und eine Form, eine Gestalt, einen Namen, eine Anschrift, ein Etikett zu geben – niemals. Lass sie ein Duft sein, unsichtbar, und dann kann sie dich auf ihren Flug zum Höchsten mitnehmen.

5. *Tag*

Ein Mensch ohne Liebe ist stumpf. Ein Mensch ohne Liebe ist nicht wirklich lebendig, er ist noch ungeboren. Rein physisch hat er den Mutterleib verlassen, aber psychologisch lebt er auf eine eingekapselte Art, unerreichbar für den Regen, den Wind, die Sonne, für alles, was ist. Er bleibt in Angst,

Wenn du verschlossen bleibst, beginnt die Energie, sich nur innerhalb von dir zu bewegen. Sie verliert den Kontakt zum Ganzen. Und immer wenn du den Kontakt zum Ganzen verlierst, schaffst du Unglück. Der Energiefluss stoppt, du beginnst zu sterben, du wirst entwurzelt. Du bist kein Fluss mehr, du wirst ein kleiner, schlammiger Tümpel.

Die Angst kann nur Tod bringen, sie hat keine lebensspendenden Kräfte in sich. Aber wenn du offen bist – alle Türen, alle Fenster sind offen –, wird dieselbe Energie Liebe. Dieselbe Energie, wenn sie in Bewegung gerät, in Fluss kommt... dasselbe Wasser des schlammigen Tümpels wird klar, wenn es im Fluss fließt. Ein Fluss bewegt sich immer auf den Ozean zu. Und eben diese Richtung ist reinigend, denn man bewegt sich auf das Größere, das Höhere, das Unendliche zu.

Lebe das Leben als Liebe, lebe es niemals als Angst. Und wenn du das Leben als Liebe lebst, wirst du das ewige Leben kennenlernen und den Duft eines Buddha, eines Jesus, eines Mohammed und all die Poesie, die solch einem liebenden Herzen folgt, all die Gnade, all den Segen. Nicht nur, dass ein solcher Mensch selig ist, er wird auch ein Segen für die ganze Existenz.

6. *Tag*

Jeder trägt in sich den Samen, eine schöne Blume der Liebe zu werden, ein Lotus. Aber nur ganz wenige Menschen waren in der Lage, es zu werden, aus dem einfachen Grund, weil nur ganz wenige Menschen wach sind. Die anderen können nicht auseinander halten, was was ist.

Beobachte, wie vieles sich als Liebe ausgibt. Wenn es wirklich Liebe ist, kann es nicht unglücklich machen – lass das dein Kriterium sein. Wenn etwas dich unglücklich macht, ist es keine Liebe, dann werde es los. Liebe gibt immer Seligkeit, sie kann niemals unglücklich machen. Behalte das immer im Gedächtnis, vergiss es auch nicht einen Augenblick.

Aber die Menschen sind so dumm; anstatt all das Hässliche, das sich als Liebe ausgibt, fallen zu lassen, sind sie bereit, die Liebe selber fallen zu lassen. Das ist es, was die Mönche und Nonnen Jahrtausendelang getan haben, sie haben die Liebe weggelassen. Aber sie waren nicht bereit, Eifersucht, Besitzgier, Herrschsucht, Ego wegzulassen. Sie retteten ihr Ego und gaben die Liebe auf. Sie flohen vor der Welt, denn die Welt bedeutet Gelegenheit zur Liebe.

Bisher war die Geschichte des Menschen die Geschichte eines solchen Schwachsinns, dass die Zukunft über die ganze Sache lachen wird. Unsere Kinder werden es einfach nicht glauben können, dass die Leute bereit waren, das Echte für das Unechte aufzugeben, aber nicht bereit waren, das Unechte für das Echte aufzugeben.

7. *Tag*

Millionen von Menschen leben in ihrem niedrigsten Zentrum – Sex. Daher beginnt die Arbeit eines Sannyasins mit dem Sexzentrum, denn dort ist die Energie. Deshalb verurteile ich Sex nicht, weil es Energie ist. Wir müssen sie einfach nach oben bringen. Und Sexenergie kann nur aufwärts bewegt werden, wenn du tiefen Respekt dafür hast, wenn du Zuneigung dafür hast, wenn du ihr freundlich begegnest.

Alle Religionen dieser Welt lehren eine ablehnende Haltung gegenüber der Sexualität. Und wenn du der Sexenergie einmal ablehnend gegenüberstehst, verlierst du den Kontakt mit deinem spirituellen Wachstum, denn du verlierst den Kontakt mit deiner eigenen Energiequelle. Du entfernst und entfremdest dich von deinen eigenen Quellen. Deshalb sehen eure Heiligen so langweilig und tot aus, so dumm und abgestumpft. Sie haben nicht die Würze und den Duft von jemandem, der angekommen ist. Sie sind schuldbeladen, denn alles, was sie je verdammt haben, ist noch da. Du kannst deine Sexualität nicht dadurch loswerden, dass du sie einfach verdammst.

Die einzige Möglichkeit, Sexualität loszuwerden, ist die, sie auf eine höhere Ebene zu transformieren, so dass sie von der niedrigeren Ebene verschwindet. Und indem du dich aufwärts bewegst, wirst du immer seliger. Indem du höher steigst, fühlst du mehr Seligkeit, mehr Frieden, mehr Schweigen, mehr Stille, mehr Zentriertheit. Du bist einfach voller Freude, ganz ohne Grund.

8. Tag

Der Körper lebt durch atmen; sobald das Atmen aufhört, stirbt der Körper. Die Seele lebt durch lieben. Aber viele Menschen haben keine Seele, denn sie haben nie angefangen zu lieben. Sie vermuten nur, dass sie eine Seele haben, aber sie haben keine. Als Potenzial haben sie natürlich eine; wenn sie anfangen zu lieben, wird sie zur Wirklichkeit. Die Liebe verwandelt deine potentielle Seele in etwas Wirkliches. Das ist das größte Wunder, der größte Zauber, das größte Mysterium des Lebens. Es gibt nichts Höheres als die Liebe. Aber wenn ich das Wort „Liebe“ gebrauche, geschieht das auf eine ganz besondere Weise. Es hat nicht seine normale Bedeutung. Es bedeutet einfach eine Liebesbeziehung zum Ganzen, eine Freundschaft mit allem, sogar mit Dingen, die man normalerweise für tot hält. Ein Buddha behandelt sogar einen Stuhl, als wäre er lebendig. Die Frage ist nicht, ob er lebendig ist oder nicht, der springende Punkt ist, dass ein Buddha nicht nichtliebend sein kann. Was auch immer er tut, es geschieht aus Liebe.

9. *Tag*

Gott versteht nur eine Sprache, die Sprache der Liebe. Wenn du seine Schöpfung liebst, hast du alles gesagt, was zu ihm gesagt werden muss. Und dann ist es nicht nötig, zu einer bestimmten Zeit mit einem bestimmten Ritual zu beten. Religion ist kein Ritual; sobald die Religion ein Ritual wird, ist sie tot. Religion ist Liebe, lebendig, pochend, pulsierend. Liebe also die Existenz. Der manifestierte und der unmanifestierte Gott wird es wissen, denn der unmanifestierte ist gleich hinter dem Manifestierten. Alles, was du mit dem in Erscheinung tretenden Gott machst, wird den nicht in Erscheinung tretenden Gott erreichen.

Schau dir an, was die sogenannten Gläubigen tun: sie beten zu Gott. Aber Christen töten weiterhin Muslime, Muslime töten weiterhin Hindus und Hindus töten weiterhin Muslime. Und alle beten immerfort zu Gott und töten weiterhin lebendige Menschen. Sie zerstören, sie töten weiterhin, was Gott erschafft – und sie alle sagen, Gott ist der Schöpfer. Aber es sieht so aus, als leierten sie nur leere Worte herunter, ohne die Bedeutung dieser Worte zu verstehen. Wenn Gott der Schöpfer ist, dann ist es gegen Gott, zu zerstören. Dann ist die einzige Art und Weise, an ihm teilzuhaben, kreativ zu sein, und das ist mein Ansatz.

Erschaffe, was immer du kannst, sei kreativ, sei schöpferisch. Trage aus deiner Liebe heraus etwas zur Existenz bei – das ist Gebet. Mach das Leben ein wenig besser, als du es vorgefunden hast. Wenn du die Welt verlässt, dann lasse sie ein wenig besser zurück, als du sie vorgefunden hast – und du hast richtig gelebt. Du wirst reich belohnt.

10. *Tag*

Liebe und Gebet sind zwei Erfahrungen derselben Energie. Die Liebe ist irdischer, das Gebet ist überirdischer, aber die Erfahrung ist die gleiche. Die Liebe ist begrenzt: sie ist von Person zu Person. Gebet ist unbegrenzt: es ist von der Person zur unpersönlichen Existenz. Und nur am Anfang ist es von der Person zur unpersönlichen Existenz, denn wenn du mit der unpersönlichen Existenz in Beziehung trittst, verliert sich deine Person. Es ist wie der Tautropfen, der in den Ozean gleitet; er kann kein Tautropfen bleiben, er muss seine Begrenzung verlieren. Er wird zum Ozean. Dabei verliert er nichts und gewinnt alles, aber die alte Identität ist weg. Aber das Problem ist, dass unglücklicherweise nur wenige Menschen wissen, was Liebe ist – was soll man da erst von Gebet sagen? Liebe wird von sehr wenigen Menschen erfahren, denn die Liebe erfordert viele wesentliche Voraussetzungen, bevor du sie erfahren kannst. Wenn dein Kopf voll von liebesfeindlichen Einstellungen ist, dann ist es der Liebe unmöglich zu bestehen. Liebe kann nicht zusammen mit Eifersucht existieren, mit Besitzergreifen, mit Ego, mit Hass, mit Ärger – sie kann so nicht existieren. Das sind alles Anti-Liebe-Erscheinungen, sie zerstören jede Möglichkeit zur Liebe. Dann gehen die Leute in die Kirche, und ihr Beten ist falsch. Gebet ist die höchste Blüte der Liebe, es ist der Duft der Liebe. Ein Mensch, der die Liebe tief und intensiv kennen gelernt hat, dem es gelungen ist, sein Ego, seine Eifersucht, seine Besitzgier und allen Unsinn fallen zu lassen, wird sich auf natürliche Weise auf das Gebet zubewegen. Wenn es so wunderbar ist, eine Person zu lieben, wie viel wunderbarer wird es sein, die ganze Existenz zu lieben! Das ist Gebet.

11. *Tag*

Jahrhundertelang sind die Menschen vor der Liebe in die Klöster, in die Berge, in Wüsten geflohen, nur um Gelegenheiten zu vermeiden, in denen Liebe entstehen kann. Sie haben einsam in Höhlen gelebt, in Angst vor der Liebe. Und es ist was daran: Liebe schafft großes Aufgewühltsein, große Unruhe. Ein Leben ohne Liebe bringt eine gewisse Ruhe mit sich, aber diese Ruhe ist kalt, tot. Ja, da ist Stille, aber es ist die Stille des Friedhofs, sie hat keinen Gesang in sich, sie ist nichts wert.

Man muss die Liebe transformieren. Und das kann man nicht, indem man wegläuft. Man muss sich in das ganze Aufgewühltsein der Liebe begeben und dabei aufmerksam, wachsam, beobachtend bleiben, so dass die Unruhe an der Oberfläche bleibt und nicht ins Zentrum vordringt und das Zentrum still bleibt. Du musst die Liebe akzeptieren und darfst dich dennoch nicht von ihr durcheinanderbringen lassen. Das bringt viele Probleme mit sich, und das ist gut, denn diese Probleme stellen Herausforderungen im Leben dar. Und wenn du auf Herausforderungen reagieren musst, wächst du.

Als erstes verlangt es von dir, dein Ego aufzugeben. Und da beginnt das Gerangel: Das Ego hält fest, du hältst dich am Ego fest, das Ego will das Ganze dominieren – und Liebe kann nicht dominiert werden. Wenn du am Ego festhältst, verschwindet die Liebe. Nur wenn du das Ego loslässt, kann die Liebe wachsen. Das ist die erste Herausforderung, und dann kommen immer neue Herausforderungen, eine nach der anderen.

12. *Tag*

Liebe verlangt den größten Mut im Leben, aus dem einfachen Grund, weil du dein Ego auflösen musst, um dich in die Welt der Liebe zu begeben. Du hängst am Ego wie sonst etwas. Wir sind bereit, dafür zu sterben, aber wir sind nicht bereit, es sterben zu lassen, denn es gibt uns eine Definition, es gibt uns eine Identität, es gibt uns eine separate Existenz. Es macht, dass wir uns wichtig, bedeutend fühlen. Aber weil das Ego grundsätzlich eine falsche Erscheinung ist, beruhen alle diese Gefühle auf einer Täuschung. Deshalb sind wir uns tief im Innern immer bewusst, dass die Wichtigkeit, die das Ego verleiht, Schwindel ist, falsch ist. Wir wissen es, und doch wissen wir es nicht. Es ist da in unserem Bewusstsein, und doch wollen wir es nicht wissen. Wir nehmen es irgendwie wahr, und doch wollen wir es nicht wahrhaben. Das ist das menschliche Dilemma.

In die Liebe einzusteigen bedeutet, aus dem Dilemma auszusteigen, die Vortäuschungen aufzugeben, das Unechte und Pseudohafte fallen zu lassen und einfach ein Nichtwesen, ein Nichts zu sein. Aber aus diesem Nichtssein erwächst etwas von unermesslichem Wert: das Leben wird ein Fest.

13. *Tag*

Liebe bedeutet, dass du lernst, den anderen als seinen eigenen Selbstzweck zu respektieren. Der andere ist kein Mittel. Das ist der einzige unmoralische Akt in der Welt, man kann tatsächlich alle Unmoral auf diese ganz einfache Weise definieren: Wenn du den andern als Mittel benutzt, bist du unmoralisch. Wenn du den andern als Zweck und Ziel für sich selbst respektierst, bist du moralisch.

Und früher oder später will der andere seinen Raum, und dann bekommst du Angst. Am liebsten würdest du den andern zum Gefangenen machen – mit wunderschönen Ketten natürlich, mit goldenen, diamantenbesetzten Ketten. Aber du hättest den andern gern als Gefangenen, so dass du sicher sein kannst, wie das Morgen ist. Sonst – wer weiß? – könnte dein Liebster dich vielleicht verlassen. Man weiß nie, was im nächsten Moment geschehen wird, deshalb möchte man den nächsten Moment absichern. Man möchte eine gewisse Garantie, und genau diese Garantie tötet die Liebe.

Dann haben wir Ehemann und Ehefrau – das sind die Leute, die die Liebe abgeschlachtet haben, sie völlig abgetötet haben. Nun ist die Ehe natürlich eine sehr viel dauerhaftere Einrichtung, genau wie eine Plastikblume. Eine echte Rose muss verblühen. Es braucht nur ein starker Wind zu kommen, und die Blütenblätter welken dahin. Man muss akzeptieren, dass das Leben einem ständigen Wandel unterliegt.

Die Liebe schafft all diese Herausforderungen, aber wenn du in deiner Mitte ruhen bleibst, wach und aufmerksam, dann sind diese Herausforderungen eine immense Hilfe. Sie machen dich reich.

14. *Tag*

Jahrhundertelang blieb die Ehe unangetastet, denn der Mann hatte das Ego der Frau vollkommen getötet. Es wurde nicht etwa wirklich getötet, es verschwand im Untergrund, das ist alles. Es begann, vom Untergrund her zu wirken. Die Frau wurde mit ihren egoistischen Forderungen sehr subtil, daher ihr Nörgeln und alle möglichen weiblichen Strategien. Die musste sie erfinden, denn der Mann erlaubte ihrem Ego keinen direkten Ausdruck. Sie musste indirekte Wege finden, aber sie musste dem Mann zeigen, wer wirklich Herr im Haus ist. Und jeden Tag gibt es in jedem Haus nur ein Problem: wer der Herr im Haus ist. Es ist fast unmöglich, es zu entscheiden, denn das ganze ist Unsinn.

Wenn Liebe da ist, ist niemand der Herr; die Liebe ist der Meister. Ihr geht beide in der Liebe auf. Weder ist der Mann der Herr, noch ist die Frau der Herr – beide werden von der Liebe beherrscht.

15. *Tag*

Liebe kann nicht zur Pflicht gemacht werden; in dem Moment, in dem du sie zur Pflicht machst, wird sie künstlich, oberflächlich. Dann geht sie nicht einmal unter die Haut. Der Vater sagt: „Liebe mich, weil ich dein Vater bin!" Sie geben Gründe an, warum das Kind sie lieben soll, als ob die Liebe irgendwelche Gründe brauchte. Sie schaffen keine liebende Situation um das Kind herum, in der das Kind spontan zu einer liebenden Person erblühen kann. Sie zwingen ihm eine Idee auf.

Wenn das Kind nicht auf natürliche Weise Liebe empfindet, fühlt es sich schuldig – denn es liebt die Mutter oder den Vater nicht, und das ist böse, es ist nicht, wie es sein sollte. Es fängt an, Verdammung für sich selbst zu fühlen. Und wenn es zu lieben versucht, nur um den Schuldgefühlen zu entrinnen, dann weiß es, dass es heuchelt. Aber es muss Heuchelei lernen, denn es muss überleben. Es ist eine Frage von Leben oder Tod für das Kind. Und dann muss es die Schwestern und die Brüder, die Tanten und die Onkel lieben. Es muss lieben, und es vergisst völlig, dass Liebe etwas natürlich Gewachsenes hätte sein können. Jetzt ist es eine Pflicht, ein Befehl, der erfüllt werden muss, also tut es das. Es wird zur leeren Geste. Und das wird zum Muster für sein ganzes Leben.

16. *Tag*

Nur sehr wenige Menschen auf der Welt sind liebevolle Menschen, deshalb gibt es so viel Elend. Jeder möchte liebevoll sein, jeder möchte geliebt werden, aber niemand lernt die Kunst des Liebens. Es ist eine große Kunst. Du wirst nur mit dem Potenzial geboren, aber das Potenzial muss transformiert und verwirklicht werden, es muss zur Realität gemacht werden. Und die erste Voraussetzung dafür ist, wach, aufmerksam zu werden.

Die Menschen sind unbewusst, deshalb wollen sie Liebe. Sie wollen lieben, aber weil sie unbewusst sind, ist alles, was sie tun, genau das Gegenteil. Sie zerstören ihre eigene Liebe, sie zerstören alle Möglichkeiten zur Liebe, und dann sitzen sie im Elend. Und sie sind voller Vorwürfe gegen das Schicksal, gegen Gott – alles klagen sie an, außer sich selbst. Der wache Mensch richtet seine Klagen immer an sich, denn er wird sich der Tatsache bewusst, dass seine Wünsche und sein Handeln im Gegensatz zu einander stehen, einander widersprechen.

Die Grundvoraussetzung ist, bewusst zu werden. Die Kunst des Bewusstwerdens wird zur Kunst der Liebe, zur Kunst des Seligseins. Das ist das Gesetz der Religion.

17. *Tag*

Solange du die Welt nicht liebst, kannst du nicht kreativ sein. Wie könntest du Bäume malen, wenn du die Schönheit der Bäume nicht liebst? Wie könntest du singen, wenn dir der Gesang der Vögel nicht gefiele? Wie könntest du Geige spielen, wenn du die Musik des Windes, der durch die Pinien streift, nicht liebst? Nur ein Mensch, der in tiefer Liebe mit der Existenz verbunden ist, kann kreativ werden. Meine Botschaft lautet: Kreativsein ist die einzige Art und Weise, religiös zu sein. Wenn Gott der Schöpfer ist, dann ist Schöpferischsein der einzige Weg, an Gott teilzuhaben, sich an ihm zu erfreuen.

18. *Tag*

Werde ein Liebender, nicht von einer bestimmten Person, werde einfach ein Liebender im Allgemeinen. Lass Liebe eine Eigenschaft sein, nicht nur eine Beziehung. Denn immer wenn Liebe zu einer Beziehung wird, wird eine Person einbezogen, aber das ganze Universum ausgeschlossen. Das ist ein gefährlicher Handel, einen zu wählen und das ganze Universum auszuschließen, wenn doch das ganze Universum dir gehört und du zu ihm gehörst. Das ganze Universum überschüttet dich pausenlos mit Liebe. Und darauf nicht zu reagieren, ist sehr undankbar.

Liebe also die Sonne, den Mond, die Sterne, die Bäume, die Flüsse, die Berge, die Menschen, die Tiere – sei einfach ein Liebender, und lass das Ganze deine Geliebte sein. Das genau ist es, was einen Menschen religiös macht. Wenn deine Liebe den ganzen Raum einnimmt, wenn sie keine Grenzen kennt, wenn nichts sie einschränkt, wenn sie unbegrenzt ist, wenn sie auf keinen Gegenstand gerichtet ist, sondern nur ein Seinszustand ist, dann ist Liebe Gebet, dann ist Liebe Meditation, und dann ist Liebe Befreiung.

19. *Tag*

Je höher du in der Liebe gehst, desto bedeutsamer wird dein Leben. Mehr Lieder werden in deinem Herzen wach, mehr Ekstase wird geboren. Und in der höchsten Form der Liebe, wenn sie göttlich ist, bist du einfach eine Lotusblume, die ihren Duft und ihre Ekstase verströmt. Dann gibt es keinen Tod, keine Zeit, keinen Verstand, dann bist du Teil der Ewigkeit. Dann gibt es keine Angst – natürlich nicht. Wenn es keinen Tod gibt, wie kann es dann Angst geben? Dann gibt es keine Sorgen. Denn wenn es keinen Verstand gibt, wie kann es dann Sorgen geben? Es gibt großes Vertrauen, Zufriedenheit, Erfüllung.

20. *Tag*

Das Hohe Lied Salomons ist einer der größten Gesänge, die je komponiert, die je gesungen wurde. Aber es ist auch eines der missverstandensten Lieder. Insbesondere die Christen schämen sich seiner. Es ist Teil des alten Testaments, und sie sind unfähig, seine Bedeutung zu begreifen. Sie haben Angst, sehr große Angst, denn es besingt Schönheit, Liebe, Freude – und ihre Vorstellung von Religion ist die von Traurigkeit. Das Kreuz scheint genau zu ihnen zu passen, aber eine Geliebte und ein Liebeslied scheinen zu materialistisch, zu weltlich zu sein. Deshalb gibt es keinen christlichen Kommentar zum Hohen Lied Salomons. Die Juden sind ein etwas irdischeres Volk. Aber selbst sie schämen sich, denn die Symbole, die gebraucht werden, sind die der Liebe.

Meiner eigenen Erfahrung nach ist „Liebe" das einzige Wort, das etwas vom Göttlichen beschreiben kann. Das Zusammensein zweier Liebender ist die einzige Erfahrung, die etwas über das Unbeschreibliche, das Undefinierbare ausdrücken kann, die zumindest etwas andeuten, einen Hinweis geben kann auf die unermessliche Ekstase, die geschieht, wenn ein einzelner mit dem Ganzen verschmilzt. Es ist wie zwei Liebende, die ineinander verschmelzen, es ist eine tiefe Liebesumarmung. Natürlich ist es viel größer, viel tiefer, von ganz anderer Qualität, auf einer anderen Ebene als die der gewöhnlichen Liebenden. Aber gewöhnliche Liebende kommen näher daran heran als sonst etwas. Kein Kreuz kann dem nahe kommen.

Für mich ist das Hohe Lied Salomons der schönste Teil der Bibel – des Alten wie des Neuen Testaments. Aber eine völlig neue Sichtweise ist nötig, um es zu erklären.

21. *Tag*

Wenn man nicht in der Lage ist, ein Lied zu werden, bleibt das Leben leer, bedeutungslos. Und die Menschen versuchen, alles mögliche zu werden, nur kein Lied. Sie wollen reich, mächtig, berühmt werden... Aber indem sie reich werden, indem sie politische Macht gewinnen, indem sie berühmt werden, verlieren sie alle Eigenschaften, die ihrem Leben Freude bringen können. Sie verlieren alle Fröhlichkeit, sie werden ernst. Sie müssen ernst werden, denn die Dinge, die sie erreichen wollen, unterliegen dem Konkurrenzkampf. Es sind alles Egotrips, und das Ego ist eine sehr ernsthafte Angelegenheit.

Das Ego versteht überhaupt keinen Spaß, es ist ganz seriös. Daher tendieren Egoisten dazu, Heilige zu werden, denn das scheint der einfachste Weg zu sein, ohne die geringste Einbuße an Seriosität mächtig, berühmt, angesehen zu werden. Tatsächlich kannst du immer ernsthafter werden, je heiliger du wirst. Aber du wirst auch immer toter.

Habt ihr schon einmal einen Toten lachen sehen? Tote sind sehr ernsthaft, müssen sie ja sein, sie können nicht lachen. Und die Menschen, die zu Lebzeiten aufhören zu lachen, beginnen schon tot zu sein.

Freue dich! Freue dich, so viel du kannst. Werde immer lebendiger, so lebendig wie möglich! Für mich bedeutet religiös sein, vor Leben überfließen, sich so überfließend zu verströmen, dass du dein Leben mit anderen teilen kannst, dass du ein paar Tote lebendig machen kannst – und es gibt viele, die tot sind, die alle Liebe, alles Lachen verloren haben.

22. Tag

Es ist die Liebe, die uns den ersten Schimmer von Gott gegeben hat, und dann haben die Menschen den Drang verspürt, tiefer zu suchen und zu forschen. Es ist durch die Liebe, dass sie Meditation entdeckt haben. Liebe ist ein natürliches Phänomen, Meditation ist eine geplante Wissenschaft. In der Liebe bist du den Naturkräften ausgeliefert, manchmal blitzt es und manchmal blitzt es nicht, und es gibt nichts, was du tun könntest.
Meditation macht den Blitz kontrollierbar, du kannst ihn an- und abstellen. Sie bewirkt, dass die Elektrizität dir dient. Elektrizität hat schon immer existiert, aber sie war außerhalb unserer Kontrolle. Jetzt steht sie auf tausenderlei Weise in unseren Diensten.

Meine Botschaft ist die der Liebe, denn ich weiß, die Liebe ist das einzige Phänomen, dass universelle Beachtung findet – weil sie natürlich ist. Du kannst über das Christentum streiten, du kannst über Hinduismus streiten, du kannst über Buddhismus streiten, aber über die Liebe lässt sich nicht streiten.

Und wenn du die Liebe einmal gespürt hast, beginnt Meditation ganz von selbst, dann kannst du leicht zu Meditation überredet werden. Tatsächlich bist du bereits überredet. Die Liebe verführt einen jeden zur Meditation. Und wenn die Liebe dich nicht zur Meditation verführen kann, dann kann auch nichts anderes dich dazu bringen. Sie ist die einzige Hoffnung, das einzige Versprechen. Aber es gelingt ihr immer, sie hat nie versagt, sie kann nicht versagen. Es ist unumgänglich, dass nach einer tiefen Erfahrung von Liebe Meditation folgt. Und Meditation öffnet die Tür zum Tempel Gottes.

23. *Tag*

Spontan liebevoll sein, natürlich liebevoll sein, heißt religiös sein. Religion hat nichts mit der Anbetung von Jesus, Buddha oder Krishna zu tun. Sie hat nichts mit dem Singen von Mantras zu tun. Sie hat nichts zu tun mit allen möglichen Ritualen, die in den Kirchen oder Tempeln durchgeführt werden. Mit diesem ganzen Unsinn hat sie nichts zu tun. Wahre Religion ist einfach spontane Liebe – und die ganze Gesellschaft war schon immer dagegen.

Aber beachte eines: solange keine Spontaneität in der Liebe erreicht ist, ist dein Leben eine pure Vergeudung. Die Menschen werden mit großem Potenzial geboren, und sie sterben wie Bettler. Das Potenzial bleibt unerfüllt, unverwirklicht. Liebe ist die Tür zum Königreich Gottes, aber es ist spontane Liebe, natürliche Liebe, keine von andern erzwungene Liebe, sondern etwas, das ganz ohne Grund in dir aufsteigt, Liebe um der Liebe willen. Dann hat die Liebe eine solche Schönheit, solche Grazie, solch unfassbare Tiefe und solche Höhen, dass im Vergleich dazu die Gipfel des Himalajas nichts sind.

24. *Tag*

Die Liebe hat ihre eigene Art zu wissen. Die ist völlig verschieden von der Art des Verstandes. Wenn du zum Beispiel über eine Rose mit dem Verstand etwas wissen möchtest, musst du die Rose sezieren, und mit diesem Sezieren zerstörst du ihre Schönheit. Du wirst etwas über ihre Chemie erfahren, aber du wirst nichts von ihrer Poesie wissen, was das Eigentliche ist. Du wirst ihren Geist töten, und nur ihr Leichnam wird übrig bleiben. Das ist also nicht der richtige Weg, etwas über die Rose zu wissen.

Der richtige Weg ist der Weg des Dichters, der Weg des Liebenden, der Weg des Musikers, der Weg des Tänzers. Wenn du ein Musiker bist, wirst du ein Lied singen. Du wirst dich auf die im Winde tanzende Blume einstimmen. Du wirst schweigend vor der Blume sitzen und versuchen, ihrer Musik zuzuhören. Ja, da ist Musik um sie herum. Sie ist sehr still, aber die Musik ist da. Poesie ist da. Sie steht nicht in einem Buch geschrieben, aber das reine Sein der Blume, ihr Flüstern, ihr Tanzen, ihr Spiel mit den Sonnenstrahlen, all das ist Poesie, große Poesie. Und wenn du die Blume lieben kannst, wirst du um ihre Poesie wissen, ihre Musik, den Tanz, der die Seele der Blume ist. Gewiss, du weißt nichts von ihrer Chemie, aber du wirst um ihre Seele wissen.

Die Existenz muss durch Liebe erkannt werden, dann erkennst du Gott. Gott ist nichts anderes als die Existenz, der man sich mit Liebe annähert.

25. *Tag*

Die indische Mythologie sagt, dass die Musiker der Götter keinerlei Instrumente bedürfen, sie singen nicht einmal Gesänge. Ihr Schweigen ist ihr Gesang, ihr Schweigen ist ihr Gebet. Das scheint viel bedeutsamer zu sein, viel würdevoller.

Schweigen ist Musik, pure Musik. Der Zen-Buddhismus sagt, die höchste Erleuchtung ist wie das Klatschen einer Hand. Wenn zwei Hände klatschen, dann ist da ein Zusammenprall, ein Konflikt. Wenn nur eine Hand klatscht, ist es natürlich absolut still, da ist überhaupt kein Geräusch. Und diese Stille ist die letztendliche Musik. Für mich ist Liebe die letztendliche Musik. Sie braucht nicht einmal den andern. Wenn der andere gebraucht wird, dann ist es entweder animalische Liebe oder höchstens menschliche Liebe. Aber wenn der andere gar nicht gebraucht wird, dann ist es göttliche Liebe. Dann geht es überhaupt nicht um Beziehung, es geht nicht einmal darum, ob du liebevoll bist, du wirst die Liebe selbst. Dann bist du die Musik, dann bist du der Gesang. Es ist keine Qualität mehr, es ist kein Tun mehr. Es ist dein Sein. Und wenn Liebe dein Sein wird, dann gibt es ein großes Feiern im Innern. Da ist kein Geräusch, da sind keine Instrumente, aber man hört eine himmlische Musik – unerschaffene Musik... Einfach nur, indem du dich auf das Innere einstimmst, hörst du augenblicklich etwas, wirst du augenblicklich voll von etwas, das nicht ausgedrückt werden kann, dem Unsagbaren. Liebe kommt ihm am nächsten. Bewahre es im Gedächtnis, Liebe muss die Musik deines Lebens werden.

26. *Tag*

Dein Leben beginnt zu wachsen, wenn du das Zentrum des Zyklons sein kannst, den die Liebe hervorruft. Und wenn dein Zentriertsein mit jeder Herausforderung tiefer wird, wenn du geerdeter wirst, wenn deine Wurzeln stärker werden und nichts dich entwurzeln kann – kein Problem kann dich zerschmettern und du bleibst heil und ganz in allerhand möglichen Krisen – dann wirst du eine große Dankbarkeit für die Liebe fühlen, denn nur durch all diese Probleme ist deine Integration geschehen.

Und dann beginnst du höher zu wachsen als die Liebe – und das ist, was Gnade bedeutet. Wenn du liebst und die Liebe kann dir nicht einmal mehr Probleme bereiten, dann ist da Gnade, dann ist da immense Schönheit des Körpers, des Geistes und der Seele. Dann kommen sie in dieser begnadeten Harmonie zusammen. Aber das kann niemals geschehen, wenn du der Liebe aus dem Weg gehst. Gehe der Liebe und ihren Problemen niemals aus dem Weg. Wende dich ihnen zu, nimm die Herausforderungen und Schwierigkeiten an, aber bleibe gleichzeitig ruhig und still.

27. *Tag*

Vergiss nicht, dass du einmalig bist. Liebe dich selbst, respektiere dich selbst, respektiere deine eigene Stimme. Höre ihr zu und befolge, was sie sagt. Es ist besser, zur Hölle zu gehen, indem man der eigenen Stimme folgt, als in den Himmel, indem man der Stimme eines anderen folgt. Denn sogar dieser Himmel wird sich als kein richtiger Himmel herausstellen, wenn du jemandem blind folgst. Respektiere dich selbst und respektiere auch andere. Liebe dich selbst und liebe auch andere. Und allein diese kleine Veränderung in deiner Haltung kann eine radikale Revolution hervorbringen. Sie kann dein ganzes Sein verwandeln.

28. *Tag*

Liebe macht dich frei. Je mehr du liebst, desto freier wirst du. Letztendlich hast du die Freiheit einer Wolke. Die Wolke ist völlig frei, sie hat keine festgelegte Form, sie verändert sich ständig, sie ist unberechenbar. In einem Augenblick sieht sie aus wie ein Elefant, im nächsten wie ein Tiger, man weiß es nie. In diesem Moment zieht sie nach Osten, im nächsten Moment zieht sie nach Westen. Sie ist vollkommen frei, sie ist nirgendwo verwurzelt. Sie hat keine Wurzeln in der Erde, deshalb kennt sie kein Festhalten, sie ist nicht gebunden, sie ist von nichts besessen. Genau so ist auch die Liebe, ohne Wurzeln, ohne Festhalten, sie schwebt wie eine Wolke in absoluter Freiheit.

29. *Tag*

Die Liebe ist das Tiefste, was deinem Sein widerfahren kann. Sie dringt in deinen tiefsten Kern ein, und sie erleuchtet, sie macht dich voller Licht. Du fängst an, Licht auszustrahlen. Das geschieht sogar in der gewöhnlichen Liebe, und wir wissen es: Du kennst jemanden, wie er ist, ohne verliebt zu sein, und dann triffst du ihn eines Tages, wo er sich gerade verliebt hat – jetzt ist seine Ausstrahlung völlig anders, sein Gesicht strahlt. Er scheint von innen heraus zu leuchten.

Sogar in der gewöhnlichen Liebe beginnen die Menschen zu leuchten. Was soll man da erst über die Liebe sagen, von der ich spreche, von der die Buddhas zu allen Zeiten gesprochen haben, die Liebe zwischen dir und der gesamten Existenz? Du wirst einfach ganz Licht! Dein Körper ist nicht mehr stofflich, er wird reine Energie. Du bist nur eine Flamme, und diese Flamme erfüllt alle Wünsche, alle Sehnsüchte. Diese Flamme lässt dich teilhaben am Feuer Gottes.

Werde eine Lampe der Liebe, eine Flamme der Liebe. Sei leidenschaftlich in das Leben verliebt. Größte Intensität ist gefordert – lauwarm reicht nicht. Du musst die Fackel deines Lebens von beiden Seiten gleichzeitig abbrennen. Dann ist sogar ein einziger Augenblick mehr als die Ewigkeit.

30. *Tag*

Liebe, Seligkeit, Meditation, Wahrheit – sie alle bedürfen großer Stärke. Man muss gesammelt sein. Normalerweise sind die Menschen Bruchstücke – tausende von Einzelteilen sind da, aber sie bilden kein Ganzes. Schwach sein bedeutet gespalten sein, ungeteilt sein ist Stärke. Und sobald du ungeteilt bist, wirst du ein Individuum. Im wahrsten Sinne des Wortes, Individuum bedeutet unteilbar. Das bringt Stärke und Stärke wird die Grundlage für Gott.

Alle Meditationen sind Hilfsmittel, um deine Bruchstücke zusammenzubringen, so dass sie miteinander verschmelzen, um eine Art Einssein in dir zu schaffen, um deinem Sein ein Zentrum zu geben. Wenn dieses Zentrum einmal zu wachsen beginnt, wirst du genug Mut haben, ins Unbekannte zu gehen. Dann wirst du alles riskieren. Und Gott verlangt: Riskiere alles – nur dann kannst du voller Seligkeit, Liebe, Wahrheit, Göttlichkeit sein.

31. *Tag*

Ohne Lachen ist Religion tot. Sie wird nur lebendig, wenn du total lachen kannst, wenn du leidenschaftlich und intensiv lachen kannst, so dass das Lachen in all deinen Zellen tanzt, so dass es in deinem ganzen Wesen vibriert. Dann wird es etwas Größeres als du, so dass du nur ein kleiner Teil davon bist. Es umgibt dich wie eine Aura, und du verschwindest darin. Und genau das geschieht beim Lachen: dein Ego verschwindet. Vielleicht verschwindet es nicht bei deinem Beten, dein Beten mag es sogar verstärken. Der fleißige Beter wird „Ich bin heiliger als du." Das Ego verschwindet nicht aufgrund deiner Autorität und deiner Askese – es wird sogar noch fester und kompakter. Aber wenn du in ein herzhaftes Lachen ausbrichst, ist das Ego nicht mehr da. Einen Moment lang öffnet sich ein Fenster, einen Moment lang ist das Ego nicht mehr da. Und wenn das Ego nicht da ist, bist du da. Wenn das Ego da ist, bist du nicht da.

Dein Leben ist ein Geschenk

1. *Tag*

Gebet ist in der Vergangenheit sehr missverstanden worden. Es ist ein Teil des Glaubens an Gott geworden. Deshalb können die Menschen, die nicht an Gott glauben, auch nicht beten. Das hat Millionen von Menschen das Gebet vorenthalten. Beten muss von dem Glauben an Gott befreit werden. Tatsächlich kommt das Gebet zuerst, Gott folgt später nach. Gott ist keine Voraussetzung für das Beten, er ist eine Folge des Betens. Wenn du in Gebet bist, wirst du die Existenz Gottes wahrnehmen. Dann besteht keine Notwendigkeit für einen Glauben an Gott. Aller Glaube ist falsch.

Du magst dein ganzes Leben lang glauben, aber du machst den Glauben nicht dadurch wahr, dass du an ihn glaubst. Du kannst dich selber hypnotisieren, du kannst denken, es wäre die Wahrheit. Aber es bleibe eine Lüge.

2. *Tag*

Das Leben ist ein Geschenk Gottes. Wir haben es uns nicht verdient, ja wir sind seiner nicht einmal wert. Aber wir sind solch undankbare Geschöpfe, dass nicht einmal ein einfaches „danke“ in uns hochkommt. Wir sind nicht dankbar, dass uns diese Gelegenheit gegeben wurde zu wachsen, zu sehen, zu lieben, zu lachen, uns an der Musik der Existenz, an der Schönheit der Welt zu erfreuen. Wir sind überhaupt nicht dankbar; im Gegenteil, wir beklagen uns unaufhörlich.

Wenn du den Gebeten der Menschen zuhörst, wirst du überrascht sein: all ihre Gebete sind Klagen. Ihre Gebete entspringen nicht der Dankbarkeit, immer wollen sie mehr. Sie sagen: „Dies ist nicht genug“. Und es wird in der Tat nie genug sein, denn der Arme bittet um mehr, der Reiche bittet um mehr, der Kaiser bittet um mehr, jeder bittet um mehr.

Jeder bittet um mehr. Das bedeutet ganz einfach, dass, was auch immer dir gegeben wurde, nicht genug ist. „Ich habe Anspruch auf mehr, du warst ungerecht zu mir.“ Das nenne ich unreligiös. Daher sind für mich all die Gebete unreligiös, die in den Tempeln, in den Moscheen, in den Kirchen ablaufen. Das wahre Gebet kennt nur Dankbarkeit, ein einfaches „danke“ ist genug.

3. *Tag*

Gebet hat nichts mit dem zu tun, was man überall in der Welt für Gebet hält. Wahres Beten ist kein Ritual. Wahres Beten hat nichts mit der Kirche oder dem Tempel oder der Moschee zu tun, das wahre Gebet ist weder christlich noch hinduistisch noch muslimisch. Das wahre Gebet hat nichts mit Worten zu tun, es ist nicht verbal. Es ist schweigende Dankbarkeit, es ist ein schweigendes sich Verneigen vor der Existenz.

Wo und wann auch immer du dich danach fühlst, dich vor der Erde, den Bäumen, dem Himmel zu verneigen, tue es. Dieses Verneigen wird dir helfen, langsam zu verschwinden. Beten ist eine der großartigsten Methoden, das Ego zu vernichten, und wenn das Ego verschwunden ist, bleibt Gott übrig. Es ist das Ego, das Gott in einer dunklen Wolke versteckt. Wenn die Wolke vorübergezogen ist, kommt die Sonne hervor und scheint in ihrer ganzen Pracht, Schönheit, Größe, Herrlichkeit.

4. Tag

Die Menschen beten aus Leid. Sie beten, weil sie unglücklich sind, und sie denken, dass sie durch Beten aus ihrem Elend herauskommen können. Diese Art Gebet kann sie höchstens trösten, aber es kann ihnen nicht aus dem Elend heraushelfen. Sie werden sich in ihrem Unglücklichsein häuslich niederlassen und sich darin einrichten – das ist wirklich gefährlich. Genau so funktioniert die sogenannte Religion: sie hilft dir, dich mit allen möglichen Arten von Leid abzufinden.

Daher siehst du Menschen im Osten in allem möglichen Elend leben, ohne zu rebellieren, ohne sich um eine Verbesserung ihres Lebens zu bemühen. Das ist so wegen ihrer sogenannten Religiosität. Sie haben sich an alles gewöhnt. Sie haben völlig vergessen, dass das Leben anders sein kann. Sie haben ihr Leben so akzeptiert, wie es ist. Das ist keine gute Situation, sie verhindert die Weiterentwicklung. Daher rate ich niemals zum Beten, wenn jemand im Elend ist.

Beten sollte nur sein, wenn du fröhlich, selig bist, wenn du tanzen und singen kannst, wenn du dich freuen kannst. Dann ist Gebet ein Riesensprung ins Unbekannte, denn es hilft dir, der Existenz zu vertrauen. Gebet ist Vertrauen. Es ist eine Liebesgeschichte mit dem Ganzen, es ist eine Liebesgeschichte mit den Bäumen und den Sternen und den Bergen und allem, was ist.

5. *Tag*

Das einzige Gebet, das es verdient, Gebet genannt zu werden, ist die Liebe. Alle anderen Gebete sind nur sogenannte Gebete, sie sind pseudo, sie sind nur schlechter Ersatz. Die Menschen können nicht lieben – sie beten. Natürlich gibt ihnen ihr Beten einen gewissen Trost. Der Mensch ist so geschickt darin, andere zu täuschen, dass er letztlich anfängt, sich selber zu täuschen. Er kann die Menschen nicht lieben, deshalb beginnt er die Menschheit zu lieben. Das ist dann eine Strategie, dein Verstand hält dich zum Narren. Wo willst du denn die Menschheit finden? Wo du hingehst, wirst du immer ganz konkrete Menschen finden. Die Menschheit ist nur ein abstraktes Konzept, nur eine Idee – du kannst keine Idee lieben. Aber es ist einfach, eine Idee zu lieben, das schafft keine Probleme. Da erwartet niemand, dass du irgendwelche Opfer bringst. Du kannst derselbe bleiben, und du kannst damit prahlen, wie sehr du die Menschheit liebst. Die Menschen, die die Existenz nicht lieben können, beginnen Gott zu lieben. Nun ist die Existenz aber hier-jetzt, und Gott ist nur in deinen Gedanken. Er ist nur ein Konzept, er existiert nicht wirklich. Die Menschen haben Angst vor der Liebe, aber es ist leicht, Gott zu lieben. Gott stirbt nicht, weil es ihn gar nicht gibt. Es ist unmöglich, dass etwas, das nicht existiert, stirbt. Aber ich sage euch, dass Gott weder eine Vergangenheit noch eine Zukunft hat. Göttlichkeit ist wahr, aber Gott ist nur ein philosophisches Konzept. Atme Gebet, lebe Gebet, liebe diese herrliche Existenz. Und durch Liebe geschieht es, dass dir die unermessliche Präsenz der Göttlichkeit überall bewusst wird. Und ich wiederhole noch einmal: nicht Gottes, sondern der Göttlichkeit.

6. *Tag*

Man braucht nicht an Gott zu glauben, um beten zu können. Zuerst muss man das Beten kennen, und das bringt einen dazu, an Gott zu glauben – aber das Beten kommt zuerst, Gott kommt als zweites, er ist zweitrangig. In der falschen Welt kommt Gott zuerst, du musst an Gott glauben. Das bedeutet Plastik – Glauben bedeutet Plastik. Und dann betest du, du betest deinen eigenen Glauben an. Dann kannst du eine Statue von Gott machen – oder was dir sonst gefällt –, es ist dein eigenes Spielzeug. Und du kannst ein schönes Gebet verfassen, oder andere Experten, die Priester, können es verfassen, oder du kannst es in historischen Quellen finden – aber sie sind alle von menschlicher Hand. Die ganze Religion ist von Menschen gemacht, darum ist sie falsch. Wahre Religion erwächst auf natürliche Art aus der Liebe. Dann ist sie weder hinduistisch noch christlich noch muslimisch noch überhaupt eine Religion, keine Kirche, kein Dogma, kein Bekenntnis, sondern überfließende Liebe – und die wird zu Gebet. Und letztendlich offenbart dir das Gebet Gott. Dann ist es kein Glauben – es ist eine Offenbarung.

7. *Tag*

Beten muss etwas absolut Individuelles sein. Es muss spontan sein, es darf nicht angelernt sein. Ein gelerntes Gebet ist ein falsches Gebet. Dann wiederholst du nur wie ein Papagei. Es ist bedeutungslos, sinnlos, leere Worte. Aber wenn ein Gebet in deinem Herzen aufsteigt, wenn es etwas von dir in sich trägt, dann hat es große Bedeutung. Dann ist es nicht „... eine Fabel von einem Narren erzählt, voller Lärm und Zorn, die nichts bedeutet". Es hat große Bedeutung und Musik.

Man muss lernen, in Kommunikation mit der Existenz zu treten. Sprich mit den Sternen, sprich mit den Flüssen, sprich mit den Bäumen, sprich mit den Felsen. Und schäme dich dessen nicht. Denn sie sind es, in denen Gott sich manifestiert hat. Alles, was ist, ist eine Manifestation Gottes. Beginne die Kommunikation mit dem manifestierten Gott. Und nur so wirst du eines Tages in der Lage sein, mit dem unmanifestierten zu kommunizieren. Beginne mit dem Sichtbaren, und dann kannst du einen Quantensprung in das Unsichtbare machen. Sprich mit der Erde, sprich mit dem Gras.

Am Anfang wirkt es vielleicht gar nicht religiös. Aber einfach „Hallo" zu einem Baum zu sagen, hat etwas Schönes an sich, etwas Spirituelles, etwas Heiliges, denn du erkennst den Geist des Baumes, du erkennst die Präsenz des Baumes, du ignorierst ihn nicht. Und wenn ein Mensch nur dieses eine lernen kann, Gott in allen seinen Manifestationen nicht zu ignorieren, dann verschwindet Ignoranz, und Weisheit tritt an ihre Stelle, sie erwächst aus deinem innersten Wesen.

8. *Tag*

Die Reise beginnt mit Liebe und endet in Licht oder in Erleuchtung, und die Brücke ist Beten. Die ganze Pilgerreise von Ignoranz zu Weisheit ist nichts als eine Pilgerschaft des Betens. Beten bedeutet: „Ich bin so klein, dass durch mich nichts möglich ist, es sei denn, das Ganze hilft mir." Beten ist die Hingabe des Egos an das Ganze, ein Aufgeben des Egos, nicht in Verzweiflung, sondern in tiefem Verstehen. Wie kann die kleine Welle gegen den ganzen Ozean angehen? Allein der Versuch ist absurd. Aber das ist genau das, was die gesamte Menschheit macht. Wir alle sind kleine Wellen im weiten Ozean des Bewusstseins.

Nenne diesen Ozean des Bewusstseins Gott, Wahrheit, Erleuchtung, Nirvana, Tao, Dharma – sie alle bedeuten das gleiche, dass wir Teil eines unendlichen Ozeans sind. Aber wir alle sind sehr kleine Wellen; wir können nicht unseren eigenen Willen durchsetzen, wir können nicht unser eigenes Ziel haben. Eben dieser Wunsch, unseren eigenen Willen durchzusetzen und etwas nach unserem eigenen Begehren zu erreichen, ist der ganze Grund unseres Elends.

Beten bedeutet, dass man sich dem göttlichen Willen unterwirft, weil man die Vergeblichkeit des menschlichen Willens erkannt hat. Man sagt: „Dein Wille geschehe, dein Königreich komme."

Das ist nur möglich mit einer großen Liebe zur Existenz. Deshalb sage ich, die Reise beginnt mit Liebe und endet in Erleuchtung. Und die Mitte der Reise besteht nur aus Beten, aus tiefem Loslassen.

9. *Tag*

Lass dies deine Arbeit an dir selbst sein: Fühle immer mehr Dankbarkeit. Dankbarkeit ist die Essenz des Betens, und Dankbarkeit ist nur möglich, wenn du erkennst, dass alles ein Geschenk ist, dass jeder Atemzug ein Geschenk ist. Und was für ein Geschenk! So wertvoll, dass es unmöglich ist, es käuflich zu erwerben. Es ist unbezahlbar.

Das Leben lässt sich nicht käuflich erwerben, Liebe kannst du nicht kaufen, ästhetisches Feingefühl kannst du nicht kaufen, Kreativität kannst du nicht kaufen, Intelligenz kannst du nicht kaufen – aber sie alle werden dir geschenkt. Noch bevor du danach fragen kannst, bist du schon versorgt. Nur eine kleine Suche im eigenen Innern, und man stößt auf Schätze über Schätze.

10. *Tag*

Gebet darf nicht einfach nur verbal sein. Ein verbales Gebet ist eine Pseudoangelegenheit. Es gibt vor, ein Gebet zu sein, aber es ist Plastik, es ist keine echte Blume. Das wahre Gebet hat mit Sprache überhaupt nichts zu tun, denn Gott versteht keine Sprache. Es gibt dreitausend Sprachen auf dieser Erde, und Wissenschaftler sagen, dass fünfzigtausend Erden mit Leben darauf existieren. Da kannst du dir Gott vorstellen, wie er verrückt wird. Er muss so viele Sprachen verstehen. Gott versteht nur eine Sprache. Der Name dieser Sprache ist Schweigen – und Schweigen ist weder deutsch noch englisch noch französisch.

Jeder, der in Schweigen fällt, ist nicht mehr Teil einer Nationalität, einer linguistischen Gruppe, einer Rasse, einer Religion. Schweigen kennt keine Grenzen, es ist unendlich. Und in Schweigen sein heißt, in Gebet sein.

Schweigen ist kein menschliches Produkt, es ist ein göttliches Geschenk. Wenn du in Schweigen bist, bist du in Harmonie mit Gott.

11. *Tag*

Gebet gibt es im ganzen All. Die Sterne sind voller Gebet, die Bäume sind voller Gebet, die Ozeane sind voller Gebet. Mit Ausnahme des Menschen ist die gesamte Existenz immer in einem Zustand von Gebet, nur der Mensch muss sich bewusst darauf zubewegen – aus einem bestimmten Grund: der Mensch ist das einzig bewusste Tier. Deshalb hat der Mensch die Wahl. Er kann aus dem natürlichen Fluss der Existenz herausfallen, oder er kann daran teilnehmen. Kein anderes Tier hat diese Freiheit. Die Vögel am Morgen singen nicht aus eigener freier Wahl. Sie singen instinktiv. Die Bäume sind voller Gebet und die Berge sind voller Gebet, aber dieses Gebet ist nur eine natürliche Erscheinung.

Die Würde des Menschen besteht darin, dass er die Wahl hat. Aber das kann auch sein Niedergang sein, denn er hat auch die Wahl, nicht zu beten. Der Mensch steht ständig am Scheideweg, bei jedem Schritt hat er die Wahl. Jeder Schritt kann ihn entweder in die Irre oder in die richtige Richtung bringen. Wenn du Traurigkeit oder Fröhlichkeit vor dir hast, wähle immer Fröhlichkeit. Wenn du Ernsthaftigkeit und Verspieltheit vor dir hast, wähle immer Verspieltheit. Und vergiss nicht: wir werden zu dem, was wir wählen, es ist einfach eine Frage der Wahl.

12. *Tag*

Es gibt keine großen Dinge im Leben, das Leben besteht aus kleinen Dingen. Aber wenn du weißt, wie du dich daran erfreuen kannst, verwandelst du sie in große Dinge. In den Händen eines Buddha wird sogar gewöhnliches Wasser zu Wein. Das genau ist die Bedeutung des Wunders, das Jesus getan haben soll, er soll Wasser in Wein verwandelt haben. Nur Narren nehmen das wörtlich, es ist symbolisch gemeint.

In den Händen Jesu ist Wasser Wein. Von einfachem reinen Wasser kannst du betrunken werden. Es kommt darauf an, wie du trinkst. Es hängt nicht von dem Getränk ab, es hängt von dem Trinkenden ab. Und ich spreche aus Erfahrung. Ich mixe nicht Whisky mit Soda, ich mixe Soda mit Soda – und es wirkt.

13. *Tag*

Es hat in der Welt zwei Arten von Religionen gegeben: die Religionen der Meditation und die Religionen des Gebets. Und sie haben wie Feinde gelebt: Sie haben die ganze Menschheit gespalten. Der Buddhismus ist zum Beispiel eine Religion der Meditation, das Christentum ist eine Religion des Gebets, und bisher hat es keine Brücke zwischen den beiden gegeben. Das hat nicht nur die Menschheit gespalten, es hat jeden einzelnen Menschen in zwei Teile gespalten – denn die Ganzheit des Menschen muss in ihrer Ganzheit erfüllt werden. Und der Mensch hat beide Aspekte in seinem Wesen.

Der eine Aspekt wird durch Meditation erfüllt, der andere Aspekt wird durch Gebet erfüllt. Und wenn man bei einem bleibt und gegen das andere ist, bleibt man nur halb. Ich bemühe mich hier darum, eine Brücke zu schaffen. Mein Sannyasin muss beides sein, ein Mensch der Meditation und ein Mensch des Gebets, beides zusammen.

14. *Tag*

Gebet hat nichts mit Religion zu tun. Gebet ist grundsätzlich der Ansatz des Künstlers. Gebet ist ein ästhetisches Phänomen, kein religiöses Phänomen. Aber wenn du beginnst, dich der Existenz gegenüber voller Dank und Anerkennung zu fühlen, wirst du überrascht sein, wie dich ganz allmählich eine Präsenz zu umgeben beginnt, die du nie zuvor gefühlt hast. Nur ein dankbares Herz kann eine bestimmte Vibration fühlen. Diese Vibration ist Gott. Gott kommt erst in einem späteren Stadium, aber dann kommt er als eine Erfahrung – niemals als ein Glaube, immer als eine Erfahrung. Dann ist Gott eine Befreiung, dann ist Gott Nirvana.

Aber beginne mit Gebet, beginne niemals mit Gott, denn der Gott wäre falsch. Und wenn du an einen falschen Gott glaubst, dann ist dein Gebet falsch. Lass dein Gebet so tief wie möglich werden, so von Herzen gefühlt wie möglich, dann kommt Gott ganz von alleine. Lerne also zu beten.

15. *Tag*

Die Liebe ist eine Blume und die schönste von allen. Sie ist unsichtbar, denn sie wächst im Herzen. Aber ihr Duft kann sogar von außen wahrgenommen werden. Sie öffnet sich im Herzen, aber ihr Duft verbreitet sich weiter, er erreicht auch andere Menschen. Und sie duftet so sehr, dass dieser Duft die ganze Existenz erfüllen kann.
Immer wenn ein Mensch wie Jesus oder Buddha existiert, dessen Herz eine Blume der Liebe geworden ist, wird die gesamte Existenz gesegnet

16. *Tag*

Meditation ist ein Zustand gedankenloser Bewusstheit. Auf eine Art ist sie negativ: sie weist Gedanken zurück und schafft einen schweigenden Zustand in deinem Innern. Es ist schön, dieses Schweigen, aber etwas fehlt ihm. Musik fehlt ihm, es ist keine Poesie darin, es ist kein Tanz darin. Es ist eine Art totes Schweigen, kein Gesang erwächst daraus.

Gebet heißt, das Herz ist voller Liebe. Es ist ein positiver Ansatz. Gebet kann tanzen, Gebet kann singen, Gebet kann feiern. Aber ohne Meditation bleibt all das Feiern oberflächlich, laut. Ja, es ist eine große Lebendigkeit darin, aber diese Lebendigkeit ist kindisch, unreif.

Reife kommt durch Meditation, Freude kommt durch Gebet. Zentriertsein kommt durch Meditation, Tanzen kommt durch Gebet.

Der Mensch ist wirklich gesegnet, der in seinem Tanz zentriert bleiben kann, der das Zentrum des Zyklons werden kann. Und das ist meine Vision eines Sannyasins: ein wahrhaft religiöser Mensch, ein ganzer Mensch.

Behalte es im Gedächtnis: Sei in Meditation, sei in Gebet! Schaffe Leere durch Meditation und schaffe Liebe durch Gebet, um die Leere zu füllen. Auf diese Weise wird die Leere zu überfließender Liebe.

17. *Tag*

Das Leben hat viel Schönes, aber nichts lässt sich mit der Schönheit der Meditation vergleichen. Es gibt viele schöne Blumen und schöne Sterne und schöne Sonnenaufgänge und Sonnenuntergänge und schöne Menschen. Aber die Blume der Meditation, der Stern der Meditation, der Sonnenaufgang der Meditation sind unvergleichlich, denn sie führen dich in die Welt Gottes. Sie führen dich über die Projektionen deines Verstandes hinaus. Und wenn du einmal weißt, was Meditation ist, wenn du einmal ihren schweigenden Nektar gekostet hast, dann ist alles, was du siehst, durch deine Sicht verwandelt. Dieselben Bäume, dieselben Vögel, dieselben Menschen sind nicht mehr dieselben. Jeder erscheint leuchtend, so voller Saft, so voller ewigem Leben, man ist von Göttern und Göttinnen umgeben.

Dann ist das Leben wirklich lebenswert. Dann ist jeder Moment eine solche Freude und ein solches Geschenk, dass man Gott immerfort dankt, dass man ständig dankbar ist. Diese Dankbarkeit ist Gebet. Gebet ist der Duft der Meditation. Man kann nicht wirklich beten, wenn man nicht meditiert hat.

18. *Tag*

Lobpreisen erwächst aus dem Verständnis, wie viel die Existenz dir gegeben hat. Es erwächst aus der Erfahrung der Schönheit, von der du umgeben bist: die Sterne, die Sonne, der Mond, die Blumen, der Regenbogen, die Wolken, die Menschen, dein ureigenes Sein, dieses ganze Wunder, dieses ganze geheimnisvolle Universum ist dir gegeben worden. Du hast es nicht verdient, es ist ein reines Geschenk, aber du hast Gott nicht einmal dafür gedankt.

Wenn du dir dieses ungeheuren Geschenks bewusst wirst, erwächst ein großes Lobpreisen in deinem Herzen. Dieses Loben und Preisen stellt keine Forderungen, tatsächlich ist es Dankbarkeit, dankbare Anerkennung. Es ist Gebet. Dann hat es eine ungeheure Schönheit. Nur solches Lobpreisen ist religiös, nur solches Lobpreisen ist Gebet. Du versuchst in keiner Weise, Gott zu benutzen. Du dankst ihm einfach nur für all das, was er schon getan hat. Du sagst einfach nur: „Ich bin es nicht wert. Du hast mir so viel gegeben, dass ich es nicht fassen kann. Deine Liebe ist groß."

Dieses Lobpreisen erwächst in deinem Herzen wie ein Parfüm und beginnt, gen Himmel zu steigen. Und das ist das einzige Gebet, das je erhört wird. Kein anderes Gebet erreicht Gott.

Und das ist das Wunder, dass nur ein solcher Mensch mit immer mehr Segen überschüttet wird – obwohl er nicht danach gefragt hatte. Seine Dankbarkeit befähigt ihn dazu, mehr zu empfangen. Seine Offenheit befähigt ihn dazu, mehr Schönheit in sich aufzunehmen, mehr Freude, mehr Musik. Sein ganzes Sein wird ein Garten voller Blumen.

19. *Tag*

Ich verstehe es so, dass das Loben und Preisen Gottes einzig und allein darin bestehen kann, dass man selig ist. Es muss nicht verbal sein – in der Tat, es kann nicht verbal sein. Worte sind so vergeblich, so leer. Worte können es nicht beinhalten. Man muss Gott existentiell preisen, nicht intellektuell. Jede Faser deines Seins muss vor Freude pulsieren, jede Zelle deines Seins muss in Gebet tanzen. Tatsächlich wirst du zum Gebet selbst. Nur dann bist du in Gebet. Dann wird nichts gesagt, und alles ist gesagt. Es besteht keine Notwendigkeit, in die Kirche, Synagoge oder in den Tempel zu gehen. Dann bist du, wo auch immer du bist, voller Freude, aus dem einfachen Grund voller Freude, dass Gott dich erwählt hat zu sein, dass er dich erschaffen hat; voller Freude, dass er dir eine Chance gegeben hat, eine Gelegenheit, die Schönheit der Welt zu sehen, diese geheimnisvolle Existenz zu sehen, ein Teil davon zu sein, daran teilzunehmen, davon zu trinken, betrunken davon zu sein. Worte sind sehr schwere Gegenstände. Sie fallen auf die Erde zurück, sie können sich nicht über die Erde hinausbewegen. Nur eine schweigende Freude kann in die höchste Wirklichkeit eindringen. Sei also fröhlich, selig. Und wenn du dich nach Beten fühlst, dann tanz, sing! Vergiss Gott! Es geht nicht darum, ihn anzurufen oder zu ihm zu sprechen – all das ist Unsinn. Was kann man schon zu Gott sagen? Was gibt es zu sagen, außer „ja"? Und das kann nur durch dein Tanzen gesagt werden, es kann mit keinem Wort gesagt werden. Worte sind so inadäquat, sie haben ihre Grenzen. Sie sind gut für weltlichen Gebrauch, aber sobald du dich in die andere Welt begibst, die Welt des Jenseitigen, werden sie absolut irrelevant.

20. Tag

Lobpreisen ist die Grundlage für Gebet. Wer loben und preisen kann, hat ein Herz, das bereit ist, den Sprung ins Gebet zu tun.

Lobpreisen bedeutet, den anderen höher stellen als sich selbst. Das ist Gift für das Ego. Wenn du alles und jedes preist, wenn das ganze Universum Gegenstand deiner Lobpreisung ist, verschwindet das Ego. Und das Verschwinden des Egos macht dich bereit für Gott. Nur wenn das Ego vollkommen weg ist, kann Gott sich in dich hineinsenken. Das Ego muss das Herz räumen, nur dann kann Gott sich dort niederlassen.

Gott bedeutet einfach nur das Ganze. Ego bedeutet, du versuchst, dich vom Ganzen getrennt zu halten. Wenn es kein Ego mehr gibt, wenn es keine Bemühung mehr gibt, getrennt zu sein, wirst du bereit zu verschmelzen und eins zu werden. Und dieses Verschmelzen, Sich-Vereinen, Sich-Treffen mit dem Ganzen schafft Seligkeit, Segen, Ekstase. Das ist das Ziel von Sannyas.

21. *Tag*

Preise die Schönheit, die uns alle umgibt, aber die wir nicht bewusst wahrnehmen. Preise den Sonnenaufgang, den Sonnenuntergang, die Sterne, die Wolken, die Bäume, die Menschen, denn sie alle sind Manifestationen Gottes.

Werde ein Lobgesang. Schau mit den Augen des Lobpreisens. Hör auf, kritisch zu sein. Kritischsein ist der sichere Weg, alles Bedeutsame zu verpassen. Sei kreativ, nicht kritisch!

Man kann nur kreativ sein, wenn man weiß, was lobpreisen ist. Aus eben dem Lobpreisen erwächst Kreativität. Du beginnst, dein Sein zu geben. Und wenn du die Schönheit, die Herrlichkeit der Existenz siehst, möchtest du sie noch ein wenig schöner machen.

So wird Kreativität geboren. Es ist die Bemühung, das Leben noch ein klein wenig schöner zu machen, ein kleines Lächeln, ein bisschen Lachen, eine kleine Freude, ein bisschen Liebe in die Existenz zu bringen, die Existenz ein wenig besser zu verlassen, als du sie vorgefunden hattest. Und das ist wahre Anbetung.

22. *Tag*

Das Leben ist ein Geschenk. Aber wir sind uns dessen so wenig bewusst, dass wir der Existenz niemals danken, wir fühlen keine Dankbarkeit. So viel wird uns gegeben, und doch beklagen wir uns immerzu. Wir fordern immer mehr. Und das Elende am Verstand ist: Je mehr du gibst, desto mehr fordert er. Er wird immer fordernder, trotziger, arroganter, gewalttätiger, aggressiver – und das ist nicht der Weg zur Seligkeit. Das ist der Weg zur Hölle.

Der Weg zur Seligkeit führt durch Dankbarkeit, durch dankbare Anerkennung. Sei dankbar für die Existenz. Sie hat so viel gegeben. Bitte nicht um mehr, und es wird dir mehr gegeben. Bitte um mehr, und es wird dir niemals gegeben werden. Es wird nur denen gegeben, die dankbar sind. In Dankbarkeit werden sie zu Empfängern. In Dankbarkeit werden sie es wert. Fordere, und du wirst es mit Sicherheit verfehlen.

Fordere nie etwas von der Existenz. Danke ihr einfach immer wieder für alles, was sie schon getan hat, und du wirst überrascht sein, dass du den Schlüssel gefunden hast. Du kannst die ganze Existenz haben, ohne nach etwas zu fragen.

23. *Tag*

Die Menschen halten das Leben für selbstverständlich, deshalb ist keine Dankbarkeit in ihnen. Und ohne Dankbarkeit gibt es kein Wachstum, ohne Dankbarkeit gibt es keine Religion, ohne Dankbarkeit gibt es kein Gebet. Religion beginnt mit Dankbarkeit und endet mit Dankbarkeit. Sie ist eine Reise von Dankbarkeit zu Dankbarkeit. Am Anfang ist es ein Same, am Ende wird es eine Blume. Aber die grundlegendste Tatsache ist, dass das Leben nicht für selbstverständlich gehalten werden darf. Wir haben es nicht verdient, es ist ein Geschenk. Es ist eine so simple und offensichtliche Tatsache. Vielleicht neigen die Menschen deshalb dazu, es zu vergessen, weil es so offensichtlich ist.

Religion beginnt nicht mit dem Glauben, dass Gott existiert. Sie beginnt mit dem Bewusstsein, dass das Leben ein Geschenk ist. Wir wissen nicht von wem – das muss untersucht werden –, aber eins steht fest: es ist ein Geschenk. Eine unbekannte Macht, eine geheimnisvolle Kraft hat dir das Allerwertvollste gegeben. Und wenn dieses Gefühl in dir einmal kristallisiert ist, beginnt die Suche. Gott ist nicht sehr weit entfernt von Dankbarkeit.

24. *Tag*

Beginne von diesem Moment an, alles als einen Segen zu betrachten. Und wenn ich sage ‚alles', dann meine ich ‚alles'. Sogar wenn du manchmal Schmerz fühlst, ist es ein Segen. Vielleicht verstehst du es nicht, aber es ist ein Segen. Eines Tages wirst du verstehen, und du wirst sehen, dass es ein Segen war, dass es nötig war, absolut nötig, dass es dir half zu wachsen. Sogar Leiden ist ein Segen; es reinigt, es hilft dir bei deiner Integration, es nimmt dir dein Kindischsein, es hilft dir reif zu werden. Eine gewisse Reife erwächst aus Leiden.

Schau hin, beobachte, versuche, überall den Segen zu finden. Manchmal ist er versteckt, verkleidet, manchmal nicht so verkleidet, manchmal äußerst nackt. Aber wenn du genau beobachtest, wirst du ihn immer finden: in Erfolg, in Versagen, in Schmerz, in Vergnügen, im Leben und auch im Tod. Er ist da im Sommer, er ist da im Winter, er ist da in der Jugend, er ist da im Alter, es ist da in Gesundheit, er ist da in Krankheit. Ich nenne den Menschen religiös, der überall Segnungen sehen kann, der keinen Ort, keinen Punkt finden kann, der nicht ein Segen wäre.

25. *Tag*

Bete die Natur an. In eine Kirche gehen heißt, in ein von Menschen gemachtes Werk zu gehen. Geh in den Wald, geh zum Fluss, geh zum Ozean. Dann gehst du zu einem Werke Gottes. Und Gott ist näher, wenn du seiner Schöpfung nahe bist. Wenn du seine Schöpfung anbetest... das ist der einzige Weg, ihn anzubeten. Er ist unsichtbar, aber seine Schöpfung ist sichtbar. Seine Schöpfung muss die Brücke werden.

Wenn du seine Schöpfung anbetest, wirst du dir ganz allmählich seiner ungeheuren Präsenz bewusst. Er ist präsent um einen Felsen herum, um einen Baum herum, um einen Mann herum, um eine Frau herum. Aber bete zuerst an, denn das Anbeten wird dir helfen, die Präsenz zu sehen, die unsichtbare Präsenz. Dann wird sie fast sichtbar, fast greifbar. Du kannst sie berühren.

Und in dem Moment, wenn du so tief fühlen kannst, verwandelt sie dich. Du wirst ein Teil davon, du verschmilzt und vereinst dich damit.

26. *Tag*

Die Existenz sorgt für jeden. Ohne dass die Existenz uns lieben würde, könnten wir nicht einmal einen einzigen Moment existieren. Sie lässt unaufhörlich Leben in uns strömen. Wir werden unermesslich wertgeschätzt von der Existenz, obwohl wir sie als selbstverständlich betrachten – darin liegt unsere Dummheit. Wenn wir sie als selbstverständlich betrachten, kennen wir keine Dankbarkeit.

Der religiöse Mensch fühlt Dankbarkeit, ungeheure Dankbarkeit. Für sein schieres Sein ist er dankbar. Und wenn man einmal anfängt, Dankbarkeit zu fühlen, dann gibt es plötzlich tausendundeine Sache, für die man dankbar ist. Und je dankbarer du bist, desto mehr Geschenke kommen von überall her.

27. *Tag*

Das Universum ist eine große Harmonie – alles passt mit allem anderen zusammen. Es ist ein gewaltiges Wunder, so riesengroß, so unermesslich, so unendlich, und doch passt alles mit jedem zusammen – absolut! Mit einer Ausnahme, dem Menschen. Der Mensch ist das einzige schwarze Schaf in der Existenz. Und der Grund, warum der Mensch nicht hineinpasst, ist, dass dem Menschen eine große Gabe gegeben wurde: die Gabe des Bewusstseins.

Alles andere muss passen. Es ist einfach natürlich, in das Universum zu passen. Der Mensch muss sich entscheiden, entweder in Harmonie oder nicht in Harmonie damit zu sein. Der Mensch hat die Freiheit der Wahl. Es ist eine große Gabe, aber sie kann missbraucht werden, sie wird von Millionen von Menschen missbraucht. Sie wählen, nicht in Harmonie mit der Existenz zu sein. Sie wählen Konflikt mit der Existenz, Kampf mit der Existenz. Dass sie leiden, ist offensichtlich.

Du kannst nicht mit dem Ganzen kämpfen. Das Ganze ist zu umfassend, zu groß. Es ist wie ein Tautropfen, der mit dem Ozean kämpft. Es ist schlicht dumm, äußerste Dummheit! Aber viele haben sich dafür entschieden. Das Ego ist nur ein Tautropfen, der mit Gott kämpft, der versucht, das Universum zu erobern.

28. *Tag*

Man muss auf der Erde leben, als würde man im Paradies leben, dann ist man fähig, ins Paradies einzugehen. Nur wer schon im Paradies ist, wird fähig sein, ins Paradies einzugehen, sonst niemand. Wer die Freude schon gekostet hat, wird dessen würdig.

Diese Erde, dieses Leben ist eine Gelegenheit, so wach, so sensitiv, so harmonisch zu werden, dass du anfangen kannst, überall Freude zu fühlen, dass du anfangen kannst, den Tanz der Existenz zu fühlen – ihn nicht nur zu fühlen, sondern ein Teil des Tanzes zu werden; du löst dich darin auf...

29. *Tag*

Schönheit ist natürlich, Hässlichkeit ist unnatürlich. Schönheit ist dein Selbst; Natur und Hässlichkeit sind einander fremd. Deshalb will niemand hässlich sein. Aber wegen seiner Unbewusstheit muss jeder hässlich sein. Jeder will schön sein; aber weil sie nicht wissen, wie man schön ist, malen die Leute ihr Gesicht an, schneiden ihre Haare ab, probieren diese Art Kleidung und jene, machen Diäten und alle möglichen Dinge, nur um schön zu sein. Aber sie wissen nicht, dass das nicht viel helfen wird.

Schönheit ist etwas Inneres. Wenn es einmal da ist, entdeckt ist, fängt es an, von deinem Körper, deinem Verstand, von allem, woraus du bestehst, auszustrahlen. Wenn deine innere Schönheit einmal da ist, ist alles schön.

30. *Tag*

Wenn man ein wenig singen kann, wenn man seine Freude ein wenig teilen kann, wenn man sein Wesen ein wenig ausdrücken kann, dann ist das genug, ja es ist mehr als genug.

Wir sind sehr geizig, wir teilen nicht. Das ist die größte Kalamität, die einem Menschen passieren kann, und das ist der ganzen Menschheit passiert. Wir werden so erzogen, dass wir geizig werden. Sogar wenn wir geben, machen wir ein Geschäft daraus, es ist kein Teilen. Wir geben nur, um mehr zu bekommen, es ist ein Kuhhandel. Es ist kein wahres Geben. Gib von ganzem Herzen, so viel du kannst. Das meine ich mit dem kleinen Lied. Halte es nicht zurück, drücke es aus, genau wie die Vögel am Morgen. Die Vögel achten nicht darauf, ob ihnen jemand zuhört oder nicht, sie kümmern sich nicht um die Zuhörer. Sie singen nicht, um etwas zurückzubekommen. Sie singen einfach aus Freude. Die Sonne ist aufgegangen, der Morgen ist wieder gekommen, die Nacht ist vorüber, und sie sind ganz Gesang, sie sind ganz Tanz.

Das ist die wahre Art zu leben – sich jeden Moment freuen, sich des Lebens freuen und mit jedem teilen, mit dem du zufällig gerade zusammen bist, mit einem Baum, mit einem Tier, mit einem Felsen, teile!

Wenn Teilen dein Leben geworden ist, dann bist du ein Sannyasin geworden. Wenn Singen dein Leben wird, dann bist du ein Sannyasin geworden. Mein Sannyas ist kein Entsagen, sondern ein sich Freuen.

31. *Tag*

Die Existenz ist wie ein Ozean und wir sind Wellen, die in der Sonne tanzen, in der Sonne singen, die immer wieder verschwinden und immer wieder auftauchen. Es gibt keine Geburt, keinen Tod, wir sind ewig.

Nur oberflächlich betrachtet sieht es so aus, als würde eine Welle geboren und dann sterben, aber es ist nur oberflächlich so, denn die Welle bleibt immer dieselbe. Manchmal ist sie manifest, manchmal hebt sie sich der Sonne entgegen mit der tiefen Sehnsucht, den Himmel zu berühren, die Sterne zu erreichen, und im nächsten Augenblick entspannt sie sich tief in den Ozean hinein und ruht. Tod ist ruhen. Und wenn das Ruhen vorbei ist, erhebt sich die Welle wieder. Es ist eine ewige Wiederkehr, wir kommen wieder und wieder und wieder. Man braucht vor dem Tod keine Angst zu haben, denn der Tod ist falsch, und Geburt ist natürlich auch falsch. Wir haben vor der Geburt existiert, und wir existieren auch nach dem Tod noch.

Wenn du anfängst, das zu fühlen – nicht zu glauben, sondern zu erfahren –, verschwindet alle Furcht. Und die Energie, die in Angst festgehalten war, wird freigesetzt und wird Liebe. Es ist die gleiche Energie, die zu Angst wird. Wenn die Angst erst nicht mehr da ist, wird gewaltige Energie freigesetzt, und diese Energie wird Liebe. Sie fängt an, von dir auszustrahlen und andere Menschen zu erreichen. Du beginnst, vor Liebe überzufließen.

Öffne deine Türen und Fenster

1. *Tag*

Das Leben ist eine Chance, eine Chance, dich selbst zu verwirklichen. Man kann sie verpassen, viele verpassen sie, nur einige äußerst wenige Menschen ergreifen sie. Und diese wenigen Menschen, die die Gelegenheit ergreifen, sind diejenigen, die in ihre innere Welt eintreten. Ständig besorgt sein um Geld, Macht, Prestige ist pure Zeitverschwendung.

Unser Hauptanliegen sollte es sein, zu wissen: „Wer bin ich?" Gebe dich niemals zufrieden, bevor du das nicht weißt. Fasse im innersten Kern deines Wesens einen großen Entschluss: „Ich muss es erlangen!" – denn dieser Entschluss wird zum Samen.

2. *Tag*

Das Leben ist eine Reise, eine Pilgerschaft. Es ist nicht statisch, es ist dynamisch. Es bewegt sich immer auf das Unbekannte zu. Aber aufgrund unserer Angst halten wir am Bekannten fest und erlauben dem Leben nicht, sich von der Stelle zu bewegen. Wir geben dem Leben nicht genug Freiheit, um dem Unbekannten entgegenzueilen, dem Ozean entgegenzutanzen. Es ist wie ein Fluss, aber wir machen es zum Tümpel. Und ein Tümpel werden, ist ein Tod. Ein Fluß bleiben heißt lebendig bleiben. Tümpel bewegen sich nirgendwohin. Sie trocknen nur aus; sie werden schlammiger und schmutziger und sie stinken, weil sie stagnieren. Sie können nicht frisch bleiben, sie können nicht rein bleiben. Der Fluss bleibt rein, frisch, fließend. Und da ist Freude, denn immer erwartet dich eine Überraschung; da nimmt es dich wunder – was wird als nächstes geschehen?

Das Leben ist jeden Moment eine Überraschung, eine niemals endende Überraschung, eine niemals endende Spannung, ein Geheimnis ohne Anfang und ohne Ende. Aber man muss ein Fluss bleiben, man muss sich ständig auf den Ozean zubewegen, ohne Angst, ohne festzuhalten. Bleibe in Fluss, erlaube dir niemals zu stagnieren – bleibe dynamisch, jung. Der Körper muss eines Tages alt werden, aber der Geist braucht nicht alt zu sein. Er wird nur dann alt, wenn wir ihm erlauben, alt zu werden. Der Tod kommt nicht als Ende, sondern als Anfang: eine neue Tür öffnet sich.

3. *Tag*

Der Mensch glaubt nur, dass er stirbt. Der Tod ist eine Täuschung. Niemand ist je gestorben, und niemand wird je geboren. Tod und Geburt sind beides Episoden im ewigen Leben. Die Geburt ist nicht der Anfang, und der Tod ist nicht das Ende. Du warst vor der Geburt, und du wirst nach dem Tod sein. Sich daran zu erinnern, sich das klarzumachen, ist Ziel und Zweck der Religion. Unsterblichkeit zu erfahren ist der einzige Weg, sich von allen Ängsten und Ängstlichkeiten zu befreien, denn sie alle gründen sich in der Angst vor dem Tod. Wenn du einmal weißt, dass es keinen Tod und keine Geburt gibt, bist du frei von Furcht, bist du frei von der Hölle. Du bist frei von allen möglichen Alpträumen. Ein großer Frieden breitet sich aus, und es ist nicht der Frieden des Friedhofs. Es ist ein Frieden, der singt und tanzt und feiert. Es ist ein Frieden voller Leben.

4. Tag

Meditation ist nur ein Weg, eine Methode, eine Technik, um deinen Weg zurück nach Hause zu entdecken. Es ist in dir. Da ist es immer gewesen, und da wird es immer sein. Du kannst immer wieder überall hingehen. Aber du wirst im Dunkeln bleiben, solange du nicht zu deinem eigenen Sein zurückkehrst, solange du dich nicht nach innen wendest und dein eigenes Selbst siehst. In dem Moment, in dem du dich selbst siehst, ist alles Licht. Und von dem Moment an gibt es keine Dunkelheit, keine Blindheit. Alles ist so klar, wie es nur sein kann. Alle Probleme verschwinden. Das Leben wird reines Feiern.

Meditiere immer mehr. Mache es dir zur Aufgabe, immer wenn du Zeit hast, diese Zeit der Meditation zu widmen. Deine erste Wahl sollte Meditation sein.

5. *Tag*

Diejenigen, die voll von angelerntem Wissen sind, werden ihre Kenntnisse beiseite lassen müssen, wenn sie wirklich weise werden wollen. Es ist nicht Unwissen, das der Weisheit im Wege steht, es ist angelerntes Wissen, das der Weisheit im Wege steht. Daher ist angelerntes Wissen wirkliches Unwissen. Alles, was du weißt, ist kein wirkliches Wissen. Du weißt es nicht von dir, also ist es kein wirkliches Wissen. Schiebe es beiseite – es ist alles Schrott –, so dass du wirklich wissen kannst.
Du schaust durch die Augen von anderen – wie kannst du da sehen? Du kannst nicht mit meinen Augen sehen, das ist unmöglich. Du hast deine eigenen Augen zum Sehen. Und das gilt nicht nur für die äußeren Augen, das gilt auch für die inneren Augen. Du kannst nicht auf eine ausgeliehene Art leben – und genau das tun die Leute. Deshalb ist ihr Leben nur eine Imitation, eine Kopie. Es hat keine Schönheit, keine Freude. Du kannst keinen Tanz darin sehen, kein Feiern. Nur das Original tanzt, singt, denn nur wenn du original bist, hast du Freude.

6. *Tag*

Jedes Wesen ist einmalig. Gott erschafft niemals Kopien, er erschafft immer Originale. Er glaubt nur an das Originale. Er ist wahrhaftig ein Schöpfer, er wiederholt sich nie. Aber der Mensch lebt immerzu in Imitation. Wir versuchen, jemand anders zu sein, was unmöglich ist. Was auch immer du tust, du wirst versagen; du kannst nur du selbst sein, es gibt keine andere Möglichkeit. Aber wir alle versuchen, jemand anders zu sein. Das ist die ganze Geschichte unseres Versagens, die Tragödie unseres Lebens.

Meine Arbeit besteht darin, dir zu helfen, dich selbst zu respektieren, dich selbst zu lieben, dich zu akzeptieren und du selbst zu sein. Denn das ist die einzige Möglichkeit, anders kannst du nicht sein. Und es besteht keine Notwendigkeit, anders zu sein – Gott hat dich einzigartig geschaffen. Ich gebe dir keinen bestimmten Charakter oder einen bestimmten Lebensstil, sondern nur eine Einsicht, ein Bewusstwerden, so dass du dich für deinen eigenen Lebensstil entscheiden kannst, so dass du in deinem eigenen Licht leben kannst. Und sobald du anfängst, in deinem eigenen Licht zu leben, ist die Seligkeit dein.

7. *Tag*

Bereite dich auf den Tag vor, der Sonnenaufgang hat an die Tür geklopft. Komm heraus aus deinem Schlaf. Verstecke dich nicht mehr unter der Decke, ganz gleich wie kuschelig es ist und ganz gleich, ob der Verstand sagt: „Dreh dich für kurze Zeit noch einmal um, nur ganz kurz, nur ein paar Minuten." Höre nicht auf den Verstand, denn diese paar Minuten werden nie aufhören, der Verstand schiebt immer alles auf. Er will, dass du weiterschläfst, denn der Verstand kann nur existieren, wenn du schläfst. Wenn du aufwachst, verschwindet der Verstand, genau wie Träume verschwinden, wenn du aufwachst. Der Verstand ist ein Traumphänomen, aus dem gleichen Stoff bestehend, aus dem die Träume gemacht sind. Also kein Aufschieben mehr, wach auf!

8. *Tag*

Gott ist ozeanisch, unendlich, grenzenlos. Wir sind auseinander gebrochen, weil wir uns mit Grenzen identifiziert haben, mit den Grenzen des Körpers und mit den Grenzen des Verstandes. Diese Grenzen halten uns fern. Werde diese Grenzen los. Damit meine ich nicht: werde deinen Körper los. Der Körper ist vollkommen in Ordnung, benutze ihn, er ist dein Haus, lebe darin. Aber glaube nicht, dass du der Körper bist. Du bist im Körper, aber du bist nicht der Körper. Du bist im Verstand, aber du bist nicht der Verstand. Und in dem Moment, wo du dich nicht mehr mit diesen Grenzen identifizierst, verändert sich plötzlich die Gestalt. Du beginnst, dich grenzenlos zu fühlen. Und eben das ist Gott. Du beginnst, ozeanisch, unendlich weit zu werden.

Dann brauchst du nicht mehr überall nach Gott zu suchen und zu forschen – du bist es. Und das ist der einzige Weg, Gott zu erkennen. Der einzige Weg, Gott zu kennen, ist, Gott zu sein. Es gibt keinen anderen Weg. Man kann Gott nicht erkennen, ohne Gott zu werden.

9. *Tag*

Du bist göttlich, und du bist formlos. Gott ist nichts Quantitatives, Gott ist eine Qualität. Gott ist nichts Materielles, er ist reine Präsenz. Er ist nicht wie eine Blume, er ist mehr wie ein Duft. Man kann ihn fühlen, aber man kann ihn nicht greifen. Man kann sich an ihm erfreuen, man kann ihn lieben, man kann mit ihm tanzen, aber man kann ihn nicht besitzen. Man kann ihn nicht auf die Bank bringen, man kann ihn nicht messen, denn Gott ist kein Eigentum. Das ist die Bedeutung von Formlosigkeit.

Stell dir Gott niemals als Person vor, stell ihn dir als eine Präsenz vor, die das ganze Universum umgibt. Und dann brauchst du zu keinem Tempel, zu keiner Statue zu gehen. Wo auch immer du bist, kannst du dich in tiefer Liebe und Dankbarkeit verbeugen, bist du mit Gott verbunden. Immer wenn dein Herz voll Dankbarkeit und Hingabe ist, hast du eine Brücke zu Gott geschlagen.

10. *Tag*

Der Weg auf jene innere Flamme zu, ist wirklich ein schwieriger Pfad mit vielen Fallgruben. Wenn man im Dunkeln geht, stolpert man; wenn man im Dunkeln geht, stößt man sich; wenn man im Dunkeln geht, fällt man und muss wieder aufstehen. Man braucht ständige Ermutigung, man braucht ständige Unterstützung, man braucht jemanden, der verhindert, dass man sich umdreht und wegläuft. Das ist die Funktion des Meisters, ständig deine Hand zu halten, dir ständig zu sagen: „Hab keine Angst, das Ziel ist nicht weit weg. Es ist gleich um die Ecke.“ Es ist nie gleich um die Ecke, denk daran. Aber der Meister sagt immer, es ist gleich um die Ecke. Eines Tages ist es das wirklich. Aber auf den Tag muss man warten, man muss Geduld haben.

11. *Tag*

Der Mittelmäßige lebt wie die anderen, der Intelligente lebt gemäß seinem eigenen Licht. Ganz gleich welches Risiko, er ist bereit, es einzugehen, denn er verlässt sich auf seine eigene Intelligenz. Er weiß, je größer die Herausforderung, desto größer wird seine Intelligenz werden, deshalb nimmt er Herausforderungen an. Er lebt in Gefahr, denn Intelligenz wächst nur in Gefahr, in Unsicherheit. Wenn es keine Gefahr, keine Unsicherheit gibt, stirbt die Intelligenz. Das meine ich mit einer mittelmäßigen Person: jemand, der erlaubt hat, dass seine Intelligenz stirbt, der seine Intelligenz hat verrosten lassen. Meditation ist der Weg, deine Intelligenz immer mehr zu schärfen. Und je mehr Intelligenz du hast, desto näher bist du an Gott.

12. *Tag*

Das Leben ist wie ein Alptraum: Wenn du in einem Alptraum leidest, brauchst du nur deine ganze Energie darauf zu richten aufzuwachen. Sonst brauchst du nichts zu tun. Wenn du von einem Löwen gejagt wirst, brauchst du den Löwen nicht zu töten, denn es gibt ja gar keinen Löwen. Wenn du von einem Felsen zerschmettert wirst, brauchst du den Felsen nicht wegzuschaffen. Vielleicht ist er nur dein eigenes Kopfkissen. Das einzige, was du tun musst, ist aufwachen.

13. *Tag*

Das Leben ist ein Geschenk, aber nur sehr wenige Menschen erkennen das, denn Gott gibt fortwährend Leben, ohne viel Aufhebens davon zu machen. Es wird so lautlos gegeben, dass uns nie auch nur bewusst wird, dass uns etwas Kostbares gegeben wurde. Gott erwartet keinen Dank. Er macht keine Schau daraus. Er flüstert nicht einmal: „Ich gebe dir das Kostbarste der ganzen Existenz, Leben, Bewusstsein, Liebe." Er weiß wirklich, wie man gibt. Das ist die Kunst des Schenkens: Die Person, die das Geschenk bekommt, sollte nichts davon wissen, sonst wäre es ein wenig demütigend, sie könnte ein wenig beschämt sein. Deshalb gibt Gott anonym, auf eine solche Weise, dass die Menschen, die etwas empfangen, sich des Geschenks gar nicht bewusst werden, es sei denn, sie machen eine willentliche Anstrengung, sich dessen bewusst zu sein, was ihnen gegeben wurde. Und wenn du dir dessen bewusst wirst, wirst du fähig, mehr zu empfangen. Wenn du dankbar dafür wirst, wirst du es wert, mehr zu empfangen.

Der Mensch, der Gott für alles dankt, was ihm geschieht, empfängt ständig mehr und mehr, denn ein dankbares Herz wird immer offener, ein dankbares Herz wird immer rezeptiver. Erinnere dich daran, dass alles ein Geschenk ist. Alles, was dir geschehen ist, ist eine große Gabe, alle Schmerzen und alle Freuden, alle Agonie und alle Ekstase, alle Hochs und alle Tiefs. Alles ist schön, denn alles trägt bei zu deinem Wachstum, zu deinem höchsten Erblühen.

14. *Tag*

Gott hat keine Form, keinen Namen, keine Definition. Gott ist undefinierbar, unbeschreibbar, unausdrückbar. Deshalb ist alles, was je über Gott gesagt wurde, falsch. In dem Moment, in dem es gesagt wird, wird es falsch.

Was Gott betrifft, liegt man nur richtig, wenn man schweigt. Sage ein einziges Wort, und schon hast du daneben getroffen. Nichts kann über Gott gesagt werden, aber Gott kann eine Erfahrung sein. Es gibt keinen Beweis, keine logische Gewissheit, aber es gibt etwas Existentielles.

Sannyas ist eine neue Art, die Dinge zu betrachten. Es ist die Art, die Dinge so zu betrachten, dass Gott langsam und allmählich von überall her zu erscheinen beginnt. Obwohl er keine Form hat, fängt er an, sich in allen möglichen Formen auszudrücken. Du beginnst, ihn in allen Formen zu fühlen.

In einem gewissen Sinn ist eine Welle der Ozean; in einem andern Sinn ist jede Welle der Ozean. In einem gewissen Sinn ist keine Form Gott; in einem andern Sinn ist jede Form göttlich. Der Verstand kann das nicht wissen, denn der Verstand kann nur Formen begreifen. Um das Formlose zu verstehen, musst du über den Verstand hinausgehen, wirst du den Verstand beiseite lassen müssen, zumindest für ein paar Momente jeden Tag, so dass du in Gott gebadet sein kannst. Und diese wenigen Momente sind die wirklichen Momente. Es sind die einzigen Momente, in denen du gelebt haben wirst. Alle anderen Momente gehen den Bach runter, sie bleiben nicht erhalten. Nur jene Momente, die du mit Gott gelebt hast, mit der Präsenz Gottes, bleiben erhalten.

15. *Tag*

Die Reise zu sich selbst braucht große Geduld. Aber wir sind so ungeduldig geworden. Speziell in diesem Jahrhundert hat der Mensch die uneilige Art zu leben verlernt. Er ist immer in Eile, er will alles sofort. Er glaubt, alles sei eine Art Nescafé. Aber es gibt einige Dinge, die große Geduld brauchen. Nicht, dass sie nicht auf der Stelle geschehen könnten. Das Paradoxe ist, dass sie auf der Stelle geschehen können, sofort, wenn du geduldig bist. Aber wenn du in Eile bist, wird es unendlich lange dauern, bis sie geschehen, oder vielleicht geschehen sie überhaupt nicht. Der Ungeduldige bekommt sie vielleicht nie, und der Geduldige kann sie sofort bekommen.

Das muss also gleich am Anfang der Reise verstanden werden, dass es von dir abhängt. Wenn du ungeduldig bist, wird die Reise sehr lang, wenn du geduldig bist, wird die Reise sehr kurz. Wenn du absolut geduldig bist, wenn du sagen kannst: „Ich bin bereit, für immer zu warten", dann ist die Reise vielleicht völlig unnötig.

Einfach schweigend sitzen, nichts tun, der Frühling kommt und das Gras wächst ganz von selbst. So kann es auch geschehen.

16. *Tag*

Finde die Zeit und den Ort und mache es dir zur Aufgabe zu meditieren. Am Anfang ist es schwierig, aber bleibe geduldig; alles, was du brauchst, ist Geduld. Und bleibe hoffnungsvoll, optimistisch, denn es ist nur eine Frage der Zeit. Es ist, als wenn du Samen säst, du kannst nicht schon am nächsten Tag die Sprossen erwarten. Sie brauchen ihre Zeit, sie werden nur kommen, wenn ihre Zeit reif ist. Sie folgen nicht deinen Erwartungen, sie folgen einem eigenen Gesetz. Sie haben ihr eingebautes Gesetz, ihre eigene Natur. Sie warten auf den richtigen Zeitpunkt, vielleicht darauf, dass die Wolken kommen oder der Regen oder vielleicht der Frühling.
Verliere nicht den Mut. Das ist einer der Hauptgründe, warum so viele Leute mit Meditation beginnen und keinen Erfolg haben. Viele fangen an, aber schon nach ein paar Tagen denken sie: „Es gelingt mir nicht." Es ist keine Frage des Gelingens oder Versagens. Mach einfach weiter und beachte gar nicht, was passiert – so wie du jeden Tag ein Bad nimmst oder schlafen gehst. Dabei achtest du nicht darauf, ob es dir gelingt oder nicht, ob du etwas dadurch gewinnst oder nicht. Ein Bad nehmen an sich ist gut, es hat einen ihm eigenen Wert. Bald wird Meditation wie ein inneres Bad. Du fühlst dich besser, bist zentrierter, fühlst deine Wurzeln, bist geerdeter. Und wenn man warten kann, dann kommt es eines Tages plötzlich wie eine Explosion, wie ein Blitz. Und von dem Moment an bist du nicht mehr derselbe. Von dem Moment an brauchst du nicht mehr zu meditieren, dann bist du in Meditation, ganz gleich, was du gerade tust. Dann ist atmen Meditation, gehen ist Meditation, essen ist Meditation. Dann wird Meditation dir einfach zur Natur.

17. *Tag*

Seligkeit ist eine Sonne, die in dir aufgeht. Normalerweise lebt der Mensch in einer dunklen Nacht. Er kennt keine Morgendämmerung, er kennt keinen Sonnenaufgang, er stolpert im Dunkeln herum, er fällt hierhin, er fällt dahin, er verletzt sich. Wenn du das Menschenleben anschaust, so ist das ganze Leben ein Herumtasten im Dunkeln und es ist absolut vergeblich, denn mit diesem Herumtasten findest du niemals die Tür. Die Tür kann nur gefunden werden, wenn dein inneres Sein voller Licht wird, wenn die Sonne aufgeht. Das geschieht durch Meditation. Meditation ist der Anfang des Sonnenaufgangs. Es ist eine Einladung an die Sonne, in dir aufzugehen. Es ist eine Einladung ans Licht. Es ist eine Einladung an Schweigen, Frieden. Normalerweise denken wir gar nicht an diese Dinge: Frieden, Schweigen, Stille, Licht. Und das sind die wahren Schätze. Sie machen unser wirkliches Königreich aus.

Lade also von jetzt an immer mehr Frieden, immer mehr Schweigen, Stille ein. Verpasse keine einzige Gelegenheit, zu schweigen, still zu sein. Verpasse keine einzige Gelegenheit, zu entspannen und nach innen zu schauen. Und eines Tages passiert es. Es geschieht nie allmählich, es geschieht plötzlich. Plötzlich siehst du, wie die östliche Hemisphäre in dir anfängt, sich rot zu färben: Die Sonne geht auf, die Nacht ist vorüber. Dann beginnt das wahre Leben. Dann ist jeder Moment so kostbar, so ekstatisch, dass jeder Moment die ganze Ewigkeit enthält. Dann gibt es keine Vergangenheit und keine Zukunft, die Gegenwart ist alles. Dann weiß man, dass man nie stirbt, dass man nie geboren wird. Man ist immer hier und jetzt.

18. Tag

Gehe nach innen, ruhe in deinem eigenen Sein, und ganz langsam, während die Ruhe tiefer wird, während die Entspannung sich setzt und niederlässt, wenn nichts dich ablenkt, wenn du das Zentrum des Zyklons wirst, ganz langsam steigt Seligkeit auf. Und natürlich ist ein seliger Mensch ein Segen für die Welt, genau wie ein unglücklicher Mensch ein Fluch für die Welt ist.

Wenn man sich nur immer daran erinnert, dass man göttlich ist, ist das genug an Meditation. Wenn es ein konstantes Erinnern ist, so wie ein unterirdischer Strom in dir, dann brauchst du nichts anderes. Es ist nur eine Frage des Erinnerns. Wenn du dich daran erinnerst, dass du göttlich bist, erinnerst du dich auch auf natürliche Weise daran, dass jeder göttlich ist. Du kannst nur göttlich sein, wenn jeder andere auch göttlich ist. Nur in einer göttlichen Existenz kannst du göttlich sein. Wir sind Teil einer organischen Einheit.

Erinnere dich also so oft wie möglich daran. Lass es wie atmen werden, und es wird dir viele Geheimnisse offenbaren. Wenn du Leute anschaust, erinnere dich daran, sie sind alle göttlich, ebenso die Bäume und die Felsen und die Sterne. Und wenn du dich von Tausenden von göttlichen Formen umgeben fühlst, wird es dir auf natürliche Art unmöglich, unglücklich zu sein. Man fühlt sich einfach, als würde man fliegen. Man wird schwerelos, es wachsen einem Flügel. Das ist deine Meditation, das ist dein Gebet.

19. *Tag*

Gebet ist nicht wissenschaftlich. Aber Meditation ist äußerst wissenschaftlich. Genau wie der Wissenschaftler das objektive Phänomen beobachtet, unter die Lupe nimmt, so beobachtet der Meditierende das psychologische Phänomen. Es ist der gleiche Prozess: ein objektives Beobachten, ein vorurteilsfreies Observieren, ohne vorgefasste Schlüsse – denn wenn du schon einen Schluss gezogen hast, ist Beobachten sinnlos. Dann wirst du es fertig bringen, deinen vorgefassten Schluss zu beweisen, dann ist die ganze Prozedur unwissenschaftlich. Der gleiche Prozess des Observierens muss auf deinen Verstand angewendet werden. Man wird zum Labor, zum großen Observierungsexperiment: Man beobachtet die eigenen Gedanken, Begierden, Erinnerungen, Ärger, Gier, Lust, ohne vorgefasste Meinung, ohne Beurteilung – dies ist gut und dies ist schlecht – ohne Urteil. Wenn du absolut urteilsfrei bist, ohne Vorurteile, ohne Schlussfolgerungen, wenn dein Beobachten rein, simpel, unschuldig ist, dann beginnt das, was du beobachtest, zu verschwinden.

Das ist der Punkt, an dem Wissenschaft und Meditation sich unterscheiden. Je mehr du in der Wissenschaft beobachtest, desto realer wird das Faktum. Vor dem Beobachten war es nicht so real, du hast es vielleicht übersehen. Aber jetzt kannst du es nicht übersehen, es ist da, es hat sich verfestigt. Wenn du deinen Verstand beobachtest, gibt es folgenden Unterschied: Wenn du deinen Ärger beobachtest, beginnt er sich aufzulösen, er kann nicht mehr existieren. Langsam hört der ganze Verstand auf zu sein. Wenn es keinen Verstand mehr zu beobachten gibt, wendet sich der Beobachter sich selbst zu.

20. *Tag*

Es ist ein verbreitetes Gefühl, dass die Existenz uns gegenüber vollkommen gleichgültig ist. Das stimmt nicht. Es ist eine dumme Idee, die durch den wissenschaftlichen Fortschritt in den menschlichen Verstand gelangt ist.

Die Wissenschaft hat dem Menschen viele Segnungen gebracht, aber gewisse Flüche kamen hinterher. Sie hat den menschlichen Körper gesünder gemacht, besser genährt; aber sie hat die menschliche Seele ganz unterernährt gemacht, fast verhungert. Sie hat viel gegeben, aber sie hat auch viel genommen. Und was sie gegeben hat, ist oberflächlich, unwesentlich, und was sie genommen hat, ist das Wesentliche. Die Wissenschaft gibt uns also ein bequemeres Leben, aber gleichzeitig gibt sie uns ein ungeheures Gefühl von Sinnlosigkeit.

Jeder intelligente Mensch beginnt zu fühlen, dass es sinnlos ist zu existieren. Und der Grund dafür ist nicht, dass es wirklich sinnlos ist.

Der Grund ist, dass wir die Sprache, mit der wir die Verbindung zur Existenz herstellen, vollkommen vergessen haben.

21. *Tag*

Erinnere dich immer wieder daran: Wisse, wenn du den Himmel siehst, dass du auch der Himmel bist; wisse, wenn du die Sterne siehst, dass die Sterne in dir sind. Als das, was du bist, bist du am Himmel, und der Himmel ist in dir. Allmählich wird deine ganze innere Gestalt sich umwandeln, und in der neuen Gestalt können keine kleinen Probleme aufkommen, sie werden lächerlich. Auf diese Art geht der wahrhaft religiöse Mensch durchs Leben: unbeeinträchtigt, ruhig, kühl, in seiner Mitte ruhend, in seinem Sein verankert – nichts kann ihn erschüttern, nicht einmal der Tod, denn nicht einmal der Tod kann ihm etwas nehmen. Alles, was ihm genommen werden kann, ist von ihm abgefallen, und er ist eins, geworden mit dem, was in Ewigkeit bleibt.

22. *Tag*

Der Mensch wird nur als Möglichkeit geboren. Er hat ein großes Potential, aber vergiss nicht: ein Potential ist nur ein Potential. Es muss in Realität umgesetzt werden, es muss verwirklicht werden. Und dazu bedarf es großer Anstrengungen. Der Weg geht bergauf. Man muss fleißig sein, man kann Seligkeit nicht erlangen, indem man einfach darauf hofft. Sie begehren ist nicht genug. Du musst all deine Energien dafür einsetzen. Und es ist das Höchste, was du im Leben erreichen kannst. Deshalb musst du dich total darauf einlassen, weniger als das reicht nicht.

23. *Tag*

Der Mensch kann auf zwei Arten in Funktion treten. Entweder er funktioniert als denkende Maschine genau wie ein Computer. Darauf bereiten unsere Schulen und Hochschulen die Menschen vor, dass sie als leistungsfähige Computer funktionieren. Aber damit zerstören sie deine Seele. Der Computer kann alles machen, was Albert Einstein machen kann, aber der Computer kann nicht erleuchtet werden. Er kann das nicht tun, was nur ein Buddha tun kann. Die Menschheit liegt im Sterben, und dieses Sterben geschieht so langsam, dass wir es nicht einmal wahrnehmen. Der Tod geschieht durch ein ganz langsames Vergiften. Der Mensch wird immer mehr in einen Biocomputer umgewandelt.

Das Herz ist dein wirkliches Zentrum. Vernachlässige es nicht, sei ihm gegenüber nicht gleichgültig. Benutze den Verstand, aber lass du dich nicht vom Verstand benutzen. Benutze den Verstand als schöne Maschine – wie ein Auto, wie einen Computer, wie eine Klimaanlage –, aber nicht mehr als das. Bleibe im Herzen verwurzelt, tritt vom Herzen her in Funktion. Lass deine Gefühle entscheiden. Wie unlogisch sie auch zu sein scheinen, lass sie ausschlaggebend sein. Dann hat dein Leben seinen eigenen Tanz, seine eigene Schönheit, seine eigene Seligkeit, seinen eigenen Segen.

24. Tag

Eine göttliche Stimme ist immer da in deinem Herzen, sie ruft dich immer. Aber du stehst nicht zur Verfügung, du bist in weltliche Geschäfte verwickelt, in Alltagskram. Dein Verstand ist voller unnötigem Schrott, geschäftig ohne Geschäft. Deshalb überhörst du die leise kleine Stimme in dir. Wenn dein Verstand einmal schweigt, wenn die Gedanken einmal verschwinden, wenn du einmal ganz ohne Gedanken zurückbleibst, wird die Stimme plötzlich hörbar. Und Gott direkt in deinem eigenen Herzen zu hören, ist der Anfang der Transformation, es ist eine Offenbarung. Gott kommt immer als Offenbarung, niemals als angelerntes Wissen, sondern immer als Offenbarung, vergiss das nicht.

Und er ist nicht weit entfernt. Er ist immer da, vierundzwanzig Stunden am Tag, er wartet auf dich. Aber die Menschen laufen hierhin und dorthin. Sie vergeuden ihr ganzes Leben mit solch dummem Unsinn, dass man sich kaum vorstellen kann, dass der Mensch so unintelligent ist. Aber er ist es.

25. *Tag*

Das Herz ist immer wahr. Das Herz ist niemals unwahr, und der Kopf ist niemals wahr. Der Kopf lebt in Lügen, er lebt von Lügen, er existiert in allen möglichen Arten von Unwahrheiten. Das Herz ist authentisch, es meint es ernst, es ist simpel, es ist nicht raffiniert, es ist ungeheuer intelligent, aber nicht raffiniert. Es spiegelt einfach nur wider, was ist. Das ist seine Schönheit und seine Wahrheit. Gott kann nicht mit dem Kopf verstanden werden. Nichts, was irgendwie von Wert ist, kann mit dem Kopf erkannt werden. Liebe, Schönheit, Gott werden alle mit dem Herzen erkannt.

Das Herz ist die pfortenlose Pforte zur Wirklichkeit. Begib dich vom Kopf zum Herzen.

26. *Tag*

Es ist Zartheit, was dich verletzlich macht, was dich offen macht, was dich empfänglich macht für die Geheimnisse, die dich umgeben. Menschen, die nicht zart sind, die hart wie Stein sind, gehen am Leben vorbei. Das Leben geht an ihnen vorbei, es kann nicht in sie eindringen, sie sind undurchdringlich. Das Leben ist eine solche Freude für die, die zart sind und sanft, liebevoll, mitfühlend, einfühlsam. Dann ist das Leben selbst der Beweis, auf tausenderlei Arten beweist es, dass Gott ist. Aber für den harten, den felsähnlichen Menschen gibt es keinen Beweis für Gott. Für ihn kann Gott nicht bewiesen werden, denn er hat kein Feingefühl. Ihm fehlt alles Fühlen, er lebt nur im Denken. Ihm fehlt das Herz, er ist nur ein Kopf. Und der Kopf ist nur Schrott. Sei Herz! Selbst wenn du den Kopf verlieren musst, verliere ihn – das ist es wert. Es ist schön, ohne Kopf zu sein, es ist hässlich, ohne Herz zu sein.

27. *Tag*

Ich trenne normales Leben nicht von spirituellem Leben. Sie sind eins, sie sind unzertrennlich eins. Wenn du sie trennst, schaffst du eine gespaltene Menschheit, eine schizophrene Menschheit. Das Leben ist eine Einheit, eine organische Einheit, unzertrennbar. Nichts ist höher und nichts ist tiefer. Es gibt keine Hierarchie, alles existiert simultan, auf derselben Ebene. Deshalb brauchst du dir nichts zu versagen, nichts braucht abgelehnt zu werden. Natürlich muss alles transformiert werden, transformiert durch Liebe, transformiert durch Seligkeit, transformiert durch Freude. Wenn du Tanz in dein Leben bringen kannst, wenn jeder Moment deines Lebens eine Melodie werden kann, wenn es eine Erfahrung von Rhythmus wird, dann muss Gott einfach zu dir kommen.

28. *Tag*

Wenn du einmal zu vertrauen beginnst, beginnst du dich zu öffnen. In Misstrauen verschließt man sich – natürlich, in Abwehr verschließt man sich, man hat Angst, sich verletzlich zu machen. In Vertrauen öffnet man sich, es gibt nichts zu fürchten, dies ist unser Zuhause. Die Bäume und die Sterne und die Sonne und der Mond sind alle Teil unserer Familie, unsere Brüder und Schwestern. Das Universum ist eine Familie. Diese Erfahrung ist nur möglich, wenn du vertraust – und danach ist Seligkeit unvermeidlich. Ohne Vertrauen ist Unglücklichsein unser Schicksal, das lässt sich nicht vermeiden.

Mit Vertrauen ist Seligkeit natürlich, sie kommt ganz von selbst.

29. *Tag*

Das Leben kann entweder als bergab führende Bewegung gelebt werden oder als Weg, der bergauf führt. Wenn es bergab geht, ist das bequem, einfach. Keine Anstrengung von deiner Seite ist erforderlich, kein Risiko, keine Herausforderung – aber auch kein Gewinn. Du läßt dich einfach von der Geburt bis zum Tod treiben. Das Leben bleibt eine weite Leere. Man muss rührig sein, man muss Herausforderungen annehmen, die einen dazu bringen, sich auf die Reise den Berg hinauf zu machen. Es ist hart, es ist gefährlich, aber es bringt das Beste in dir hervor. Es schafft Integrität, und letztendlich erschafft es die Seele in dir. Man muss seine ganzen Energien dafür einsetzen, nur dann... man muss alles aufs Spiel setzen, nur dann... aber dann blüht das Leben, es bringt Blumen hervor. Es wird Freude, Erfüllung, Zufriedenheit, Segen.

30. *Tag*

Wir werden mit einem großen Schatz geboren, so groß, so allumfassend, dass er unerschöpflich ist. Aber wir leben in äußerster Armut, denn wir graben nie in unserem eigenen Wesen nach. Wir suchen überall sonst. Das ist das Merkwürdigste am Menschen, dass er überall sucht und forscht – er ist bereit, den Everest zu besteigen, er ist bereit, zum Mond zu fliege – aber er ist nicht bereit, nach innen zu gehen.

Wenn du sagst: „Geh nach innen", fällt es auf taube Ohren. Und da ist es, wo der Schatz ist. Und so tragen wir den Schatz ständig mit uns herum und bleiben doch Bettler. Deine Wirklichkeit ist innen, und du suchst und forschst außen. Die erste Nachforschung sollte im Innern angestellt werden. Wenn du ihn da nicht findest, kannst du natürlich gehen und die ganze Welt erforschen. Aber das ist noch nie geschehen. Diejenigen, die nach innen gegangen sind, haben ihn immer gefunden.

31. *Tag*

Sobald man anfängt, sich selber zu suchen und zu erforschen, ist man ein Gesegneter. Das Nachforschen selbst ist der Anfang der Transformation. Je leidenschaftlicher das Nachforschen ist, desto eher geschieht die Transformation. Mach es intensiv, mach es total.

Das ist eines der fundamentalen Geheimnisse des Lebens und der Existenz: Du lebst nur, wenn du etwas hast, wofür du bereit bist, sogar dein Leben zu opfern. Das Leben beginnt erst, wenn du etwas in deinem Leben hast, das mehr ist – höher, größer, heiliger – als das Leben. Wenn dein Leben anfängt, nur ein Mittel zu einem höheren Zweck zu werden, dann steht dein Leben in einem größeren Zusammenhang. Und nur in diesem Zusammenhang ist Bedeutung, Sinn, Freude.

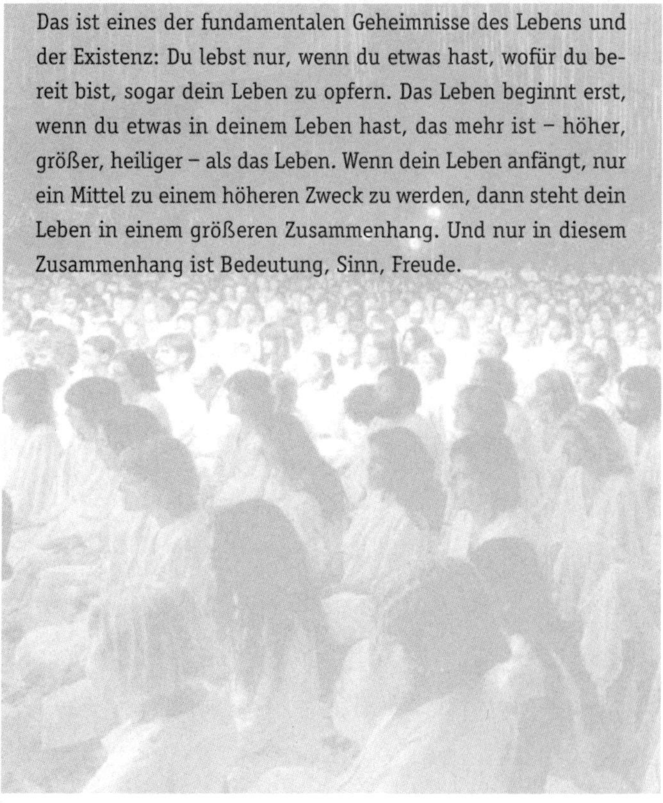

Allein sind wir frei

1. *Tag*

Wir werden mit unendlicher Weisheit geboren, aber wir verlieren unsere Weisheit mehr und mehr, indem wir Wissen ansammeln. Angelerntes Wissen ist Schrott, es ist weltlich, trivial. Ständig geben wir das Kostbare für absolut Bedeutungsloses auf. Werde wieder unwissend, frei von sogenanntem Wissen. Erleichtere dich von der Bürde deiner Kenntnisse, verlerne sie. In dem Moment, in dem alles angelernte Wissen verlernt ist, beginnt die Weisheit in dir aufzusteigen. Sie ist deine dir angeborene Natur. Du brauchst sie nicht zu lernen, du brauchst nicht danach zu forschen, du brauchst nicht nach außen zu gehen, um sie zu suchen. Sie ist dein innerster Wesenskern.

Meditation bedeutet, angelerntes Wissen verlernen, so dass die Weisheit wieder ihren Platz im Leben einnehmen kann.

2. Tag

Man braucht ein Haus, man braucht Nahrung, man braucht Geld, und man braucht Kleidung. Man sollte diesen Dingen Beachtung schenken, aber sie sollten nicht dein Ein und Alles werden. Etwas Raum, etwas Zeit sollte deiner inneren Erforschung gewidmet sein. Das nenne ich Meditation: mit dir selbst sitzen, mit dir selbst sein, deiner eigenen Subjektivität zugänglich.

Diese Zugänglichkeit, diese Offenheit öffnet dich nicht nur für dein eigenes Selbst, sondern auch für das Selbst der Existenz. Und solange man nicht weiß, worum es in diesem Leben geht, lebt man vergeblich. Solange man nicht das Geheimnis der unermesslichen Schönheit und Ekstase, die uns umgeben, gekostet hat – und sie sind da, man muss nur ein wenig wacher und empfindsamer dafür werden –, bleibt das Leben leer. Man ist geboren und doch nicht geboren, man lebt, und doch ist man tot.

Wenn man sich selber sieht, wird man neu geboren. Sich selber begegnen ist eine Wiedergeburt, die wahre Geburt. Man wird zum zweiten Mal geboren.

3. *Tag*

Kenntnisse kann man von außen erlangen. Wissen bedarf einer inneren Reinigung. Kenntnisse sind Informationen, Wissen ist deine Fähigkeit zu sehen, zu verstehen. Kenntnisse haben noch nie jemanden transformiert. Sie können dich zu einem großen Gelehrten machen, aber ein Gelehrter ist nichts anderes als ein Papagei. Der Gelehrte wiederholt nur, er ist eine Schallplatte, nicht mehr und nicht weniger. Aber ein Wissender weiß, er ist sein eigener Gewährsmann. Er glaubt nicht, er sieht. Er ist kein Christ, sondern ein Christus, er ist kein Buddhist, sondern ein Buddha.

Behalte das in Erinnerung. Dafür brauchst du eine radikale Veränderung in deinem Bewusstsein, eine völlig neue Art von Bewusstsein, wach, bewusst, meditativ, liebevoll. Das sind die Grundlagen, die dich befähigen zu sehen. Du wirst nicht besser informiert, sondern du wirst total transformiert.

Meine Arbeit besteht nicht darin, dich zu informieren, sondern darin, dich zu transformieren. Und darum geht es bei Sannyas.

4. *Tag*

Kenntnisse sind einfach und billig. Man kann so viele ansammeln, wie man will, man kann sie von anderen ausborgen. Aber Weisheit ist teuer, sehr kostbar. Man muss mit großer Anstrengung, Bewusstheit, meditativer Haltung dafür bezahlen. Niemand kann sie dir geben, und niemand kann sie dir nehmen. Es ist ganz und gar dein individuelles Bemühen, das deine Weisheit freisetzen wird.

Sie ist da wie ein Same, aber nur wie ein Same. Er muss gepflanzt, genährt, gewässert, umhegt und umpflegt werden – genau darum geht es bei der Meditation. Langsam beginnst du zu wachsen. Dann wirst du ein Rosenbusch, und viele Blüten kommen. Und wenn die Blüten sich öffnen und dein Duft vom Wind davongetragen wird, in dem Moment herrscht große Freude – nicht nur in dir – die ganze Existenz jubelt mit dir. Immer wenn ein Mensch erleuchtet wird, macht die ganze Existenz einen Schritt vorwärts.

5. *Tag*

Wir alle tragen in uns einen Stern von unendlicher Schönheit. Wir sind Sterne. Natürlich werden wir von viel Rauch und Wolken umgeben, und wenn man von außen schaut, kann man von dem Stern nichts finden.

Es ist die Aufgabe der Meditation, diese dunklen Wolken, die dich umgeben, zu durchdringen und zum Zentrum vorzustoßen, wo ewiges Licht vorhanden ist, wo das Leben eine Flamme der Freude, der Seligkeit und ungeheurer Schönheit ist. Die Erfahrung dieser tiefinnersten Flamme ist die Erfahrung der Göttlichkeit.

Die Reise ist schwierig, aber sie lohnt sich. Und sie ist nur am Anfang schwierig. Wenn du dich an die Freuden des Unbekannten und die Freiheit des Unbekannten und den Kitzel des Unbekannten gewöhnt hast, ist es nicht mehr schwierig. Dann ist jeder Moment der Reise von solch kostbarer Schönheit, solch exquisiter Freude, solch unermesslicher Ekstase, dass man bereit ist, dafür durch jede Mühsal und Bedrängnis zu gehen. Man ist sogar bereit, dafür zu sterben, denn jetzt weiß man, dass der Tod kein Tod ist.

6. *Tag*

Zur Liebe braucht man großen Mut. In der Tat braucht man zu nichts mehr Mut als zur Liebe, denn die Grundvoraussetzung für die Liebe ist, dass du als Ego stirbst. Nur wenn du dein Ego auflöst, fängt die Liebe an, in dir zu fließen. Das Ego ist das Hindernis, und man braucht Mut, um es wegzulassen. Man klammert, man glaubt, man ist nichts als das Ego. Deshalb hat man große Angst: „Was wird mit mir passieren, wenn ich mein Ego aufgebe? Ich werde meine Identität verlieren!"

Ja, es wird eine Zeit geben, in der du deine Identität verlierst, die alte Identität, die falsche Identität, einen Zeitraum, wo du nicht wissen wirst, wer du bist. Und dann wird sich deine wahre Identität entwickeln.

Ein Zenspruch sagt: „Bevor du meditierst, sind die Flüsse Flüsse und die Berge Berge. Wenn du meditierst, sind die Flüsse keine Flüsse mehr und die Berge keine Berge. Wenn deine Meditation abgeschlossen ist, wenn du es erlangt hast, sind die Flüsse wieder Flüsse und die Berge wieder Berge." Es gibt einen Zwischenraum zwischen den beiden – dem Alten, das geht, und dem Neuen, das kommt –, der ein wenig chaotisch sein wird. Daher brauchst du einen Meister, der dir in diesen Tagen hilft, der deine Hand hält und der dich immer wieder ermutigt: „Hab keine Angst. Die Morgendämmerung ist nicht mehr fern. Lauf nicht weg, schau nach vorn... denn es gibt keinen Weg zurück. Das Leben geht niemals rückwärts, es ist immer eine Vorwärtsbewegung". Buddha sagt: *Charaiveti, charaiveti*, geh weiter, geh weiter – bis du an dem Punkt angelangt bist, wo es keine Wünsche und Begierden mehr gibt. Das ist der Moment der Erfüllung, der Seligkeit, des Segens.

7. *Tag*

Voller Liebe sein heißt, religiös sein. Das Leben wahrhaft lieben heißt, in Gebet sein. Man muss die Qualität seiner Liebe ständig verbessern. Sie muss immer bedingungsloser und grundloser werden, immer weniger fordernd, beherrschend, egoistisch. Wenn deine Liebe absolut rein ist, bist du bei Gott angelangt. Mehr gibt es nicht. Du hast die höchste Perfektion des Lebens erreicht. Liebe ist die Essenz, lass sie also zu deinem Pfad werden.

8. Tag

Liebe – dieses eine Wort enthält alles, was es wert ist, im Leben zu haben, was es wert ist, im Leben zu besitzen. Man kann Gott vergessen, und nichts ist verloren. Aber wenn man die Liebe vergisst, dann ist alles verloren. Wenn die Liebe da ist, muss Gott auftauchen, denn Gott ist der höchste Gipfel der Erfahrung der Liebe. Aber ohne Liebe ist sogar Gott nicht möglich.

Ohne Liebe ist nichts möglich, keine Seligkeit, kein Segen, keine Wahrheit, keine Freiheit. Liebe ist Nektar, sie gibt dir die Erfahrung unsterblichen Lebens. Sie ist die Brücke zwischen Zeit und Ewigkeit.

9. *Tag*

Erinnere dich daran, dass du Liebe bist. Die Gesellschaft lässt es jeden vergessen. Die Gesellschaft bringt alle möglichen Arten von Konditionierungen hervor, die dir nicht erlauben, dich daran zu erinnern, dass du Liebe bist. Überall, wo Liebe ist, ist Gott. Liebe ist der Duft der Gegenwart Gottes.

Erinnere dich also daran und vernichte alles, was die Gesellschaft in dir erzeugt hat, um dich daran zu hindern, dich an deine Wirklichkeit zu erinnern. Wir sind aus Liebe gemacht, und wir sind für die Liebe gemacht.

10. *Tag*

Der Mensch lebt im Durcheinander. Der Mensch lebt wie eine Menschenmenge. Es gibt viele Personen in dir, nicht nur eine, und sie alle kämpfen, streiten und geben alle vor, der Meister zu sein. Alles ist bruchstückhaft, und jedes Bruchstück will seinen eigenen Weg gehen, keine zwei Bruchstücke stimmen in irgendeiner Weise überein. Der Mensch braucht eine Integration, eine Integration all dieser Bruchstücke zu einem Ganzen, zu etwas Harmonischem.

Wenn du kristallisiert wirst, wenn du eins wirst, wenn all diese Teile, die auseinander fallen, zusammenkommen und zu einer Einheit verschmelzen, steigt eine ungeheure Freude in dir auf, denn aller Konflikt ist vorüber. Wenn der Konflikt vorüber ist, fängt das Feiern, das Zelebrieren an.

Alle Meditationstechniken sind so gestaltet, dass sie die in Streit liegenden Teile in dir einander näher bringen, in Freundschaft, in Harmonie, in Übereinstimmung.

11. *Tag*

Leidenschaft ist der niedrigste Stand des Bewusstseins und Mitgefühl ist der höchste. Das Niedrigere darf nicht verleugnet werden, es muss verwandelt werden. In der Vergangenheit waren die sogenannten religiösen Menschen streng dagegen, und mit ihren jahrhundertelangen Lehren haben sie eine schizophrene Menschheit geschaffen. Sie haben die Menschen in zwei Teile gespalten, in das Niedrigere und das Höhere. Und diese Spaltung ist der Grund allen Leides, aller Angst, aller Qual. Wenn du anfängst, dich selbst als zwei Teile zu betrachten, einen Niedrigeren und einen Höheren, dann gibt es einen ständigen Konflikt. Du versuchst, das Niedrigere zu überwinden, es zu bekämpfen, es zu vernichten – und es ist nicht möglich, es zu vernichten. Transformation ist möglich, Vernichtung ist nicht möglich. Nichts in der Existenz kann vernichtet werden. Ja, Dinge können verändert werden. Wasser kann Dampf werden, und Wasser kann Eis werden, aber das ist nur eine Veränderung. Du kannst Wasser nicht völlig verschwinden lassen. Nichts kann je vernichtet werden, und nichts Neues kann je geschaffen werden. Nur Zusammensetzungen verändern sich.

Leidenschaft ist die niedrigste Stufe und Mitgefühl ist die höchste Stufe der Leiter, aber beide gehören zur selben Leiter. Merke dir: Wenn Leidenschaft bewusst wird, wird sie Mitgefühl. Wenn Leidenschaft unbewusst ist, ist sie grausam, ist sie hässlich, ist sie Tier. Fange einfach an, mehr Bewusstsein in dein Sein zu bringen, und du beginnst, dich in Richtung Göttlichkeit zu bewegen, vom Tier zum Gott. Der Mensch ist nur eine Leiter zwischen diesen beiden Seinsweisen.

12. *Tag*

Seligkeit ist die höchste Dimension der Freude. Die erste ist Vergnügen – das ist Tier. Die zweite ist Glück – das ist menschlich. Und Seligkeit ist göttlich.

Seligkeit ist das Ziel, denn nur wenn du selig bist, berührst du den höchsten Gipfel deines Seins, kommst du zur vollkommenen Verwirklichung. Der Mensch ist ein dreistöckiges Gebäude. Das Erdgeschoß ist tierisch. Und das ist gut so, es ist nichts falsch daran, ich bin nicht dagegen. Aber ich möchte, dass jeder etwas vom Höheren weiß. lass das Niedrigere die Grundlage sein, aber bleibe nicht darauf beschränkt. Der erste Stock ist menschlich und der zweite Stock ist göttlich.

Wenn man Seligkeit kennt, erfährt man seine Göttlichkeit, man ist Gott. Und solange das nicht verwirklicht ist – vergiss das nicht –, bleibt das Leben unerfüllt, eine tiefe Frustration, ein Unzufriedensein. Erst wenn du deinen höchsten Gipfel erreicht hast, gibt es Zufriedenheit, Frieden, Stille und eine tiefe Befriedigung, dass man angekommen ist.

13. *Tag*

Indem der Mensch sich seiner selbst bewusst geworden ist, ist er verlegen und unsicher geworden. Selbst-Bewusstsein zerstört die natürliche Anmut. Wenn du dich mit einem Freund unterhältst, sprichst du mit natürlicher Anmut und Würde. Aber wenn du zu einem großen Publikum sprichst, wenn Tausende von Leuten dir zuhören, verlierst du alle Unbefangenheit. Du wirst ungeschickt, du beginnst zu schwitzen, du zitterst, du vergisst alles.

Man sagt, dass unser Verstand vom Augenblick der Geburt an bis zum Augenblick unseres Todes arbeitet, außer in den seltenen Momenten, wenn wir vor einem Publikum stehen. In dem Moment setzt der Verstand aus, plötzlich ist da eine Lücke. Und je mehr du dich vorbereitet hast, desto größer ist die Wahrscheinlichkeit einer Lücke. Denn diese Vorbereitung zeigt, dass du Angst hast, dass du versuchst, etwas zu verdecken, etwas vorzutäuschen. Was geschieht mit Schauspielern auf der Bühne? Warum verlieren sie ihre Unbefangenheit, ihre Grazie? Die gleiche Person sieht so anmutig aus, wenn sie mit ihrem Freund spricht. Nichts hat sich verändert, es ist das gleiche, er kann genau so sprechen. Aber jetzt vergiss t er alles, er sagt Dinge, die er gar nicht sagen soll, und alles wirkt ungeschickt. Wilde Tiere sind anmutig, weil sie sich ihrer selbst nicht bewusst sind. Alle Tiere sind anmutig, denn sie täuschen nichts vor, sie leben einfach ihr Leben. Sie sind nicht um ihr Aussehen besorgt. Nur der Mensch ist um sein Aussehen besorgt, welchen Eindruck er auf andere macht, ob er anderen gefällt oder nicht. All diese Besorgtheit vernichtet seine natürliche Anmut. Seligkeit geschieht nur im Zustand natürlicher Anmut.

14. *Tag*

Der Weg zur Seligkeit, zur ozeanischen Seligkeit führt darüber, dass man aufhört, sich mit dem Körper-Verstand-Komplex zu identifizieren. Man muss sich ständig erinnern: „Ich bin nicht der Körper, ich bin nicht der Verstand, ich bin der Beobachter, der Zeuge". Allmählich wird das so natürlich, dass du dich nicht mehr zu erinnern brauchst, es ist einfach da, wie ein unterirdischer Strom. Sogar im Schlaf weißt du: „Ich bin nicht der Körper, ich bin nicht der Verstand, ich bin der Zeuge." Sogar beim Träumen weißt du: „Ich bin der Zeuge meiner Träume".

Wenn sich dieses Zeugesein so sehr vertieft hat, bist du am Rande eines Durchbruchs. Dann können jeden Moment alle Grenzen verschwinden, und plötzlich bist du grenzenlos, unendlich.

15. *Tag*

Die Seligkeit hat eine ihr eigene Leuchtkraft. Leiden ist dunkel, Seligkeit ist hell. Der Leidende wirft einen Schatten auf andere. Er kommt daher wie ein schwarzes Loch. Er saugt andere Menschen energetisch aus, allein seine Gegenwart ist destruktiv. Aber die Gegenwart einer glücklichen Person ist kreativ, nährend. Sie taucht andere in Licht. Sie ist ein Segen, eine Segnung für die Existenz.

16. *Tag*

Unser Königreich ist ein inneres. Im äußeren müssen wir Bettler bleiben. Was auch immer wir tun, diese Grundtatsache kann nicht verändert werden. Wir mögen viel Geld, Macht, Ansehen haben, aber hinter der ganzen Fassade versteckt sich der Bettler. Der Bettler bleibt.

Schau den Reichen tief in die Augen, und du kannst den Bettler sehen. Schau den Politikern, den Mächtigen in die Augen, und du wirst den Bettler sehen. Sie verstecken sich, sie versuchen auf jede nur mögliche Art, niemanden wissen zu lassen, wer sie sind. Sie schaffen eine Tarnung um sich herum, aber sie wissen, dass jedem anderen, der nur eine klein bisschen Intelligenz hat, klar ist, dass da ein Bettler ist.

Wenn du nach innen gehst, verschwindet der Bettler. Du betrittst das Königreich Gottes, und zum ersten Mal bist du wirklich ein König. Sein ganzes Leben lang sprach Jesus über dieses innere Königreich. Aber er wurde falsch verstanden, was immer der Fall war, bei allen Erwachten – sie wurden falsch verstanden.

Jesus hatte nichts mit dieser Welt oder dem Königreich dieser Welt oder der Macht dieser Welt zu tun. Er sprach von etwas anderem, er benutzte diese Worte als Metaphern. Das wahre Königreich ist in dir. Und es ist bereits vorhanden, du brauchst es nicht zu schaffen, du brauchst dich nur daran zu erinnern. Alle Meditationstechniken sind Techniken, um dich an dich selbst zu erinnern.

17. *Tag*

Wenn du voller Tränen bist, lächelst du; wenn du ärgerlich bist, zeigst du es nicht, du unterdrückst es. Natürlich verursacht dieser ganze Vorgang eine Spaltung in dir. Die Tränen waren echt, aber du hast sie nicht zugelassen, du hast sie zurückgehalten. Und das Lächeln war unecht, und du versuchtest zu lächeln. Es kann nicht sehr tief gehen. Es ist nur auf den Lippen, es hat nichts mit dir zu tun. Genauso ist Moral: ein falsches Lächeln. Du übst dich in Moral, aber das gibt dir keine Charakterwürde.

Charakterwürde entsteht durch Meditation. Was deinen Charakter betrifft, übst du dich in gar nichts, aber deine Einsicht wächst. Du beginnst, die Dinge so zu sehen, wie sie sind. Und dein ganzes Leben wird in diesem neuen Licht, in dieser neuen Sichtweise transformiert. Du kannst niemanden täuschen, denn jetzt, durch Meditation, weißt du, dass wir nicht voneinander getrennt sind. Du kannst nicht gewalttätig sein, du kannst dich nicht daran freuen, jemanden zu verletzen, denn jetzt weißt du, der andere ist ein Teil von dir. Wir sind Teil des organischen Universums. Wir sind überhaupt keine separaten Wesen.

Dann hast du natürlich Charakterwürde, diese Würde entsteht durch Integrität. Merke dir also, Meditation muss die Quelle deines wahren Charakters sein. Du kannst alles über Charakter vergessen. Steck all deine Energie in Meditation, und daraus erwächst Charakter. Er ist nicht etwas, das von dir zusammengestellt wurde, er kommt spontan. Und wenn Charakter spontan ist, hat er eine eigene Schönheit, ist er eine Freude. Er ist nicht Mittel zum Zweck, er ist sein eigener Zweck.

18. *Tag*

Es ist möglich, dass jemand selig ist, ohne weise zu sein. Aber diese Seligkeit ist keine echte Seligkeit. Es ist einfach nur, was man Glück nennt. Es kommt und geht, es ist momentan. Und es lässt dich immer in tiefer Frustration und Verzweiflung zurück. Der Preis ist zu hoch, das ist es nicht wert.

Es ist auch möglich, dass jemand weise ist, ohne selig zu sein, aber diese Weisheit ist auch pseudo und falsch. Es ist das angelernte Wissen, Kenntnisse, es ist ausgeborgt, es ist eine Last. Alles, was nicht deiner eigenen Erfahrung entspringt, ist eine Fessel. Es kann dein Ego füttern, aber es kann dir nicht dein Selbst offenbaren. Der wahre Sucher muss Seligkeit und Weisheit zusammen finden. Und beide können leicht zusammen gefunden werden, denn sie sind wie die zwei Flügel des Vogels Meditation. Meditiere: einerseits wirst du selig, und andererseits wirst du weise. Beides zusammen wächst in einer Art tiefer Synchronizität. Auf der höchsten Stufe wird Seligkeit Weisheit, und Weisheit wird Seligkeit.

19. *Tag*

Weisheit kann nur wachsen, wenn du allein sein kannst. Weisheit ist deine Selbst-Natur. Wenn du absolut allein bist, wenn du die ganze Welt vergessen hast, wenn du einfach du selbst bist, vollkommen selig in dir selbst – der andere ist nicht nötig, da ist keinerlei Verlangen nach dem anderen – in diesem In-deinem-eigenen-Wesen-Ruhen erwächst Weisheit. Weisheit hat nichts mit Kenntnissen zu tun. Weisheit bedeutet Einsicht, Weisheit bedeutet Klarheit. Weisheit bedeutet nicht Information, Weisheit bedeutet Transformation. Weisheit bedeutet eine völlig neue Art und Weise, das Leben zu betrachten.

Lerne allein zu sein und erlaube der Weisheit, an die Oberfläche deines Wesens zu gelangen. Dann kannst du in der Welt leben, aber dann bist du sogar in der Menschenmenge allein, unbeeinflusst, unverwirrt, unbeeindruckt. Du bist in der Welt, aber nicht Teil der Welt. Und du hast die Fähigkeit zu sehen, was richtig und was falsch ist. Du bist nicht abhängig von äußeren Geboten. Du bist nicht abhängig von der Bibel oder der Gita oder dem Koran. Du hast deine eigenen Schriften gefunden, du hast Gottes Stimme in deinem eigenen Herzen gefunden. Jetzt brauchst du keine minderwertigen Informationen aus zweiter Hand mehr. Jetzt hast du den direkten Draht zu Gott.

20. *Tag*

Die Menschen klammern, und je mehr du dich an jemanden klammerst, desto mehr Angst bekommt er. Er will davonlaufen, denn es gibt ein ungeheures inneres Bedürfnis nach Freiheit. Der Wunsch nach Freiheit ist höher als jeder andere Wunsch, ist tiefer als jeder andere Wunsch. So kann man sogar die Liebe opfern, aber man kann nicht seine Freiheit opfern, das liegt nicht in der Natur der Sache. Deshalb kann die wahre Seligkeit nur in deinem Alleinsein geschehen. Alleinsein ist eine Kunst, die ganze Kunst der Meditation. Völlig im Mittelpunkt seines eigenen Wesens ruhen, ohne irgendein Verlangen nach dem andern, in so tiefer Ruhe mit sich selbst sein, dass nichts anderes vonnöten ist, das ist Alleinsein. Es bringt die ewige Seligkeit. Wenn du zuerst in deinem Sein Wurzeln geschlagen hast und dich anschließend in eine Beziehung begibst, ist das ein völlig anderes Phänomen. Jetzt kannst du teilen, du kannst lieben, und du kannst diese Liebe genießen. Selbst wenn es nur vorübergehend ist, kannst du tanzen, kannst du singen. Und wenn es vorbei ist, ist es vorbei – du schaust nicht zurück. Du bist deiner Geliebten dankbar, du bist der Liebe dankbar, die nicht mehr da ist, denn sie hat dich reicher gemacht. Sie hat dir einige Blicke auf das Leben erlaubt, sie hat dich reifer gemacht. Aber das ist nur möglich, wenn du eine gewisse Verankerung in deinem Sein hast.

Wenn Liebe alles ist, was du hast, ohne eine meditative Verankerung, dann wirst du leiden, dann wird jede Liebesbeziehung früher oder später zum Alptraum. Lerne die Kunst des Alleinseins, des glücklichen Alleinseins – dann ist alles möglich.

21. *Tag*

Die Biene klammert sich nicht an eine Blume. Sie sammelt Honig von allen möglichen Blumen, aber sie bleibt ungebunden. Sie fliegt zur Rose, sie fliegt zum Tausendschönchen, sie fliegt zum Lotus – sie fliegt von Blume zu Blume und sammelt Honig, aber sie bleibt ungebunden, sie klammert nicht.

Das zweite, was es zu beachten gilt, ist, dass die Biene, obwohl sie Honig von vielen Blumen sammelt, niemals eine Blume beschädigt. Sie ist sehr kunstvoll, sehr anmutig, sie verletzt nicht. Tatsächlich fühlt die Blume große Freude, wenn eine Biene zu ihr kommt. Es ist wirklich ein Kompliment. Die Biene ist niemals destruktiv. Sie sammelt, was sie braucht, aber auf so kunstvolle Weise, mit solcher Geschicklichkeit, dass die Blume vollkommen dieselbe bleibt.

Lebe auf solche Weise, dass niemand durch dich zu Schaden kommt. Lebe auf schöpferische Weise, geschickt und kunstvoll, lebe auf feinfühlige Weise. Und bleibe immer ungebunden. Genieße alle möglichen Erfahrungen, alle möglichen Blumen. Aber bleibe in Bewegung, bleibe nicht irgendwo hängen – dann musst du einfach zu Gott gelangen.

22. *Tag*

Leid entsteht aus Bindung. Wir fühlen uns verbunden mit Sachen, mit Menschen, mit Orten, wir sind süchtig nach Bindung. Wir klammern uns an alles, und Klammern bringt Leiden. Denn das Leben verändert sich ständig, es ist konstant in Bewegung, es ist niemals statisch, nicht einmal in zwei aufeinander folgenden Momenten.

Erfreue dich an dem herrlichen Sonnenuntergang, aber halte ihn nicht fest, er ist kein Photo. Bald wird er verschwunden sein, er verschwindet schon. Während du zuschaust, verschwindet er. Bald wird sich die Nacht herniedersenken – aber warum sich Sorgen machen? Die Nacht hat ihre eigene Schönheit, die Sterne gehen auf. Aber ein Mensch, der klammert, ist ein solcher Narr, dass er versucht, den herrlichen Sonnenuntergang festzuhalten. Er möchte auf ewig bewegungslos bleiben. Diese Dummköpfe wissen nicht, wonach sie fragen. Sie weinen dem Sonnenuntergang nach, weil er nicht mehr da ist, und sie verpassen die neu aufgehenden Sterne.

Der Narr verfehlt ständig alles. Der Weise genießt alles. Er genießt den Tag, er genießt die Nacht. Er genießt den Sommer, er genießt den Winter. Er genießt das Leben, er genießt den Tod. Er klammert nicht, und dieses Nicht-Klammern ist Seligkeit.

23. *Tag*

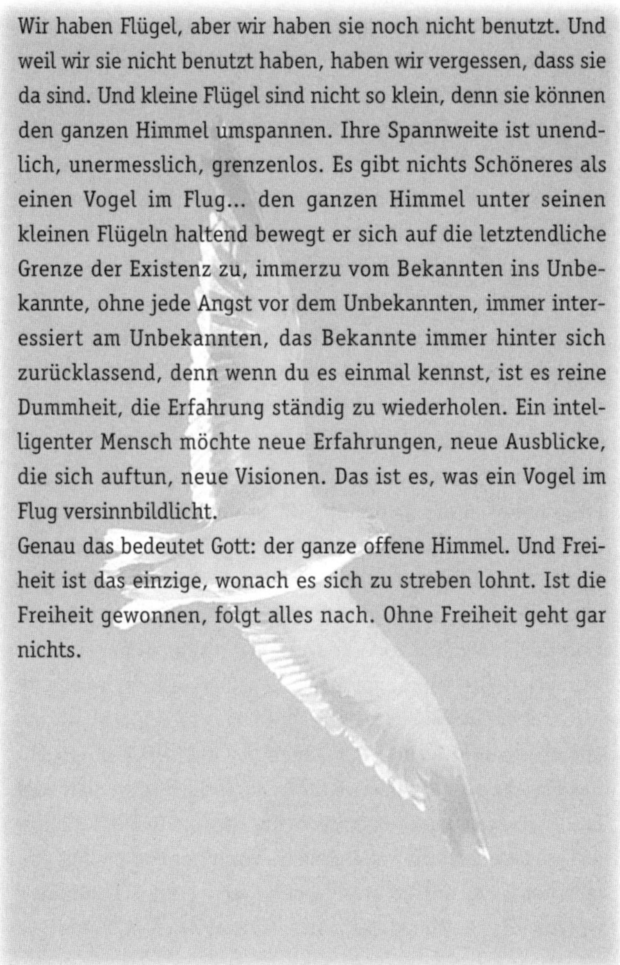

Wir haben Flügel, aber wir haben sie noch nicht benutzt. Und weil wir sie nicht benutzt haben, haben wir vergessen, dass sie da sind. Und kleine Flügel sind nicht so klein, denn sie können den ganzen Himmel umspannen. Ihre Spannweite ist unendlich, unermesslich, grenzenlos. Es gibt nichts Schöneres als einen Vogel im Flug... den ganzen Himmel unter seinen kleinen Flügeln haltend bewegt er sich auf die letztendliche Grenze der Existenz zu, immerzu vom Bekannten ins Unbekannte, ohne jede Angst vor dem Unbekannten, immer interessiert am Unbekannten, das Bekannte immer hinter sich zurücklassend, denn wenn du es einmal kennst, ist es reine Dummheit, die Erfahrung ständig zu wiederholen. Ein intelligenter Mensch möchte neue Erfahrungen, neue Ausblicke, die sich auftun, neue Visionen. Das ist es, was ein Vogel im Flug versinnbildlicht.

Genau das bedeutet Gott: der ganze offene Himmel. Und Freiheit ist das einzige, wonach es sich zu streben lohnt. Ist die Freiheit gewonnen, folgt alles nach. Ohne Freiheit geht gar nichts.

24. *Tag*

Um völlig frei zu sein, muss man vollkommen wach und bewusst sein, denn unsere Knechtschaft hat ihre Wurzeln in unserer Unbewusstheit, sie kommt nicht von außen. Niemand kann dich unfrei machen. Du kannst zerstört werden, aber deine Freiheit kann dir nicht genommen werden – es sei denn, du gibst sie her. Auf der tiefsten Ebene ist es immer dein Wunsch, unfrei zu sein, der dich unfrei macht. Es ist dein Wunsch, abhängig zu sein, dein Wunsch, keine Verantwortung für dich selbst zu übernehmen, der dich unfrei macht.

Sobald man Verantwortung für sich selbst übernimmt... und vergiss nicht, es sind nicht alles nur Rosen, es gibt auch Dornen im Leben; und es ist nicht alles süß, es gibt auch viele bittere Momente im Leben. Das bittere hält dem Süßen die Waage, sie kommen immer zu gleichen Teilen. Die Dornen halten den Rosen die Waage, die Nächte den Tagen, die Winter den Sommern. Das Leben hält die Gegensätze im Gleichgewicht. Wenn also jemand bereit ist, die Verantwortung dafür zu übernehmen, er selbst zu sein mit allen Schönheiten, Bitterkeiten, Freuden und Todesängsten, dann kann er frei sein.

Akzeptiere die Verantwortung, du selbst zu sein, so wie du bist, mit allem, was gut, und mit allem, was schlecht ist, mit allem, was schön, und mit allem, was nicht schön ist. Mit diesem Akzeptieren geschieht Transzendenz, und man wird frei. Freiheit bedeutet Transzendenz, über die Dualität hinausgehen. Dann bist du weder Ekstase noch Agonie: du bist einfach nur Zeuge dessen, was dir geschieht. Diese Transzendenz ist wahre Freiheit, und das macht einen erleuchtet, befreit.

25. *Tag*

Der echte Sucher ist nicht hinter Kenntnissen her, sondern hinter Wissen. Er will den inneren Prozess des Lernens lernen. Er ist nicht daran interessiert, zu Schlüssen zu kommen, er ist nicht an Zielen interessiert – er ist er mehr an der Reise selbst interessiert. Die Reise ist so wunderschön, jeder Augenblick davon ist so köstlich – was kümmert einen da das Ziel?
Die Idee eines Ziels wird vom faulen Verstand geschaffen, damit du dich ausruhen kannst: wenn es einmal erreicht ist, kannst du aufhören. Deshalb versucht man, eine Abkürzung zu finden. Die Leute, die an Zielen interessiert sind, sind immer an Abkürzungen interessiert. Natürlich, warum die lange Route nehmen? Menschen, die faul sind, können keine wahren Sucher sein. Ein wahrer Sucher hat nicht den Wunsch, nicht den Ehrgeiz, ein Ziel zu haben. Er ist interessiert am Augenblick, diesem Augenblick, hier und jetzt. Sein ganzes Wesen ist ins Leben vertieft.
Wenn du bewusster wirst, wirst du offener für die Existenz, für alles, was um dich herum passiert. Alle deine Türen und Fenster stehen offen, die Existenz kann durch dich hindurchkommen. Du kannst immer sensitiver werden, während du immer bewusster wirst. Durch angelerntes Wissen bleibst du dieselbe alte Person, der nur noch mehr Kenntnisse hinzugefügt werden. Aber du bist nicht neu, du bist dieselbe alte Person mit neuen Errungenschaften, das ist alles. Mit Bewusstheit bist du neu, und du bist auf solche Art neu, dass du weißt, wie du dich immer wieder in jedem Moment erneuern kannst, so dass du niemals alt bist, niemals stumpf, niemals unempfindlich.

26. *Tag*

Die Bäume, die Tiere, die Vögel sind eins mit der Existenz – aber unbewusst. Sie sind selig, aber sie haben keine Ahnung davon, was Seligkeit ist, es ist ihnen nicht bewusst. Und eine Seligkeit, die unbewusst ist, ist nicht von großem Wert. Du magst einen Schatz haben, aber wenn du dir dessen nicht bewusst bist, was hat es dann für einen Sinn?
Das ferne Rufen des Kuckucks klingt uns wunderschön, dem Kuckuck selber aber nicht. Der Kuckuck hat keine Ahnung, was Schönheit ist, was Musik ist, was Poesie ist. Er ist unbewusst – selig, aber unbewusst. Der Mensch ist unbewusst und unglücklich. Aber dieses Unglücklichsein kann aufgegeben werden. Die Bewusstheit muss ein wenig verstärkt werden, und der Mensch muss das Unglücklichsein bewusst aufgeben und ein Wieder-eins-werden anstreben – ich nenne es ein Wiedereinswerden. Der Baum und der Kuckuck und die anderen Vögel und Tiere sind in einem Zustand des Einsseins. Der Mensch muss es wieder zurückgewinnen, er hat den Kontakt damit verloren. Es hängt alles von uns ab, nämlich davon, was wir mit unserem Unglücklichsein anfangen. Wir können es weiterhin hegen und pflegen, wir können weiterhin die Hölle für uns schaffen. Oder wir können es aufgeben und uns auf das Ganze zum letztendlichen Verschmelzen zubewegen. Wir können uns im Ozean der Existenz auflösen, und dann entsteht Seligkeit. Und wenn der Mensch selig wird, hat seine Seligkeit einen unermesslichen Wert. Der Kuckuck ist selig, aber seine Seligkeit hat keinen Wert. Sich Gott weihen bedeutet bereit sein, in das Ganze einzugehen, damit zu verschmelzen. Dann kommt Seligkeit ganz von selbst.

27. *Tag*

Wenn du bereit bist, dich im Ganzen aufzulösen, ist Seligkeit das Ergebnis. Wenn du dich der Auflösung widersetzt, wenn du versuchst, eine separate Einheit zu bleiben... und genau das ist es, was alle tun, sie versuchen, ein Ego zu sein, sie versuchen, sich zu beschützen, sich zu verteidigen.

Jeder umgibt sich mit Zäunen gegen das Ganze. Jeder hat Angst vor dem Ganzen, weil das Ganze weit und gewaltig ist und dich von überall her umgibt. Und wir errichten große Mauern, chinesische Mauern, um uns zu beschützen; sonst überflutet es uns, überwältigt es uns. Deshalb errichten wir große chinesische Mauern und verstecken uns dahinter und bleiben klein...

Wir sind nicht separat, kein Mensch ist eine Insel. Wir sind ein Teil des Kontinents, deshalb ist es zwecklos, gegen den Kontinent zu kämpfen...

Löse dich im Ganzen auf, lass dein Ego fallen. Vergiss dich, vergiss , dass du separat bist. Fühle dich als Teil des Ganzen. Und sieh, wie wunderschön es ist, wie süß es ist und wie jeder Moment ein Segen ist.

28. *Tag*

Der Mensch wird solange in seinem Elend bleiben, wie er in Begriffen des Getrenntseins denkt. Erinnere dich daran: Kein Mensch ist eine Insel. Sich selber getrennt vom Ganzen zu sehen ist die einzige Illusion. Alle anderen Illusionen gehen daraus hervor. Wir sind ein Teil des gewaltigen Kontinents, wir sind keine Inseln. Sich daran zu erinnern, ist die einzige Möglichkeit der Transformation.
In dieser Illusion zu leben, muss Probleme schaffen. Und all diese Probleme sammeln sich immer mehr an. Sie können nicht gelöst werden, bevor wir nicht unsere ganze Haltung von Anfang an verändern. Eine radikale Veränderung ist nötig, nicht ein paar Umänderungen. Und diese radikale Veränderung geschieht, wenn wir unsere Persönlichkeit in den Ozean Gottes fallen lassen, wenn der Tautropfen des Egos im Ozean versinkt.
Wir verlieren nichts, wir gewinnen etwas. Wir verlieren einfach unsere kleinen Grenzen und werden ungeheuer weit und unendlich. In dieser unendlichen Weite ist der Duft...
Wenn du den ersten Schritt aus der Höhle des Egos in den offenen Himmel unter die Sterne tust, beginnen dir plötzlich Flügel zu wachsen. Sie waren schon immer da, aber es gab nicht genug Raum, sie zu benutzen. Es muss nur ein kleiner Preis entrichtet werden, das falsche Ego muss fallengelassen werden.

29. *Tag*

Meditation ist ein Weg, um das Ego aufzugeben. Meditation ist Hingabe, das innerste Wesen der Hingabe. Normalerweise halten wir an unserem Ego fest; auf jede nur mögliche Art versuchen wir, seine Existenz zu beweisen. Meditation bedeutet, dass wir den ganzen Trip aufgeben, dass wir die ganze Nummer aufgeben. Wir sind nicht mehr daran interessiert, unser Ego unter Beweis zu stellen, denn wir können seine Falschheit erkennen und die ganze Absurdität.

Wenn wir das erkennen, erlauben wir ihm einfach wegzufallen. Wenn wir die Vergeblichkeit und das Elend sehen, das es bringt, geben wir es auf, und augenblicklich findet eine Transformation statt

Wann immer du dich des Egos entleert hast, strömt etwas vom Jenseitigen herein und füllt dein inneres Vakuum. Dieser Energiestrom aus dem Jenseitigen ist Gott. Meditation macht den Weg frei für den Strom aus dem Jenseitigen.

Aber wir sind so voll von uns selbst, dass wir es immer wieder verpassen. Wir müssen uns vollkommen ausleeren, und deine Bemühung muss total sein, nicht halbherzig, nicht lauwarm, denn wenn auch nur ein Teil des Egos übrig bleibt, reicht das, um das Jenseitige von dir fern zu halten. Das Ego muss ganz aufgegeben werden, die Leere muss vollkommen komplett leer sein – dann gibt es kein Hindernis mehr, dann kommt der Gast herein. Die Leere wird der Gastgeber Gottes, und es gibt keinen anderen Weg, um Gott zu erfahren.

30. *Tag*

Freiheit ist das Allerhöchste, deshalb opfere deine Freiheit für ganz und gar nichts, nicht einmal für die Liebe, denn nichts ist höher als die Freiheit. Alles kann der Freiheit geopfert werden, sogar das Leben, aber die Freiheit kann für nichts geopfert werden. Sogar Gott kann für die Freiheit geopfert werden, aber die Freiheit kann nicht für Gott geopfert werden.

Buddha glaubt nicht an Gott, aber er glaubt an Freiheit. Mahavira glaubte niemals an Gott, aber er glaubte an Freiheit. Sie konnten die Hypothese von Gott einfach abtun, aber die Hypothese der Freiheit konnten sie nicht abtun. Tatsächlich ist Freiheit der wirkliche Gott. In Freiheit leben heißt, ein spirituelles Leben führen. Aber eure sogenannten Heiligen leben in Sklaverei. Sie sind keine freien Menschen, sie sind in Wirklichkeit die größten Sklaven der Erde, Sklaven toter Ideen, Ideologien. Wenn dein Bewusstsein vollkommen frei ist, ist es nicht mehr eingesperrt. Die eingesperrte Herrlichkeit ist befreit. Zum ersten Mal weißt du, wer du bist, kennst du deine Herrlichkeit, deine Schönheit. Und das ist die Erfahrung, für die Jesus lebte und starb, für die Buddha lebte und für die er sein ganzes Leben lang lehrte, für die Sokrates sich opferte.

31. *Tag*

Ich las diese Zeilen von Walt Whitman – ich liebe diese Zeilen! Er war einer der bedeutendsten Dichter, der je auf der Erde wandelte. Er sagt: „Ich feiere mich selbst, ich besinge mich selbst, und was ich mir gönne, sollst du dir auch gönnen, denn jedes Atom von mir gehört ebenso zu dir."

Das ist die Botschaft aller Seher, all derer, die wissen. Und ganz besonders meine Botschaft ist Feiern, Zelebrieren.

Lass dein ganzes Herz sagen: „Ich feiere mich selbst, ich besinge mich selbst." Aber vergiss nicht, das Selbst ist nicht das Ego. Das Selbst geht über das Ego hinaus. Das Ego ist deine Kreation, das Selbst ist ein Teil Gottes, das Selbst ist ein Teil des höchsten Selbst. Das Selbst macht dich nicht zum separaten Individuum, es macht dich nicht zur Insel. Es lässt dich eins sein mit dem Ganzen, daher das Feiern, Zelebrieren, daher die Freude, daher die Ekstase.

Liebe, Seligkeit, Feiern, Gott, Wahrheit, Freiheit sind verschiedene Aspekte der gleichen Erscheinung. Das Ego ist gefallen, du begibst dich in eine multidimensionale Realität, die all dieses enthält. Aber man braucht mit Sicherheit Mut, man braucht Kraft. Sei mutig genug, um von ganzem Herzen zu leben, in Harmonie mit dem Unendlichen, mit dem Ewigen.

Lebe gefährlich

1. *Tag*

Lerne als erstes, dich vom Bekannten zum Unbekannten zu begeben. Dann wird dein Leben wahrhaft aufregend, eine große Freude, eine große Überraschung. In jedem Moment geschieht etwas Neues. Und dann gehe eines Tages das äußerste Risiko ein: Begib dich vom Unbekannten zum Unerkennbaren. Der Unterschied ist, dass das Unbekannte eines Tages das Bekannte wird, aber das Unerkennbare wird niemals zum Bekannten. Das Unerkennbare ist Gott.

Aber lerne zuerst, vom Bekannten zum Unbekannten zu gehen. Das ist wie schwimmen lernen im flachen Wasser. Und wenn du schwimmen gelernt hast, dann begib dich in den Ozean, ohne Angst, mit absoluter Furchtlosigkeit, und dann wird dein Leben Ekstase kennen. Mit dem Unbekannten lernst du das Aufregende kennen, mit dem Unerkennbaren lernst du Ekstase kennen.

2. *Tag*

Mut ist die größte religiöse Qualität, alles andere ist zweitrangig. Du kannst nicht ehrlich sein, wenn du nicht mutig bist. Du kannst nicht liebevoll sein, wenn du nicht mutig bist. Du kannst nicht vertrauen, wenn du nicht mutig bist. Du kannst die Wirklichkeit nicht erforschen, wenn du nicht mutig bist. Daher kommt Mut als erstes, und alles andere folgt nach. Nur aus Furchtlosigkeit kann die Liebe erwachsen. Nur aus Furchtlosigkeit kann man auf die Forschungsreise nach dem Höchsten gehen. Es ist eine lange Reise, und es ist eine Reise ins Unbekannte. Feiglinge werden nicht in der Lage sein, dieses Ufer zu verlassen. Und Religion beinhaltet eine große Sehnsucht nach dem anderen Ufer, das von dieser Seite aus nicht zu sehen ist.

3. *Tag*

Wenn du Mut hast, gibt es Wunder im Überfluss. Sie geschehen jeden Moment, denn jeden Moment lässt der Mutige das Bekannte hinter sich. Das ist wahrer Mut. Alles, was bekannt ist, musst du zurücklassen. Du hast es gelebt, du hast es erfahren, es ist nicht nötig, es festzuhalten. Wenn du daran festhältst, verhinderst du, dass das Neue geschieht. Das Neue braucht Raum; wenn das Alte den Raum einnimmt, wo kann das Neue dann geschehen?

Der Mutige lässt die Vergangenheit, das Alte, das Bekannte ständig hinter sich und ist immer bereit, ins Unbekannte zu gehen. Es braucht Mut und Kraft, denn man weiß nie, was im nächsten Moment geschehen wird. Es ist unvorhersagbar. Das Vertraute lässt sich vorhersagen. Sogar wenn es Elend ist, ist es dir vertraut, und du hast dich daran gewöhnt.

Seligkeit ist nur für die Mutigen. Seligkeit ist in Wirklichkeit das konstante Zurücklassen der Vergangenheit. Seligkeit ist, die Vergangenheit sterben zu lassen und in jedem Moment neu geboren zu werden. Das ist es, was Seligkeit ausmacht.

4. Tag

Das herausragendste Kennzeichen von Seligkeit ist, dass sie in sich selbst paradox ist. Und aufgrund ihrer paradoxen Natur wird Seligkeit fast immer missverstanden. Das Paradoxe ist: Der Mensch muss große Anstrengungen vollbringen, und doch geschieht Seligkeit nicht aufgrund der Anstrengungen. Sie geschieht immer als ein Geschenk Gottes. Aber ohne Anstrengungen ist der Mensch nicht fähig, die Gabe zu empfangen. Obwohl das Geschenk immer zur Verfügung steht, bleibt der Mensch verschlossen. Daher ist die ganze menschliche Anstrengung nicht wirklich die Ursache für das Erlangen der Seligkeit; sie kann die Seligkeit nicht verursachen, sie kann nur die Hindernisse aus dem Weg räumen. Es ist ein negativer Prozess. Es ist, als lebtest du in einem geschlossenen Raum. Alle Fenster, alle Türen sind geschlossen. Die Sonne ist aufgegangen, aber du bist im Dunkeln. Die Sonne kann nicht aufgrund deiner Bemühungen aufgehen. Was auch immer du tust, kann die Sonne nicht aufgehen lassen. Aber du kannst deine Türen öffnen, oder du kannst sie geschlossen halten – so viel hängt von deinen Bemühungen ab. Wenn du die Türen öffnest, steht dir die Sonne zur Verfügung, sonst wartet sie vor der Tür und klopft nicht einmal an. Du kannst bis in alle Ewigkeit im Dunkeln leben, wo du doch nur die Hindernisse zwischen dir und der Sonne aus dem Weg hättest räumen müssen.

Ein klein wenig Anstrengung ist nötig und ein klein wenig Vertrauen ist nötig, ein klein wenig Anstrengung, die Hindernisse zu beseitigen, und ein klein wenig Vertrauen, Geduld, Warten.

5. *Tag*

Solange du nicht tanzt und singst und feierst, bist du nicht bereit für Gott. Gott ist Feiern, Gott ist Tanz, Gott ist Gesang. Traurigen und ernsthaften Menschen kann Gott nicht geschehen, unglücklichen Menschen kann Gott nicht geschehen.

Unglücklichsein lässt die Menschen schrumpfen, Seligkeit lässt die Menschen sich ausdehnen, sich weiten – und Gott braucht allen Raum. Nur dann kann der äußerste Himmel in dich eindringen. Du musst fast so weit wie der Himmel werden – und das ist nur in absoluter Seligkeit möglich.

6. Tag

Ein Mensch mit Bewusstsein weiß, dass das Leben sich immerfort verändert. Leben ist Wandel. Es gibt nur ein Dauerhaftes und das ist Wandel. Alles andere außer dem Wandel wandelt sich. Diese Natur des Lebens zu akzeptieren, diese sich ständig verändernde Existenz mit ihren verschiedenen Jahreszeiten und Launen zu akzeptieren, dieses konstante Fließen, das niemals auch nur für einen Moment anhält, zu akzeptieren, ist selig sein. Dann kann niemand deine Seligkeit beeinträchtigen.

Es ist das Streben nach Dauerhaftigkeit, das eure Schwierigkeiten verursacht. Ihr möchtet ein Leben ohne Veränderungen leben, und das ist unmöglich. Ihr fordert das Unmögliche.

Das Kind wird zum Jugendlichen, der junge Mann wird alt. Wer gestern lebendig war, ist morgen tot. Wenn du all diese Veränderungen, das Sosein der Dinge, akzeptierst und es voller Freude erlaubst, weil du weißt, dass das Leben so ist, dann kann dich niemand von deiner Seligkeit abbringen. Dann gehst du jeden Moment mit dem Fluss des Lebens. Andernfalls hinken die Leute ständig hinterher. Das Leben läuft immer voraus, und sie bleiben weit zurück. Und wenn sie da ankommen, wo das Leben jetzt gerade ist, ist das Leben schon weitergezogen. Es ist wie ein Fluss, es stagniert nicht, es ist dynamisch.

7. *Tag*

Alles verändert sich, nichts bleibt gleich, nicht einmal für zwei aufeinander folgende Augenblicke. Dann fällt das ganze Verlangen weg, die Dinge für immer so zu halten, wie sie sind. Und wenn es wegfällt, bist du frei. Plötzlich fühlst du eine große Freiheit. Dann wirst du durch nichts mehr beunruhigt, nichts kann dich mehr stören.

Dinge beunruhigen dich, weil du dir etwas anderes erhofft hast und es nicht so passiert. Dinge frustrieren dich, weil du dir etwas anderes erwartet hast und es ist nicht so passiert, wie du es erwartet hattest. Es geschieht auf eine andere Art, dein Wunsch wird nicht erfüllt. Es passiert auf seine Art, es hört nicht auf dich.

Man weiß nie, was geschehen wird; und es ist schön, dass man nie weiß, was geschehen wird. Das ist das Aufregende und die Ekstase im Leben, dass es eine fortwährende Überraschung ist. Wenn es vorhersagbar wäre, wäre es mechanisch. Es ist nicht vorhersagbar, es hat immer Überraschungen auf Lager. Und je aufgeweckter du bist, desto mehr Überraschungen gibt es. Deshalb vermeiden die Menschen es, wach zu sein. Sie werden unempfindlich, um sich gegen diese Veränderungen zu schützen.

Ein Mensch mit Bewusstheit wird mutig genug, um das Phänomen der ständigen Veränderung zu akzeptieren. Mit diesem Akzeptieren kommt Seligkeit, dann ist alles gut, dann bist du niemals frustriert.

8. *Tag*

Das Leben beginnt erst, wenn Seligkeit in dein Dasein tritt, aber dafür musst du verletzlich sein: offen für den Wind und den Regen und die Sonne, offen für die Existenz. Man braucht Mut, um offen zu sein, denn es ist gefährlich. Es ist gefährlich zu leben, es ist bequem zu sterben. In der Tat gibt es keinen bequemeren Platz als das Grab – keine Probleme, keine Sorgen, man hat sich einfach für immer schlafen gelegt.

Die Leute lieben ein todesähnliches Leben – bequem, angenehm. Aber sie verpassen alles Spannende, das Abenteuer, Lebenslust, Saft und Kraft.

Merke dir, dass das erste und Wichtigste für einen Menschen von Intelligenz ist, nach Seligkeit zu suchen und zu forschen. Wenn du erst einmal mit Seligkeit in Kontakt bist, wenn du sie einmal gekostet hast, bist du wiedergeboren. Dann beginnt das wahre Leben, dann weißt du, worum es geht.

9. *Tag*

Nur ein seliger Mensch kann anderen von Hilfe sein. Nur Seligkeit kann dich mitfühlend machen, nur Seligkeit kann eine schöne Energie in deinem Leben schaffen, die für andere hilfreich sein kann. Ohne Seligkeit kannst du niemandem dienen. Du magst glauben, dass du dienst, aber du wirst einfach nur schaden.

Ein unglücklicher Mensch kann anderen nur Unglück geben. Wir können nur das geben, was wir haben. Es ist keine Frage von guten Absichten. Du magst helfen wollen, aber solange keine überfließende selige Energie in deinem Innern ist, musst du schaden. An diesem Punkt unterscheide ich mich grundlegend von der herrschenden Auffassung, denn bisher haben viele Menschen im Namen der Religion der Menschheit gedient. Sie selber sind unglücklich, und sie werden große Diener der Menschheit. Sie dienen den Armen, und sie dienen den Verkrüppelten, und sie dienen den Kranken. Sie eröffnen Krankenhäuser und Schulen und tun alles mögliche. Sie richten nur Unheil an. Sie helfen überhaupt niemandem. Ihr ganzer Trip ist eine Egonummer. Eltern glauben, dass sie ihren Kindern helfen, und sie zerstören einfach nur. Ich sage nicht, dass sie nicht helfen wollen. Sie wollen helfen, aber sie sind einfach nicht dazu in der Lage. Sie sind von ihren Eltern zerstört worden, und jetzt zerstören sie ihre Kinder. So pflanzt sich das Elend fort, es sammelt sich an und wird immer größer.

Deshalb sage ich meinen Sannyasins nicht, dass sie der Menschheit dienen sollen. Ich sage, meditiert, tanzt, freut euch, und dann kommt das Dienen ganz von allein. Man braucht gar nicht darüber zu sprechen, es kommt ganz von allein wie ein Schatten. Es folgt dir, und dann ist es ein Segen.

10. *Tag*

Es ist aus Seligkeit, dass Rosen, Rosen des Herzens wachsen. Und aus diesen Rosen steigt der Duft der Liebe auf.

Das, was du nicht hast, kannst du nicht geben; du kannst nur das geben, was du schon hast. Wenn die innere Rose sich noch nicht geöffnet hat, ist deine ganze Liebe nichts als Worte. Wenn die innere Rose erblüht ist, braucht nichts gesagt zu werden, sind keine Worte nötig. Der Duft allein genügt, um die Botschaft zu überbringen. Wo du auch bist, mit wem du auch bist, die Liebe strahlt ständig aus, sie pulsiert immerfort. Sie wird zu einem fortwährenden Tanz der Energie um dich herum. Aber zuerst muss die Rose des Herzens sich öffnen – und sie kann sich nur öffnen, wenn du die Grundlage dafür schaffst, und das ist Seligkeit.

Die Menschen lieben aus Verzweiflung. Das ist das Alleunmöglichste. Es geht nicht, es liegt nicht in der Natur der Existenz, es ist unmöglich. Die Menschen lieben, weil sie traurig sind. Sie suchen den andern, weil sie einsam sind. Und die Liebe ist nur möglich, wenn du selig bist. Liebe ist nur möglich, wenn du nicht einsam, sondern allein bist, nicht gelangweilt von dir, sondern bezaubert, ekstatisch mit dir selbst.

Meditation hilft dir, selig zu sein. Und das ist die Kette: Meditation macht dich selig, Seligkeit führt dazu, dass die Rose deines Herzens sich öffnet, und dann kommt die Liebe ganz von selbst, so wie der Duft zur Rose kommt.

11. *Tag*

Die einzige Evolution, die es verdient, so genannt zu werden, ist die Evolution zur Seligkeit. Wenn deine Seligkeit nicht wächst, entwickelst du dich nicht. Wenn die Seligkeit nicht wächst, entwickelt sich die Gesellschaft nicht. Tatsächlich ist das, was man im allgemeinen unter Entwicklung und Fortschritt versteht, schierer Unsinn. Immer mehr komplizierte Technologie bedeutet keinen Fortschritt. Es ist oberflächlich. Du kannst mehr technisches Spielzeug haben, aber du bist dieselbe Person. Du kannst den Mond oder eines Tages sogar die Sterne erreichen, aber was du auf der Erde tust, tust du auch auf dem Mond. Wenn du hier Zigaretten rauchst, wirst du auch dort rauchen. Wenn du hier Karten spielst, wirst du auch dort Karten spielen. Wenn du hier Bier trinkst, dann nimmst du Bier mit zum Mond. Was würdest du sonst dort tun?

Wenn der Mensch derselbe bleibt, gibt es keine Evolution. Dann leben wir weiterhin in einer falschen Art Entwicklung, in einer Ersatzentwicklung, die den trügerischen Anschein erweckt, dass der Mensch sich entwickelt. Aber seit Jahrhunderten hat er sich nicht weiterentwickelt. Nur wenige Individuen hier und da haben sich entwickelt. Wahre Evolution kann nur an Seligkeit gemessen werden. Und Seligkeit wächst mit dem Bewusstsein, sie wachsen zusammen, simultan, sie sind die zwei Seiten derselben Medaille. Lasse entweder dein Bewusstsein wachsen – dann wirst du seliger – oder lasse deine Seligkeit wachsen und dann wirst du bewusster. Du kannst an beiden Enden anfangen – Bewusstsein oder Seligkeit – und du wirst wachsen. Der Mensch hat ein unendliches Potenzial. Der Mensch kann die höchsten Gipfel der Freude erreichen.

12. *Tag*

Die mystische Herangehensweise an das Leben ist die Suche nach der endgültigen Seligkeit. Sie befasst sich nicht direkt mit Gott als solchem. Natürlich kommt Gott in die Erfahrung des Mystikers hinein, aber seine Suche gilt der Seligkeit. Wenn er die Seligkeit findet, findet er auch Gott als andere Seite der Medaille. Deshalb hat der Mystizismus keine Ideologie, weder eine atheistische noch eine theistische. Er kennt keine Glaubenssätze, er ist einfach ein Eindringen in die Wahrheit, in eben die Wahrheit der Existenz. Ein jeder kann ein Mystiker sein, keinerlei Glauben wird vorausgesetzt.

Gewöhnliche Religion glaubt, Mystizismus erfährt. Und über Seligkeit kann man nicht streiten, nicht argumentieren. Jeder sucht sie. Der Theist, der Atheist, der Christ, der Hindu, der Muslim, der Katholik, der Kommunist, jeder sucht Seligkeit. Und nicht nur der Mensch: Tiere, Vögel, Bäume, alles, was besteht, bewegt sich – wissend oder unwissend – auf die Seligkeit zu. Der Mystiker bewegt sich wissend – an dem Punkt kommt der Unterschied ins Spiel, der Unterschied, der wirklich einen Unterschied macht. Denn wenn du unwissend gehst, ist es geradezu unmöglich, sie zu erreichen. Es geschieht nur durch tiefe, tiefe Bewusstheit, dass man den äußersten Gipfel der Seligkeit erreichen kann.

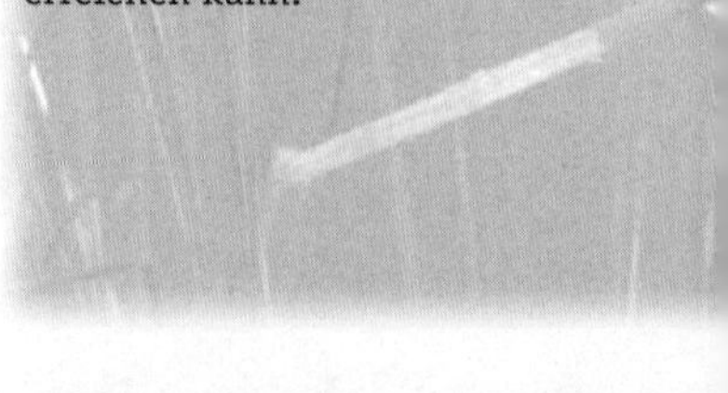

13. *Tag*

Wir denken ununterbrochen, vierundzwanzig Stunden am Tag, tagein tagaus, es ist ein völlig geisteskranker Zustand. Der Verstand produziert pausenlos alle Arten von Wünschen und Träumen, und wir sind von unseren Wünschen und Gedanken benebelt. Außer diesen immerwährenden Gedanken gibt es kein Hindernis zwischen uns und der Wahrheit. Dieses Denken muss aufhören! Und es kann aufhören, denn es ist überhaupt kein natürlicher Zustand. Es ist ein völlig kranker Zustand, unnatürlich. Man hat uns beigebracht, so zu sein. Unsere Schulen, Hochschulen und Universitäten, sie alle bringen uns das Denken bei, sie alle lehren uns, den Verstand anzustellen, aber niemand sagt uns, wie man ihn abstellt.
Meine Arbeit hier besteht darin, dir beizubringen, wie du ihn abschalten kannst. Er ist gut, wenn er gebraucht wird – benutze ihn –, aber schalte ihn ab, wenn er nicht gebraucht wird, und falle in tiefes Schweigen. Denn nur in diesen schweigenden Zeiträumen sucht Gott dich auf, und nur in diesen schweigenden Zeiträumen wird dir die unermessliche Pracht der Existenz bewusst. Das Leben wird plötzlich so bedeutsam, so sinnvoll, dass du es dir vorher nicht einmal hättest vorstellen können. Jeder Moment wird so kostbar, dass man Gott nicht genug danken kann.

14. *Tag*

Ein lauter Mensch kann nicht selig sein – man braucht die Musik der Stille. Und unser Verstand macht zu viel Lärm. Wir tragen fast einen ganzen Marktplatz in unserem Kopf, allen möglichen Mist. Und in unserem Innern sind wir nicht einer, wir sind eine Horde, viele Leute, und sie liegen ständig im Streit, kämpfen miteinander, versuchen, sich gegenseitig zu beherrschen. Jedes Bruchstück unseres Verstandes versucht, das Mächtigste zu sein. Es ist ständige Innenpolitik. Seligkeit ist nur möglich, wenn dieser fortwährende Krieg aufhört. Und er kann aufhören. Es ist nicht sehr schwierig, darüber hinauszugehen. Alles, was es dazu braucht, ist Bewusstheit.

Beginne ganz langsam, die subtilen Schichten des Lärms zu beobachten, und allmählich wird dir so viel Gequatsche bewusst, als ob sich ein Irrenhaus in deinem Kopf befände. Und in diesem Alptraum leben wir! Durch Beobachten geschieht ein Wunder: alles, was du beobachten kannst, beginnt sich zu verflüchtigen. Und in dem Moment, wo es sich in Luft aufgelöst hat, bleibst du in tiefem Schweigen zurück. Am Anfang sind es nur kurze Zeiträume, kleine Pausen, in denen die Gedanken aufhören, in denen du durch kleine Fenster in die Wirklichkeit sehen kannst. Aber allmählich werden die Pausen größer, sie kommen öfter und bleiben mit der Zeit länger.

Es ist von den Mystikern der alten Zeiten ausgerechnet worden – und ich stimme vollkommen mit ihnen überein –, dass ein Mensch erleuchtet wird, wenn er achtundvierzig Minuten lang in totalem Schweigen bleiben kann. Er wird absolut selig. Und dann gibt es keinen Weg zurück. Du bist über die Zeit mit ihrem Treibsand hinausgelangt. Du hast den Fels der Ewigkeit erreicht.

15. *Tag*

Der Verstand ist immer mittelmäßig. Der Verstand ist niemals hell, niemals brillant. Das ist seiner Natur nach unmöglich. Der Verstand ist ein Staubfänger. Verstand bedeutet Vergangenheit, er ist immer tot. Er ist nichts als eine Ansammlung von Erinnerungen. Und wie kann Staub brillant sein? Wie kann die Vergangenheit intelligent sein? Sie ist tot. Nur Lebendiges kann die Qualität der Intelligenz, der Brillanz besitzen.

Meditation ist hell, brillant, originell. Der Verstand wiederholt nur, ist alt, ein Schrottplatz. Durch den Verstand ist noch nie etwas erreicht worden. Alles, was je erreicht wurde, wurde durch Meditation erreicht, nicht nur in der Religion, sondern sogar in den Naturwissenschaften. Natürlich ist Meditation in der Wissenschaft unbewusst. Meditative Momente sind rein zufällig in der Wissenschaft, aber alle Durchbrüche haben durch intuitive Pausen stattgefunden. Sie sind nicht vom Verstand, sondern über den Verstand hinaus gekommen.

Das ist ein Bekenntnis aller großen Wissenschaftler. Es ist ihnen selbst ein Rätsel, dass jedweder Originalbeitrag, den zu leisten sie in der Lage waren, nicht wirklich ihr eigener ist. Er kommt von irgendwo her – woher, wissen sie nicht. Sie sind nur Vermittler, allerhöchstens ein Medium.

Aber in der Religion ist die Meditation beabsichtigt und bewusst. Die Religion übt Meditation. In der Wissenschaft ist sie zufällig, in der Religion ist sie beabsichtigt.

16. *Tag*

Mein Bemühen hier ist es, eine Synthese zwischen einem wissenschaftlichen Ansatz und religiösen Werten zu schaffen. An der Oberfläche sehen sie völlig gegensätzlich aus, aber nur an der Oberfläche. In der Tiefe gibt es etwas, was nicht gegensätzlich ist, etwas Komplementäres. Sie arbeiten auf verschiedenen Gebieten. Die Wissenschaft arbeitet mit der objektiven Welt und Religion mit der subjektiven. Aber ihr Ansatz ist der gleiche. Die Wissenschaft versucht, die Wahrheit der äußeren Realität zu erkennen, und die Religion versucht, dieselbe Wahrheit über die innere Realität zu erkennen.

Natürlich arbeitet die Religion auf einer höheren Ebene. Denn der Wissenschaftler mag vieles über Objekte, Materie, Elektrizität, dieses und jenes wissen, aber er ist vollkommen unbewusst in Bezug auf sich selbst. Der Wissenschaftler weiß nichts über den Wissenschaftler selbst, aber er weiß alles über alles andere.

Diese Situation ist sehr einseitig. Die Wissenschaft wird nur dann perfekt werden, wenn sie die Religion als höchstes Ziel akzeptieren kann. Und die Religion alleine ist auch nicht perfekt, denn man kann nicht nur im Innern leben. Du brauchst Brot, und du brauchst Kleidung, und du brauchst alle möglichen Dinge, die nur von der Wissenschaft bereitgestellt werden können.

17. *Tag*

Der Verstand lebt in Zweifel. Zweifel ist das Klima, das der Verstand braucht, um zu existieren. Gleichermaßen ist Vertrauen das Klima, in dem das Herz sich entfaltet. Sie sind genau entgegengesetzt. Wenn man im Verstand leben will, muss man seinen Zweifel immer mehr verstärken. Dann sollten alle Anstrengungen darauf hinauslaufen, wie man den Zweifel schärft, wie man ihn so absolut macht, dass es unmöglich wird, zu irgendeinem abschließenden Urteil zu gelangen.

Die Wissenschaft verlässt sich auf den Zweifel, denn die Wissenschaft ist ein Projekt des Verstandes. Daher kommt die Wissenschaft nie zu irgendwelchen Schlüssen. Sie kommt allenfalls zu hypothetischen Schlüssen. Und immer wenn ein Schluss hypothetisch ist, ist er nicht abschließend. Es bedeutet einfach: zum jetzigen Zeitpunkt. Wir werden unseren Zweifel immer mehr schärfen, und dann werden wir den Schluss verändern müssen. Die Wissenschaft ist also immer nur annähernd wahr, nie ganz genau wahr. Sie kann die Wahrheit nicht für sich in Anspruch nehmen – das ist nicht ihr Gebiet.

Religion ist genau das Gegenteil davon: sie arbeitet mit Vertrauen, mit Glauben. Das ist eine völlig andere Herangehensweise ans Leben. Sie hat Liebe als Ansatzpunkt. Deshalb kommt die Religion zu Schlüssen und hilft dem Menschen, in seine Mitte zu kommen, sich zu entspannen, ruhig zu werden. Mit einer Hypothese kannst du dich niemals ausruhen, kannst du niemals erleichtert sein. Du weißt, es ist nur eine Hypothese, morgen wird es sich ändern. Wie kannst du auf solchem Treibsand ein Zuhause bauen?

18. *Tag*

Sowie dein Vertrauen wächst, wächst deine Seligkeit; sowie dein Zweifel wächst, wächst deine Spannung, dein Elend. Zweifel kann letztendlich nur in Angst und Qual enden. Deshalb macht der wissenschaftliche Ansatz die Menschen verrückt. Er macht die ganze Welt verrückt. Und vergiss nicht, ich bin ganz und gar nicht gegen die Wissenschaft. Aber ich möchte, dass der Mensch zuerst in seinem Herzen zentriert ist und erst dann die Wissenschaft als Mittel benutzt. Sie sollte nie der Endzweck sein, sie sollte nie das Ziel sein. Die Wissenschaft kann ein guter Diener, aber niemals der Meister sein. Die Wissenschaft kann dem Menschen niemals Schutz gewähren. Sie kann dir mehr Komfort, Annehmlichkeiten, einen besseren Lebensstandard geben, aber sie kann dir keine bessere Lebensqualität geben – das ist unmöglich.

Die Wissenschaft soll für die Behaglichkeit, die Annehmlichkeiten der Menschen benutzt werden. Sie kann der Menschheit von großem Nutzen sein, aber sie darf niemals als Gott in einen Heiligenschrein gestellt werden. Das ist nicht ihre Aufgabe. Aber die Wissenschaft tut so als ob sie das könnte. Deshalb hat die gesamte Menschheit das Gefühl, in einer Wüste zu leben, wo aller Sinn verloren gegangen ist. Das Leben ist unbedeutend, wertlos geworden. Ihr könnt euch so gerade noch dahinschleppen, aber ihr könnt nicht tanzen.

Durch Vertrauen kommt Tanz, Feiern, Seligkeit, Segen.

19. *Tag*

Wir kennen die flüchtige Art der Liebe. Einen Tag ist sie da, am nächsten Tag ist sie vorüber. Diese Flüchtigkeit zeigt, dass es nicht wirklich Liebe ist. Es ist etwas anderes, das sich als Liebe ausgibt – vielleicht Lust, ein biologischer Trieb, ein psychologischer Drang, die Angst, allein zu sein, eine Bemühung, mit dem andern beschäftigt zu bleiben, eine Unternehmung, die eigene Leere auf die eine oder andere Art zu füllen. Es kann tausendundeine andere Sache sein, aber es ist nicht Liebe. Wenn es Liebe ist... die wesentlichste Eigenschaft der Liebe ist ihr Ewigwähren.

Wenn du einmal die Ewigkeit der Liebe, die Zeitlosigkeit der Liebe gekostet hast, bist du verwandelt. Dann bist du nicht mehr ein Teil der irdischen Welt, du betrittst die Welt des Heiligen, des Geweihten. Natürlich lebst du weiterhin auf dieselbe normale Weise wie immer, tatsächlich wirst du normaler, als du vorher je warst. Du verlierst alles Anmaßende, alle egoistischen Trips. Es ist dir egal, wer oder was du bist, du wirst ganz normal.

Aber in dieser Normalität ist ein Leuchten, eine Grazie, eine Schönheit, eine große Herrlichkeit. Du bist voller Licht, weil du voller Liebe bist, du bist voller Freude, weil du voller Liebe bist. Du bist immer bereit zu teilen, denn du bist über eine unerschöpfliche Quelle gestolpert. Du kannst nicht mehr geizig sein.

20. Tag

Die Liebe, von der ich spreche, hat nichts mit unseren sogenannten Beziehungen zu tun. Unsere Beziehungen sind willkürlich. Die Liebe, die ewig ist, bringt dich in Verbindung, aber sie erzeugt keine Beziehung. Sie bringt dich in Verbindung mit den Bäumen, der Sonne, dem Mond, dem Wind, den Menschen, den Tieren, der Erde, den Felsen – es ist ein Vierundzwanzig-Stunden-täglich-in-Verbindung-stehen, aber es ist keine Beziehung, die du eingehst. Dieses In-Verbindung-sein ist wie ein Fluss: es ist ein Fließen, eine Bewegung, es ist dynamisch, lebendig, es ist ein Tanz. Eine Beziehung ist etwas Stagnierendes, etwas Abgestandenes, etwas, das aufgehört hat zu wachsen, etwas Verkümmertes. Und immer wenn es etwas gibt, das aufgehört hat zu wachsen, beginnst du dich zu langweilen, traurig zu sein. Verzweiflung umgibt dich, und große Qual steigt in dir auf, denn du beginnst, den Kontakt zum Leben zu verlieren. Das Leben ist immer ein Fluss, und jetzt bist du an etwas gebunden – eine Ehefrau, ein Ehemann, ein Freund. Immer wenn man festgebunden ist, wird man ärgerlich, denn niemand will seine Freiheit verlieren. Die größte Freude des Menschen besteht darin, frei zu sein. Doch der menschliche Verstand ist so dumm, dass er ständig Situationen schafft, in denen diese Freiheit immer und immer wieder verloren geht. Dann bist du wie ein Vogel, dessen Seele leidet, weil er nicht fliegen kann. Und was ist ein Vogel, der nicht fliegen kann? Und was ist ein menschliches Wesen, das nicht in Fluss ist, das nicht wächst? Sein ist lebendig, wenn es Werden ist. Sein ist Werden. Wenn du aufhörst zu werden, wird dein Sein wie toter Fels. Wenn du dich weiterbewegst, bist du wie ein Lotus, der sich immer mehr öffnet.

21. *Tag*

Verliere niemals, niemals auch nur für einen einzigen Moment deine Freiheit. Und zerstöre niemals die Freiheit eines anderen. Das ist es, was Religion für mich bedeutet. Ein wirklich religiöser Mensch bleibt frei und hilft den Menschen, die mit ihm in Kontakt kommen, frei zu sein. Niemals beherrscht er jemanden, und niemals erlaubt er jemandem, ihn zu beherrschen.

Es bedarf ständiger Wachsamkeit, denn unser Verstand will immer festhalten; und wenn wir festhalten, verlieren wir. Wenn wir festhalten, fangen wir an, Selbstmord zu begehen. Dann entsteht eine sehr merkwürdige Situation: Wir hassen die Person, die wir lieben, wir wollen die Person zerstören, an der wir festhalten. Eine sehr merkwürdige Situation. Aber wenn du sie verstehst, ist sie vollkommen klar und logisch. Du hasst die Person, weil sie deine Freiheit zerstört hat. Du hasst die Situation, weil du darin gefangen bist, weil du ein Gefangener bist. Und du hältst daran fest, weil das Bekannte, das Vertraute dir eine gewisse Bequemlichkeit gibt und du Angst hast vor dem Unbekannten, dem Jenseitigen. So fährst du fort, etwas in sich selbst Widersprüchliches zu tun: auf der einen Seite hältst du fest, auf der anderen Seite möchtest du Freiheit. Das ist der Konflikt, in dem alle Menschen auf dieser Welt sich befinden. Sie können die Idee, frei zu sein, nicht aufgeben, denn sie ist Teil ihrer Natur. Es ist unmöglich, sie aufzugeben, es gibt keinen Weg, es zu tun. Nicht ein einziger Mensch war bisher in der Lage, es zu tun, und niemandem wird es jemals gelingen. Denn es ist nicht nur so, dass wir die Freiheit lieben, sondern wir sind tatsächlich Freiheit, und nur in Freiheit können wir wachsen.

22. *Tag*

Es ist gut, dass im Westen der Fernseher jetzt Idiotenkiste genannt wird, denn in der Tat sitzen nur Idioten davor. Die Kiste ist nicht so sehr der Idiot wie die Leute, die davor sitzen. Und da bleiben sie sitzen. Was sehen sie eigentlich die ganze Zeit? Die gleichen Morde und die gleiche Gewalt und Vergewaltigung und die gleichen alten Geschichten, die gleichen Dreiecksgeschichten: zwei Frauen, ein Mann oder zwei Männer, eine Frau. Es ist ein solcher Schwachsinn! Der Mensch hat immer wieder die gleichen Geschichten geschrieben, und es gibt Dummköpfe, die sie immer wieder anschauen. Die Geschichte ist die gleiche, die Handlung ist die gleiche, die Strategie ist die gleiche, nichts ist neu daran. Es ist viel interessanter, deinen eigenen Verstand zu beobachten, denn er ist viel verrückter und auch viel erfinderischer. Wenn du ihn einfach kontinuierlich beobachtest, wirst du überrascht sein. Du findest mehr Liebesstellungen, als je ein Sexologe entdeckt hat... Und der Verstand ist so interessant! Du wirst jede Art von Gewalt ausüben und jede Art von Mord, du wirst Selbstmord begehen und alles Mögliche wird passieren – schau es dir einfach nur an. Und das Tolle ist, dass du nicht einmal dafür zu zahlen brauchst. Dann beginnt die ganze Szene langsam und allmählich zu verschwinden. Wenn du aufmerksamer wirst, beginnt sie zu verschwinden. Wenn du bewusster wirst, verliert sie ihre Macht über dich. Eines Tages geschieht das größte Wunder des Lebens: der Verstand verschwindet einfach, und da ist eine weite Leere, und es gibt nichts zu beobachten. Du bleibst in absolutem Alleinsein zurück – das ist Meditation –, und aus diesem Alleinsein erblühen Tausende von Blumen der Seligkeit, der Schönheit, der Wahrheit, der Göttlichkeit.

23. *Tag*

Für gewöhnlich sind die Menschen nicht glücklich, wenn sie allein sind. Sie fühlen sich sehr leer, sie haben das Gefühl, dass etwas fehlt. Sie können nicht für längere Zeit alleine leben; sogar eine Stunde fühlt sich wie viele Stunden an. Sie flüchten in eine Beziehung. Die Beziehung ist einfach eine Flucht vor sich selbst. Es ist keine wahre Beziehung, es ist negativ: der Mann verliebt sich in die Frau, nur um seiner Einsamkeit zu entgehen; die Frau verliebt sich in den Mann, nur um ihrer Einsamkeit zu entgehen.

Eine positive Beziehung ist etwas ganz anderes. Du versuchst nicht, vor dir selber wegzulaufen. Du liebst es, du selbst zu sein, du liebst dein Alleinsein, es macht dir Freude, und immer wenn du Zeit hast, begibst du dich hinein. Aber in dem Alleinsein entsteht so viel Seligkeit, dass du sie teilen musst. Sie wird eine Last, wie eine Wolke voller Regen, sie muss einfach regnen. Dabei kommt es nicht darauf an, ob die Erde den Regen braucht oder nicht, es kommt nicht darauf an, ob die Bäume empfänglich dafür sind oder nicht, sie muss regnen, sie muss sich erleichtern.

Behalte es im Gedächtnis: die größte Last im Leben besteht darin vor Seligkeit überzufließen. Alles andere kannst du tragen, aber Seligkeit muss geteilt werden. Sie ist die größte Last – süß, aber eine riesengroße Last. Du kannst sie nicht alleine tragen, du brauchst Freunde, mit denen du sie teilen kannst. Dann ist eine Beziehung positiv. Dann verliebst du dich nicht, die Liebe zieht dich nicht nach unten, sondern die Liebe erhebt dich. Dann wächst ein Mann in der Liebe zu einer Frau.

24. Tag

Das Leben kann eine Kalkulation sein. Dann ist es prosaisch, dann ist es weltlich, dann ist es arithmetisch, dann ist es logisch. Aber alles ist trocken – keine Blumen, keine Tänze, kein Gesang. Man lebt nicht, sondern man schleppt sich dahin. Aber das Leben kann auch als Poesie, als Liebe, als Musik, als Feiern gelebt werden. Und es ist unsere Wahl, wie wir es leben. Beide Alternativen stehen immer offen. Der Mensch wird als Freiheit geboren. Der Mensch wird nicht mit einem bestimmten Schicksal geboren. Wenn es ein Schicksal gäbe, dann gäbe es keine Freiheit. Wenn es ein Schicksal gäbe, dann wäre der Mensch eine Maschine. Ein Auto kann kein Flugzeug sein, ein Flugzeug kann kein Computer sein, ein Computer kann kein Herd sein. Sie haben ihr Schicksal, alles ist festgelegt, vorherbestimmt, sie müssen einem bestimmten Programm folgen.

Aber der Mensch wird nicht als Maschine geboren, der Mensch wird als absolute Freiheit geboren. Bei jedem Schritt muss er sich entscheiden. Und das ist die grundlegendste Entscheidung, ob man als Prosa oder als Poesie leben soll, als Logik oder als Liebe, als Mathematik oder als Musik, als Materie oder als Bewusstsein, ob man ein weltliches Leben oder ein Leben voll heiliger Seligkeit leben soll. Mach dir das bewusst und entscheide dich sorgfältig, entscheide dich mit Intelligenz. Lass dein Leben Poesie werden, nur dann weißt du, was Gott ist. Nur die Dichter, die Mystiker, die Maler, die Sänger, die Tänzer kennen Gott – und nur in den Momenten, wenn der Maler vergisst, dass er ein Maler ist, nur in den Momenten, wenn der Musiker vergisst, dass er ein Musiker ist, nur in den seltenen Augenblicken, wenn der Tänzer in seinem Tanz verschwindet.

25. *Tag*

Die Liebe macht jeden zu einem großen Poeten, und wenn die Liebe dich nicht zu einem großen Poeten macht, dann kann nichts dich zu einem großen Poeten machen. Die Liebe öffnet eine völlig andere Dimension in deinem Sein. Ohne Liebe bleibst du auf die Welt der Logik beschränkt. Sobald die Liebe in dein Leben tritt, beginnt die Logik zu verschwinden; es kommt zu einer Verwandlung der Logik. Deshalb wird der logische Verstand die Liebe immer als Verrücktheit, Blindheit bezeichnen. Die Logik hat die Liebe immer als blind, als verrückt verdammt. Sie hat sie mit allen möglichen Schimpfworten belegt, weil der Intellekt ganz einfach nicht in der Lage ist, sie zu fassen.

Es ist eine völlig andere Welt. Sie hat nichts mit Arithmetik, mit Logik, mit Wissenschaft zu tun. Sie ist unermesslich, unerforscht. Niemand weiß genau, präzise, was sie ist. Sogar diejenigen, die am tiefsten hineingegangen sind, fanden, dass sie fast stumm wurden – es ist unsagbar.

Aber die Erfahrung ist großartig, so ekstatisch, dass sie auf vielerlei Art explodiert. Sie kann in Tanz, in Musik, in Poesie, in Malerei, in jeder Form von Kreativität explodieren. Liebe ist immer kreativ. Und die Welt ist nur deshalb so destruktiv geworden, weil wir den Menschen beigebracht haben, ihre Liebesenergie zu unterdrücken. Unterdrückte Liebe wird Destruktivität, ausgedrückte Liebe wird Kreativität.

26. Tag

Das Leben ist nur dann Leben, wenn die Liebe hell in deinem Innern brennt, wenn die Flamme der Liebe so hell ist, dass sie um dich herum zu leuchten beginnt, dass sie anfängt, andere zu erreichen, dass die Menschen sie fühlen können, dass deine Liebe fast so greifbar wird, dass die Menschen sie berühren können. Dann ist sie nicht nur für dich ein Segen, sie ist auch für jeden anderen ein Segen.

Ein wahrer Mensch ist immer eine Bereicherung für die Welt, für die Existenz, er leistet einen großen Beitrag. Und solange du nicht etwas beiträgst, wirst du dich niemals selig fühlen. Dadurch, dass du etwas zur Existenz beiträgst, nimmst du an der Arbeit des Schöpfers teil, weil du selber ein Schöpfer wirst. Ein Schöpfer zu sein, heißt, ein Teil Gottes zu sein – es gibt keinen anderen Weg.

27. *Tag*

Der Mensch kann auf zwei Arten leben: entweder wird seine Energie zu einem stagnierenden Tümpel, oder seine Energie wird ein dynamisches Fließen, ein Strom von Energie. Der stagnierende Tümpel kennt nichts außerhalb seiner selbst, denn er geht nie über seine Grenzen hinaus. Ein stagnierender Tümpel von Energie wird das Ego.

Das flussgleiche Strömen hilft dir immer, über dich selber hinauszugehen. Es ist eine fortwährende Transzendenz. Es ist eine Bewegung hin zum Ozeanischen, zum Unendlichen, zum Grenzenlosen. Das Leben sollte wie ein Fluss sein, immer in Bewegung, niemals klammernd, immer bereit, ins Unbekannte zu gehen...

Die richtige Art zu leben ist, gefährlich zu leben, immer auf der Suche und immer nach den Sternen greifend. Dann wird das Leben auf natürliche Weise meditativ, denn jeder Augenblick bringt so viel Überraschung, und jeder Augenblick ist so neu, dass du nichts denken kannst – du musst dich ihm stellen. Ein Mensch, der immer nur wiederholt, kann über sein Leben nachdenken, kann sein Leben planen, er ist vorhersagbar. Jeder weiß, was er morgen tun wird und was er übermorgen tun wird. Aber der meditative Mensch ist unvorhersagbar, nicht nur für andere, auch für sich selbst. Er weiß nicht, was im nächsten Augenblick geschehen wird; daher geht es überhaupt nicht um planen oder denken. Er lebt ein offenes Leben; frisch, jung, heißt es jeden Moment willkommen. Und mit diesem Herz, das willkommen heißt, wird man sich ganz allmählich dessen bewusst, was Gott, Wahrheit, Nirvana, Erleuchtung genannt wird – verschiedene Namen für das gleiche Phänomen.

28. *Tag*

Immer wenn ein Mensch auftaucht, der sein Leben einem bestimmten Ansatz, einer bestimmten Haltung weiht, der danach strebt, die Wahrheit zu entdecken, ist ihm die Gesellschaft sofort feindlich gesinnt. Sie beginnt, Rache an ihm zu üben, sie kann ihm nicht vergeben, denn die Gesellschaft lebt von Lügen – und der Mensch, der sich der Wahrheit verschrieben hat, wird eine Gefahr für alles Etablierte: er muss getötet werden.

Und so hat sich der Mensch schon immer verhalten. Er hat sich kein bisschen verändert, sogar heute ist er noch derselbe. Auf anderen Gebieten hat er große Fortschritte gemacht – technisch, wissenschaftlich ist der Mensch heute weit fortgeschritten, aber psychologisch ist er genau so primitiv wie immer.

Aber eins muss dazu gesagt werden: Je mehr du um der Wahrheit willen belästigt und gequält wirst, desto tiefer wird deine Liebe für sie. Du wirst kristallisierter, du beginnst, eine Seele zu werden, du beginnst, ein Zentrum zu haben. Je mehr du gequält, belästigt wirst, desto mehr verschreibst du dich deiner Wahrheit, desto mehr bist du darin verwurzelt, desto überzeugter wirst du von ihrer Gültigkeit; denn wenn sie nicht wahr wäre, dann würden die Leute sich gar nicht mit dir beschäftigen. Wenn so viele Leute beunruhigt sind und nicht fähig, dich zu ertragen, zeigt das nur, dass du über etwas Bedeutsames gestolpert bist.

Die Menschen haben nur vor einem Angst, und das ist die Wahrheit.

29. *Tag*

Der Mensch ist ein seltsames Tier: er erforscht alles. Er geht auf den Everest, er geht zum Nordpol, er geht zum Mond, aber er denkt nicht einmal daran, in sich selbst zu gehen. Das ist die größte Krankheit, an der der Mensch leidet.

Der einzige Raum, den er unerforscht lässt, ist seine eigene innere Welt – und da ist der wahre Schatz. Und solange wir nicht den Schrein unseres eigenen Seins betreten, ist unser Leben vergeudet, eine unschätzbare Vergeudung. Wir verlieren eine solch goldene Gelegenheit, aber wir nehmen nicht einmal wahr, dass wir die goldene Gelegenheit verlieren. Wir sind so unbewusst, dass wir alles wegwerfen, was kostbar ist, und fortwährend Schrott ansammeln.

Es gibt Leute, die alte Schriften sammeln. Je älter sie sind, desto mehr hält man von ihnen. Es gibt Münzensammler und alle möglichen Arten von Unsinn. In Wirklichkeit suchen sie ihren eigenen urältesten Schatz, aber sie suchen in der falschen Richtung.

Der einzige Schatz, den zu suchen es sich lohnt, ist deine eigene Natur. Das wirkliche Abenteuer ist, in dich selbst zu gehen. Wenn du dich dem einmal verpflichtest – eine absichtliche, bewusste Verpflichtung, der Entschluss: „Was auch immer geschieht, ich muss mich selber finden, meine Natur, mein Sein. Diese Gelegenheit des Lebens werde ich nicht ungenutzt lassen" – wenn diese Entscheidung einmal klar dasteht und deine Kraft anfängt, dort hinzuströmen, gibt es keinen Grund, warum man versagen könnte. Niemand hat je versagt. Jeder, der seine ganze Kraft in die innere Suche gesteckt hat, hat sich bisher selbst gefunden.

30. *Tag*

Genau wie es eine Sonne im Außen gibt, so gibt es auch eine Sonne im Innern. Die äußere Sonne geht auf und geht unter, aber die innere Sonne ist immer da. Sie geht nicht auf und sie geht nicht unter – sie ist ewig. Bevor wir nicht das innere Licht und seine Quelle kennen, leben wir in Dunkelheit.
Mache jeden nur möglichen Versuch, nach innen zu gehen. Am Anfang ist es mühsam, aber nur am Anfang. Es ist genau wie bei jeder Kunst, die man lernt. Schwimmen lernen ist am Anfang schwierig; aber wenn man den Kniff einmal raus hat, ist es so einfach, dass man sich später fragt, warum es so schwierig war. Man kann sich einfach im Fluss treiben lassen. Es ist nicht nötig, irgendetwas zu tun.
Und genauso spielt es sich im Innern ab. Nur am Anfang ist eine kleine Anstrengung vonnöten, ein kleiner Kampf. Bald kann man sich einfach im Fluss treiben lassen, der nach innen führt. Und er führt dich in immer tiefere Bereiche der Seligkeit, in immer mehr Licht, in die Ewigkeit, zu Gott.

31. *Tag*

Das Individuelle ist ein Übergang, eine Brücke vom Kollektiven zum Universellen. Es befreit dich zuerst vom Kollektiven, und wenn du einmal frei bist vom Kollektiven, besteht keine Notwendigkeit mehr, individuell zu sein. Du kannst dich in das Ganze auflösen. Das ist das Wunder der Individualität: Zuerst befreit sie dich vom Kollektiven, und dann stirbt sie ganz von selber ab. Ihre Zwecke sind erfüllt, sie wird nicht mehr gebraucht. Ihre Wirkung ist medizinisch, sie vertreibt die Krankheit, und dann kann die Medizin weggelassen werden.

Dein wahrer Sieg bedeutet Gottes wahren Sieg; dein wahrer Sieg bedeutet, Gott hat über das Kollektive, das Tote gewonnen.

Werde zuerst frei von der Gesellschaft, und dann werde frei vom Selbst. Und im Nicht-Selbst, im Nicht-Verstand sein, heißt in Gott sein – das ist unser Sieg. Dann gibt es kein Elend, keine Qual. Dann ist alles Freude und Segen und Frieden. Und es ist ewig, immerdar.

Im Innern des Menschen sind Meere der Glückseligkeit

1. *Tag*

Der lieblichste Gesang ist der ohne Sänger. Ein Lied ist schön, wenn nicht du der Sänger bist, sondern Gott der Sänger ist, wenn du einfach ein hohles Bambusrohr bist, eine Flöte, wenn du Gott einfach erlaubst, durch dich hindurchzufließen, wenn du das nicht verhinderst – das ist alles. Unser Anteil besteht darin, uns nicht in den Weg zu stellen, uns nicht einzumischen.

Wenn wir Gott erlauben können, durch uns hindurchzufließen, dann ist das Leben eine solche Pracht, eine solche Herrlichkeit, dass man sich gar nicht vorstellen kann, wie es verbessert werden könnte. Es fällt einem nicht einmal im Traum ein, dass es auch nur die geringste Möglichkeit geben könnte, es noch ekstatischer zu machen. Es ist unmöglich, sich etwas Besseres vorzustellen, wenn du einmal nicht mehr im Wege bist und es Gott erlaubt ist zu fließen.

2. *Tag*

Die Existenz hat uns bereits akzeptiert, indem sie uns geboren hat. Vom jüngsten Gericht kann überhaupt keine Rede sein. Ich glaube an das älteste Gericht – und das ist längst vorbei, es ist beendet. Der Tag, an dem Gott sich entschied, die Welt zu erschaffen, das war das Gericht. An diesem Tag muss er darüber nachgedacht, sich überlegt haben, ob er die Welt erschaffen soll oder nicht; aber er entschloss sich, sie zu erschaffen. Er entschied, dass es besser sei, etwas zu erschaffen, als nichts zu erschaffen. Etwas war ihm lieber als nichts.
Und für alles, was er geschaffen hat, ist er verantwortlich. Ich bin nicht verantwortlich, du bist nicht verantwortlich, niemand sonst ist verantwortlich. Die ganze Verantwortung ruht auf Gott oder der Existenz; alles, was gut ist, gehört dazu, alles, was schlecht ist, gehört dazu.
Dieses Kapitel kann abgeschlossen werden, es braucht uns keine Sorgen mehr zu machen. Eines kann ich euch sagen: Wenn man tiefer in Meditation geht, stellt man fest, dass es überhaupt nicht um irgendein zukünftiges Gericht geht, und dass man sich darum niemals Sorgen machen muss. Wenn du still wirst, fängst du an zu fühlen, wie die Liebe Gottes von allen Seiten in dich einströmt. Du nimmst plötzlich wahr, dass für dich Sorge getragen wird, dass du nicht übersehen wirst, dass du nicht irgendetwas Zufälliges bist, dass du ein wesentlicher Teil der Existenz bist. Gott brauchte dich, deshalb hat er dich geschaffen.

3. *Tag*

Gott ist deine innere Stimme. Ein Priester ist nicht nötig, du brauchst von niemandem Instruktionen für dein Leben. Aber eins muss geschehen: du musst nach innen gehen, so dass du die leise kleine Stimme hören kannst. Wenn du sie einmal gehört hast, wenn du einmal weißt, wie sie gehört werden kann, dann ist dein ganzes Leben transformiert. Dann ist, was immer du tust, richtig.

Sokrates sagt: „Wissen ist Tugend." Mit Wissen meint er nicht das angelernte Wissen der Gelehrten. Mit Wissen meint er intuitive Einsicht, intuitiv wissen. Seine Aussage ist ungeheuer bedeutsam. Intuitiv wissen ist Tugend. Er sagt nicht, was Tugend und was Sünde ist. Intuitiv wissen ist Tugend; denn der Mensch, der intuitiv weiß, der Mensch, der seinen innersten Kern hören kann, muss einfach tugendhaft sein, er kann nicht anders. Es ist unvermeidlich. Wenn du ihn einmal gehört hast, kannst du nicht dagegen angehen, denn niemand kann so dumm sein, das ist unvorstellbar.

Ich gebe euch keine Disziplin. Ich muss euch nur helfen, eurem eigenen Zentrum zuzuhören und dann eurem eigenen Herzen zu folgen. Das ist Tugend, und das ist wahrer Charakter, und das ist wahre Moral. Aber es kommt aus deinem tief innersten Kern, es ist nichts von außen Auferlegtes.

4. *Tag*

Der Mensch lebt in der dunklen Nacht der Seele. Es wird Morgen im Äußeren, aber nur ganz selten im Inneren. In dem Moment, in dem es im Inneren geschieht, bist du ein Christus, bist du ein Buddha. Das ganze Leben ist wirklich eine Gelegenheit, diesen inneren Morgen zu erlangen. Die innere Sonne muss aufgehen, und sie kann aufgehen, sie wartet nur auf uns. Nur ein kleines Zeichen von unserer Seite, und sie beginnt aufzugehen, nur ein kleiner Hinweis: „Ich bin bereit, dich zu empfangen, du bist willkommen", und das Wunder beginnt zu geschehen.

Der intelligente Mensch wird die Suche von seinem Inneren aus beginnen – dem wird sein erstes Nachforschen gelten –, denn wenn ich nicht weiß, was in mir ist, wie kann ich dann durch die ganze Welt ziehen und suchen? Es ist so eine weite Welt. Und diejenigen, die nach innen geschaut haben, haben es sofort gefunden, im gleichen Moment. Es gibt dabei keinen allmählichen Fortschritt, es geschieht plötzlich, plötzlich – die Erleuchtung.

5. *Tag*

In dem Moment, in dem du offen bist, geschieht das Treffen sofort. Gott ist immer offen, das Problem liegt bei uns, wir sind verschlossen. Die Sonne ist aufgegangen, aber wir sitzen mit geschlossenen Augen da – was kann die arme Sonne da machen? Ihr Licht leuchtet, aber wir leben in Dunkelheit. Und es ist so einfach, die Augen zu öffnen. Und im gleichen Moment, wo du die Augen öffnest, verschwindet alle Dunkelheit.

Das gleiche trifft auf die innere Welt zu. Gott ist immer präsent, offen, verfügbar, bereit, dich mit Liebe, mit Freude zu erfüllen, bereit, dich zu segnen.

Aber wir sind verschlossen, wir sind nicht bereit zu empfangen. Wir leben in einer geschlossenen Zelle ohne Fenster, ohne Türen. Wir glauben, das wäre sicher und geborgen. Es ist weder Sicherheit noch Geborgenheit, es ist Tod. Es ist ein Leben im Grab. Aber wenn du dich einmal öffnest, dann ist die Freude dieses Öffnens so groß, dass du im Vergleich dazu sehen kannst, dass du in einer dunklen Zelle gelebt hast. Jetzt gehört dir der ganze Himmel, alle Sterne sind dein, und alle Mysterien sind dein.

Der Meister ist einfach ein Instrument Gottes, ein Vermittler. Gott kann nicht direkt zu dir sprechen, er muss durch jemanden kommen. Wenn du den Ruf des Meisters einmal vernommen hast und wenn du ihm genug vertraust, um deine Fenster zu öffnen, dann ist die Funktion des Meisters beendet. Dann wirst du aus dem Fenster fliegen, dann kannst du nicht mehr in der dunklen Zelle bleiben.

6. Tag

Ich bin nicht auf der Suche nach einer anderen Welt, nach etwas, das nach dem Tode kommt. Ich bemühe mich darum, diesen Moment hier und jetzt in das Paradies zu verwandeln. Ich bin nicht für Aufschieben. All die Leute, die gesagt haben: „Wenn du tugendhaft bist, wirst du nach deinem Tode belohnt werden", sind betrügerisch, denn wer weiß schon, was nach dem Tode geschieht? Niemand kommt zurück, um uns davon zu erzählen. Diese Leute, die uns so etwas erzählen, wissen überhaupt nichts. Sie wiederholen einfach nur wie Papageien. Ich sage, schiebe niemals auf! Etwas Aufschieben ist ein ganz subtiler Verstandestrick. Lebe den Moment in seiner Totalität. Denke immer daran: dieses ist der einzige Moment, den du hast, es gibt keinen anderen Moment, es gibt keine andere Welt. Diese Welt ist Gott, es gibt keinen anderen Gott.
Sobald sich diese Sicht in dir erst mal gesetzt hat, wird dein ganzes Leben verwandelt. Dann sind auch kleine Dinge wunderschön. Dann ist das Irdische heilig, dann ist das Gewöhnliche plötzlich außergewöhnlich.

7. *Tag*

Ein Mensch, der mit all seinen elementaren Kräften umgehen kann, wird zu Gold, sein Leben wird wirklich kostbar. Jeder Moment ist so unschätzbar wertvoll, jeder Moment ist so ein Geschenk, dass man nicht dankbar genug dafür sein kann. Es gibt keine Art und Weise, wie wir Gott unsere Dankbarkeit beweisen könnten. Sein Geschenk ist von so unermesslicher Größe, dass wir es nicht wirklich verdient haben. Er hat aus seinem Überfluss heraus gegeben.

Wenn wir diesen Einklang kennen, wenn wir diesen Einklang fühlen, werden wir voller Seligkeit. Und aus dieser Seligkeit steigt eine Dankbarkeit auf zur Existenz. Diese Dankbarkeit ist Gebet.

8. *Tag*

Gebet braucht keine Worte. Was gibt es zu Gott schon zu sagen? Er weiß es ja. Worum willst du ihn bitten? Er hat es ja schon gegeben. Und wenn etwas nicht gegeben wird, bedeutet es einfach nur, dass du es nicht brauchst. Er ist weiser als du. Aber die Leute geben ihm ständig Ratschläge: „Mach dieses, mach jenes, gib mir dieses, gib mir jenes", als ob Gott nicht weise genug wäre. All euer Beten besteht nur darin Ratschläge zu erteilen, und täglich bestehen die Leute darauf. Es ist eine Art ständiges Herumnörgeln an Gott: „Wie lange willst du noch nicht zuhören? Jeden Morgen bitte ich dich um etwas und jeden Abend..."

Für mich hat Gebet nichts mit Worten zu tun. Es ist eine schweigende Dankbarkeit, äußerst still, aber eine tiefe Dankbarkeit. Sie ist nur möglich, wenn du lernst, wie du selig sein kannst; sonst gibt es nichts, wofür du dankbar sein könntest. Lass dein Leben voller Liebe und Lachen sein und du beginnst, eine subtile Präsenz von Andacht und Gebet in dir zu fühlen. Und dieses Gefühl von Andacht und Gebet ist weder christlich noch hinduistisch noch muslimisch, es ist einfach Anbetung.

9. *Tag*

Solange dein Herz nicht singt und tanzt, bist du nicht wirklich lebendig; du schleppst dich nur so dahin, du erfüllst gewisse Pflichten, unterwirfst dich gewissen Ritualen, es gelingt dir irgendwie, eine Fassade aufrechtzuerhalten. Aber im tief Inneren ist Leere und ein großes Zittern, denn du weißt im tiefsten Teil deines Herzens, dass dein Leben noch keine Erfüllung gefunden hat, dass du noch nicht in der Lage bist, deinen Gesang anzustimmen. Jeder wird mit einem Gesang geboren, seinem Gesang. Und bevor du ihn nicht gesungen hast, bleibst du unerfüllt.

Schau dir den Baum an, wenn er blüht, und du wirst sehen, wie große Zufriedenheit ihn umgibt, ein wahres Freudenfest, er tanzt, denn er ist zu Hause angekommen. Er hat die Aufgabe, die ihm gegeben wurde, erfüllt. Er ist nicht mehr leer, er fließt über. Die Blüten kommen nur, wenn der Baum überfließt. Und Gesang kommt nur, wenn man überfließt.

10. *Tag*

Seligkeit ist Musik, Musik, die erklingt, wenn all deine Teile – dein Körper, dein Geist, dein Herz und dein Sein – in tiefer Harmonie zusammenspielen; dann wird dein Leben zum Orchester. Für gewöhnlich ist da nur Krach, keine Musik. Der Körper schreit seine Begierden heraus, sie verlangen danach, erfüllt zu werden, ohne Rücksicht auf die Bedürfnisse anderer zu nehmen. Der Verstand besteht auf seinen eigenen Wünschen und Ambitionen und kümmert sich nicht im geringsten um das Herz, jederzeit bereit, seiner eigenen Erfüllung alles zu opfern. Das Herz verlangt ständig nach den ihm eigenen Gefühlen, Emotionen, Liebe. Und das Sein ist ein absolut vernachlässigter Teil, wir haben es völlig vergessen. Immerfort flüstert es mit seiner kleinen, stillen Stimme in uns, aber niemand hört ihm zu, denn der Körper ist sehr laut, und der Verstand ist sehr artikuliert, und das Herz ist sehr beharrlich.
Dieses Leben kann zu einer Harmonie werden. All diese Teile, die Solo spielen, können Teil eines Orchesters werden. Du brauchst nur einen Dirigenten, der all diese vier Elemente zusammenbringen kann, der ihnen helfen kann, sich gegenseitig zu verstehen, der ihnen helfen kann, sich gegenseitig zu helfen. Und genau das geschieht durch Meditation, durch Bewusstheit. Bewusstheit wird der Dirigent, und allmählich überredet er jede der verschiedenen Abteilungen deines Wesens, sich der Harmonie zu nähern.
Wenn du einmal deine innere Musik gehört hast, verblasst alles andere. Es gibt nichts, was ihrer Schönheit und ihrem Segen gleicht.

11. *Tag*

Lachen ist eine der göttlichsten Erfahrungen, aber nur wenige Leute lachen wirklich. Ihr Lachen ist oberflächlich. Entweder ist es nur intellektuell oder nur eine Fassade oder nur eine Formalität oder nur ein Manierismus, jedenfalls ist es niemals total.

Wenn ein Mensch total lachen kann, von ganzem Herzen, und dabei nichts zurückhält, in dem Moment kann etwas Gewaltiges geschehen. Denn Lachen, wenn es total ist, ist völlig frei von Ego; und die einzige Voraussetzung, um Gott zu erfahren, ist, ohne Ego zu sein.

Es gibt viele Wege, egolos zu sein, aber Lachen ist der schönste Weg. Zum Lachen braucht man keine spezielle Begabung. Tatsächlich lachen Kinder herzlicher, totaler. Wenn sie erwachsen werden, wird ihr Lachen seicht, sie beginnen sich zurückzuhalten, sie fangen an zu überlegen, ob sie lachen sollen oder nicht, oder ob es wohl richtig ist, in dieser Situation zu lachen.

Lerne, wieder wie ein kleines Kind zu lachen, lache total und bewusst, und nicht nur über andere, sondern auch über dich selbst. Man sollte niemals eine Gelegenheit verpassen zu lachen. Lachen ist Gebet.

12. *Tag*

Für gewöhnlich lebt der Mensch ein sehr gespaltenes, ein sehr halbherziges Leben. Er lebt auf lauwarme Art und Weise, weder heiß noch kalt, weder dies noch das. Sein Leben ist ohne Leidenschaft, ohne Intensität. Und deshalb ist es langweilig, deshalb ist es mittelmäßig.

Das Leben bekommt einen völlig anderen Geschmack, wenn du es total, intensiv, leidenschaftlich lebst, wenn du riskierst. Dann entwickelt sich eine große Intelligenz in dir. Wenn du riskierst, wirst du scharf wie ein Schwert. Aber wenn jemand niemals riskiert, verstaubt sein Schwert, verstaubt sein Spiegel. Sein Schwert wird rostig, unbrauchbar. Und das ist mit Millionen von Menschen und ihren Seelen geschehen.

Ich bemühe mich hier darum, euch zu helfen, den Staub vom Spiegel eures Bewusstseins zu wischen, das Schwert eurer Intelligenz zu säubern. Und es gibt nur eine Möglichkeit, und das ist, bei hundert Grad zu leben, denn das ist der Punkt, wo das Verdampfen beginnt. Das Ego löst sich auf, und du bist Teil des Ganzen. Und Teil des Ganzen sein ist heilig sein.

13. *Tag*

Fröhlich sein heißt religiös sein, traurig sein heißt irreligiös sein. Deshalb sind die sogenannten Heiligen in meiner Wertung überhaupt keine Heiligen. Sie sehen so traurig, so abgestumpft, so tot aus, wie können sie da Gott erfahren? Wenn die Erfahrung Gottes solche Traurigkeit mit sich bringt, dann ist sie es nicht wert, gemacht zu werden. Wenn die Erfahrung Gottes die Leute so abgestumpft macht, mit so langen Gesichtern, dann ist es besser, Gott aus dem Weg zu gehen. Lauf weg, selbst wenn du ihn zufällig triffst.

Das ist nicht meine Sichtweise Gottes. Es muss der Teufel sein, der sich diesen Heiligen als Gott maskiert zeigt, er muss diese Leute betrogen haben. Gott kann nur Feiern bedeuten, Gott kann nur Festlichkeit bedeuten. Gott ist für mich nichts als eine festliche Dimension. Sei also selig und lass Seligkeit dein Gebet sein.

14. *Tag*

Grün steht für Leben, Lebendigkeit, Frische. Es ist die Farbe der Bäume. Viele tausend Jahre lang haben die sogenannten Religionen alles Grüne im Menschen zerstört. Sie haben den Menschen fast wie einen abgestorbenen Baum zurückgelassen, kein Laub, keine Blüten, kein Saft fließt mehr. Deshalb ist die Menschheit so traurig und gelangweilt. Ich möchte der Menschheit den Tanz wiederbringen, ich möchte, dass die Menschen wieder in der Erde verwurzelt sind, so dass ihre Säfte wieder fließen können, so dass wieder üppiges Laub, üppiges Grün entstehen kann.

Solange man nicht erblüht, bleibt man unzufrieden. Ein Baum ist erfüllt, wenn er Blüten trägt, und der Mensch ist auf die gleiche Art erfüllt. Die Blüten der Liebe, der Seligkeit, der Freiheit, der Intelligenz, der Göttlichkeit – nur diese Blüten können dir ein Gefühl der Erfüllung geben. Und ein erfüllter Mensch ist niemals traurig.

Für mich ist der erfüllte Mensch ein Heiliger; die anderen sind Heuchler. Ich möchte, dass meine Sannyasins Heilige in der wahren Bedeutung sind: lebendig, voller Freude, sie singen und tanzen und machen das Leben zum Fest.

15. *Tag*

Der Mensch hat rohe Energien. Sie müssen verfeinert werden. Denn dann erzeugen dieselben rohen Energien, die für gewöhnlich Elend, Dunkelheit, Verzweiflung hervorbringen, große Seligkeit, großes Feiern. Es sind dieselben Energien, sie müssen nur den subtilen Prozess der Meditation durchlaufen, einfach eine kleine Verfeinerung.

Die Sonne hat zum Beispiel dasselbe Licht wie der Mond. Tatsächlich hat der Mond überhaupt kein eigenes Licht – er reflektiert nur das Sonnenlicht – aber wie man sieht, ist der Unterschied gewaltig. Das Sonnenlicht ist hart, aggressiv, heiß, gewalttätig, feurig. Dasselbe Licht, vom Mond reflektiert, wird plötzlich kühl, beruhigend, friedlich, gelassen. Den Mond kann man stundenlang anschauen, aber die Sonne kann man nicht anschauen. Wenn du in die Sonne schaust, wird sie deine Augen verbrennen, sie wird das feine Nervensystem deines Gehirns zerstören. Aber der Mond ist sehr beruhigend, nährend. Das Mondlicht ist nicht grundsätzlich verschieden, aber es hat den Mond durchlaufen.

Meditation ist wie der Mond: sie transformiert die Energie von Lust in Liebe, von Ärger in Mitgefühl, von Gier in Teilen, von Aggression in Rezeptivität, von Ego in Demut. Das Mondlicht repräsentiert etwas sehr Bedeutsames, denn du musst denselben Prozess durchlaufen: von der Sonne zum Mond, vom Extrovertierten zum Introvertierten, vom Nach-außen-Gehen zum Nach-innen-Gehen. Und dann beginnen die Wunder zu geschehen... Niemals mag man geträumt haben, sich vorgestellt haben, dass solche Schönheit möglich ist. Dann ist man zum ersten Mal voller Dankbarkeit für Gott, und Gebet ist ganz natürlich.

16. *Tag*

Gold war schon immer ein Symbol, im Westen wie im Osten. Jahrhundertelang haben die Alchemisten davon gesprochen, und sie sind weitgehend missverstanden worden, denn die Leute dachten, dass sie von wirklichem Gold sprachen. Sie sprachen von Gold als Metapher.

Normalerweise ist der Mensch wie ein Orchester, das keinen Dirigenten hat, keine Führung, wo jeder sein Solo spielt. Obwohl es ein Orchester ist, spielt jeder sein Solo nach seinen eigenen Einfällen und hört nicht auf die anderen, was sie gerade machen, und gibt sich keine Mühe, in Harmonie zu kommen; daher der Krach, daher die innere Verrücktheit, das Irresein. Fast die gesamte Menschheit ist irre. Natürlich gibt es graduelle Unterschiede, einige Menschen sind mehr verrückt, andere weniger, aber ein gradueller Unterschied ist kein großer Unterschied.

Nur sehr wenige Menschen – von Zeit zu Zeit ein Buddha, ein Laotse, ein Basho, ein Jesus – nur sehr wenige Menschen sind in der Lage gewesen, all ihre elementaren Kräfte zu dirigieren, und nicht solo zu spielen, sondern als Orchester. Diese wenigen Menschen, die fähig waren, ihr Dasein in Einklang zu bringen, kennen die höchste Wahrheit.

Das ist die Bedeutung von Gold. Es ist das wertvollste Metall, deshalb wurde es zum Symbol.

17. *Tag*

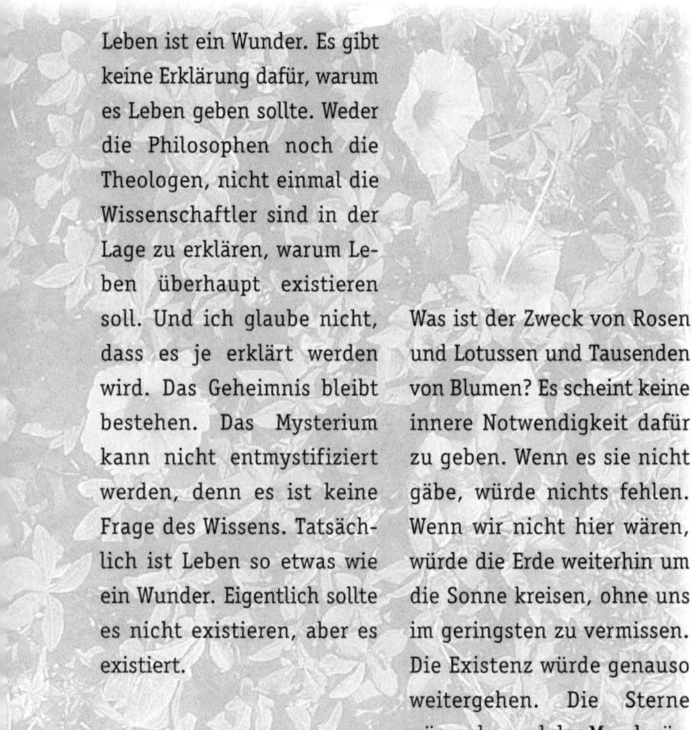

Leben ist ein Wunder. Es gibt keine Erklärung dafür, warum es Leben geben sollte. Weder die Philosophen noch die Theologen, nicht einmal die Wissenschaftler sind in der Lage zu erklären, warum Leben überhaupt existieren soll. Und ich glaube nicht, dass es je erklärt werden wird. Das Geheimnis bleibt bestehen. Das Mysterium kann nicht entmystifiziert werden, denn es ist keine Frage des Wissens. Tatsächlich ist Leben so etwas wie ein Wunder. Eigentlich sollte es nicht existieren, aber es existiert.

Was ist der Zweck von Rosen und Lotussen und Tausenden von Blumen? Es scheint keine innere Notwendigkeit dafür zu geben. Wenn es sie nicht gäbe, würde nichts fehlen. Wenn wir nicht hier wären, würde die Erde weiterhin um die Sonne kreisen, ohne uns im geringsten zu vermissen. Die Existenz würde genauso weitergehen. Die Sterne wären da, und der Mond würde aufgehen, und die Bäume würden wachsen, und alles würde sein wie es ist. Aber Leben ist entstanden, nicht nur Leben, sondern auch Bewusstsein, Liebe. All dies sind Wunder über Wunder.

18. *Tag*

Am Morgen, wenn die Sonne gerade aufgeht, sollte man tanzen und singen, genau wie die Vögel tanzen und die Bäume sich im Winde wiegen und jeder gespannt darauf wartet, dass die Sonne am Horizont erscheint – und dann plötzlich kommt die Sonne. Es ist ein Willkommensgesang, der allerschönste Gesang, denn es ist der Anfang des Tages, der Anfang eines neuen Tages, einer neuen Geburt.

Wir im Osten haben gedacht, dass das allabendliche Schlafengehen ein kleiner Tod ist. Das ist es, denn im Schlaf vergisst du komplett, wer du bist. Wenn du im Schlaf stirbst, wirst du niemals merken, dass du gestorben bist oder ob du jemals gelebt hast. Schlaf ist also ein kleiner Tod, ein Minitod.

Und jeder Morgen ist eine Minigeburt, eine neue Geburt, und du musst Gott preisen – wieder hat er dir einen Tag geschenkt. Wir sind es nicht wert, gestern haben wir vergeudet, alle Gestern. Aber er ist großzügig, er hat uns noch einmal eine Chance gegeben, es noch einmal zu versuchen, zu leben, uns zu erfreuen, total zu sein. Das Allerwichtigste, das wir heutzutage brauchen, ist der Beginn des neuen Menschen. Der alte ist beendet und vergangen, der alte ist müde, erschöpft, verausgabt. Irgendwie tragen wir noch den alten Leichnam mit uns herum. Er muss verbrannt werden, seinen letzten Abschied bekommen. Wir müssen uns von ihm verabschieden, um das Neue begrüßen zu können. Meditation bringt dich an den Anfang einer neuen Geburt, einer inneren Geburt. Es ist der Anfang einer inneren Morgendämmerung. Nur durch Meditation kann es geschehen, dass man aus dem Schlaf aufwacht und den Tag beginnen kann, denn nur durch Meditation kann man wach werden.

19. *Tag*

Der Morgen ist nie weit entfernt, man braucht nur sein Herz zu öffnen und einen Willkommensgesang zu singen, und er ist da. Er wartet nur darauf, dass du dir die Seele aus der Brust singst. Sobald du anfängst zu tanzen, kann die Sonne der Versuchung nicht widerstehen, am Horizont aufzugehen.

Manchmal habe ich das Gefühl, dass die Sonne nicht aufgehen würde, wenn sich eines Tages alle Vögel entscheiden würden, nicht zu singen. Wozu? Wenn alle Bäume sich entscheiden würden, ihre Blüten nicht zu öffnen nach dem Motto: „Zuerst soll die Sonne einmal kommen!", dann würde die Sonne nicht kommen. Es muss eine innere Verbindung bestehen, es kann keine einseitige Angelegenheit sein.

Es ist nicht nur so, dass die Sonne aufgeht und die Blumen sich öffnen und die Vögel singen – nein! Umgekehrt ist es genauso wahr: Die Blumen öffnen sich, die Vögel singen und die Sonne geht auf. Es muss beidseitig sein.

Das Leben ist immer wechselseitig. Die Dichter haben es gefühlt. Tennyson sagte: „Wenn ich eine einzige Blume mit Wurzel und allem verstehen könnte, dann könnte ich das ganze Universum verstehen." Und er hat recht – aber in den Dichtern ist es nur ein Gefühl. Die Mystiker haben gesehen, haben erfahren, dass es so ist.

20. *Tag*

Die innere Musik hat eine seltsame Eigenschaft. Die äußere Musik braucht ein Instrument, sie braucht Dualität – den Musiker und das Instrument. Die innere Musik braucht diese Dualität nicht – der Musiker ist die Musik, der Musiker ist das Instrument, der Musiker ist alles. Es gibt keine Teilung. Die innere Musik bedeutet Schweigen, den Klang der Stille.

Stille hat ihre eigene Musik. Sie kann nur von denen gehört werden, die allen Krach aus ihrem Kopf verloren haben. Sie kann nur mit dem Herzen gehört werden, nicht mit dem Kopf. Die kopfige Person wird sie immer verpassen. Nur ein Mensch, der voller Herz, voller Liebe ist, kann die Musik hören.

Dies ist die Musik, die dir hilft, zum Jenseitigen zu gelangen. Sie wird zur Regenbogenbrücke. Mit dem Verstand kannst du es nicht erfassen, mit dem Verstand kannst du es nicht verstehen. Der Verstand muss beiseite gelassen werden, vollkommen beiseite, und dann ist es plötzlich da.

Das ist die ganze Kunst der Meditation, den Verstand langsam beiseite zu lassen und zur inneren Musik zu gelangen, sich auf die innere Welt des Einsseins einzustimmen. Du kannst es die Erfahrung von Gott, Tao, Wahrheit, Dhamma nennen; es ist wirklich nichts anderes als die Erfahrung der letztendlichen Musik.

21. *Tag*

Wenn du eine Blume in einem Raum versteckst, wo keine Sonne hinkommt, wo kein Wind hinkommt, dann magst du glauben, dass du sie beschützt, aber du tötest sie, du begehst einen Mord. Das geschieht natürlich mit der besten Absicht, du willst nur das Beste für die Blume, denn draußen ist der Wind, und es regnet zu sehr, und die Sonne ist zu stark, und du möchtest die zarte Knospe beschützen. Damit sie eine Blume werden kann, versteckst du sie in deinem Schlafzimmer, und du schließt alle Türen und alle Fenster. Sie wird sterben.

Sie kann sich nur öffnen, wenn sie mit der Sonne in Berührung kommt; sie kann sich nur öffnen, wenn sie im Wind tanzen kann; sie kann sich nur öffnen, wenn sie die Regenschauer genießt, wenn sie Zwiesprache mit den Sternen halten kann. Sie gehört zum Ganzen, sie kann sich nur in einer tiefen Verwurzelung im Ganzen öffnen.

Der Mensch bleibt eine Knospe, seine Seligkeit bleibt eine Knospe, weil er zu sehr an Sicherheit interessiert ist, weil er zu viel Angst hat vor Gefahr, Unsicherheit, Risiko.

Das Leben kann nur als Unsicherheit gelebt werden, das Leben kann nur als Gefahr gelebt werden – etwas anderes gibt es nicht. Aber im Namen der Sicherheit verpassen wir alle Gelegenheiten, uns zu öffnen. Wir verpassen die Unsterblichkeit, weil wir Angst vor dem Tod haben. Wenn wir die Gefahr annehmen und uns mit Freuden hineinbegeben, wenn wir sie zu einem Abenteuer machen, dann ist das Leben Seligkeit. Und nur die abenteuerlichen Seelen wissen, wer Gott ist. Ich lehre Abenteuer, Mut, Risiko. Ich lehre Lebendigkeit.

22. Tag

Ich lehre Furchtlosigkeit und Freiheit. Freiheit von Furcht ist die höchste Qualität, die man braucht, um Gott zu erkennen, die man braucht, um die Seligkeit zu erkennen, die man braucht, um die Wahrheit zu erkennen.

Komm also ins Freie, komm unter den offenen Himmel. Lass alle Ängste fallen, denn alle Angst ist falsch. Und genieße das Abenteuer des Lebens mit allen seinen Gefahren, mit allen seinen Unsicherheiten. Dieses Leben ist wunderbar; tatsächlich ist es nur aufgrund dieser Gefahren und Unsicherheiten wunderbar.

Die Plastikblume ist nicht in Gefahr, die echte Blume ist in Gefahr. Aber die Plastikblume ist überhaupt keine Blume. Es ist viel bedeutsamer, lebendig zu sein, und wenn es nur für einen Tag ist – vom Morgen bis zum Abend, und dann verwelken die Blütenblätter. Aber einen Tag lang intensiv und leidenschaftlich in der Sonne, unter dem Himmel zu leben, ist genug – wie viel besser als eine Plastikblume zu sein und Tausende von Jahren zu leben. Das ist gar kein Leben. Es geht nicht um die Dauer des Lebens, sondern um seine Intensität.

Man sollte die Fackel seines Lebens von beiden Enden gleichzeitig abbrennen. Lass es nur einen einzigen Moment sein, aber lass ihn total lebendig sein. Das gibt dir einen Vorgeschmack Gottes und einen Vorgeschmack der Ewigkeit.

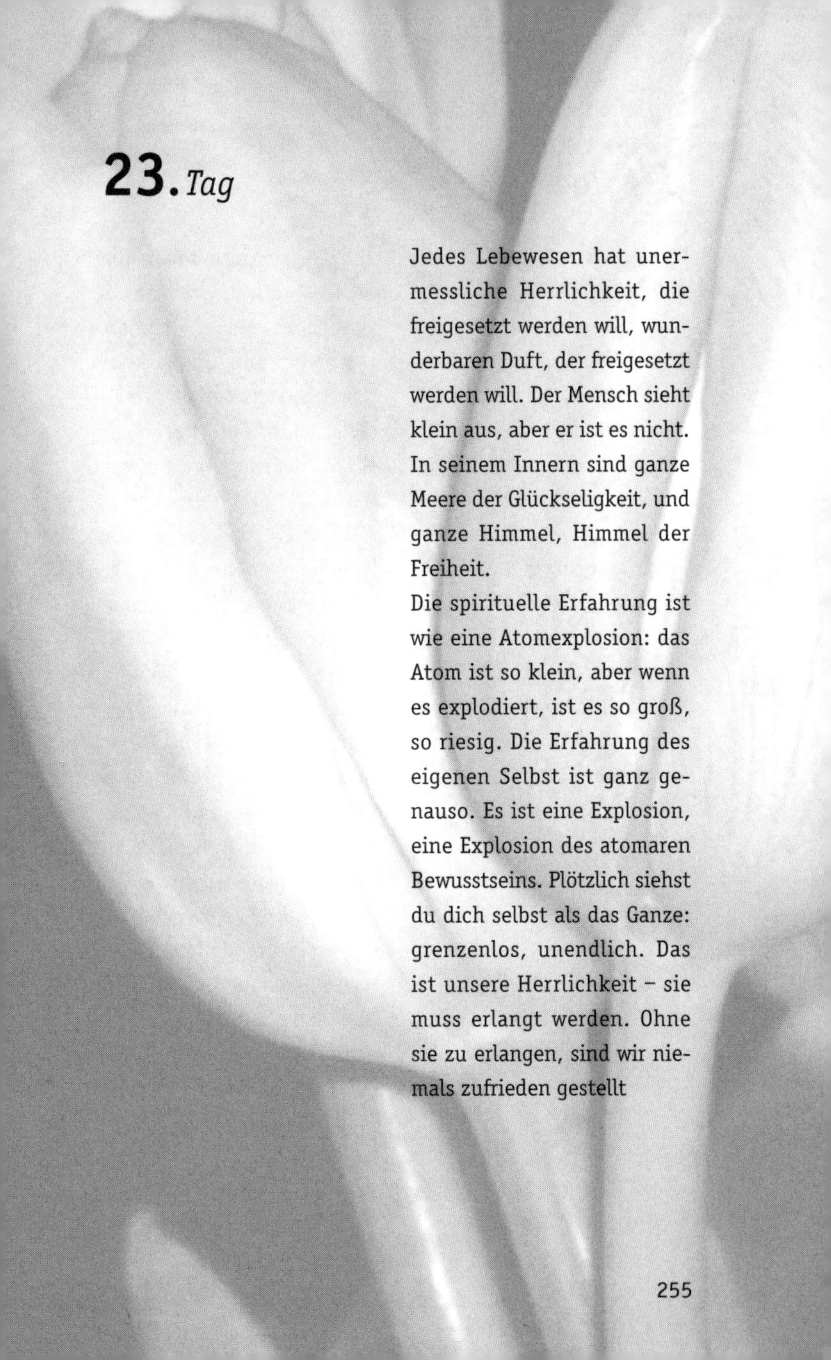

23. *Tag*

Jedes Lebewesen hat unermessliche Herrlichkeit, die freigesetzt werden will, wunderbaren Duft, der freigesetzt werden will. Der Mensch sieht klein aus, aber er ist es nicht. In seinem Innern sind ganze Meere der Glückseligkeit, und ganze Himmel, Himmel der Freiheit.

Die spirituelle Erfahrung ist wie eine Atomexplosion: das Atom ist so klein, aber wenn es explodiert, ist es so groß, so riesig. Die Erfahrung des eigenen Selbst ist ganz genauso. Es ist eine Explosion, eine Explosion des atomaren Bewusstseins. Plötzlich siehst du dich selbst als das Ganze: grenzenlos, unendlich. Das ist unsere Herrlichkeit – sie muss erlangt werden. Ohne sie zu erlangen, sind wir niemals zufrieden gestellt

24. Tag

Niemand ist neu, wir sind alle uralte Pilger. Wir sind immer hier gewesen – in verschiedenen Formen, in verschiedenen Körpern, mit verschiedenen Dingen beschäftigt – aber wir sind schon immer hier gewesen, und wir werden immerdar hier sein. Wir können nicht aus der Existenz verschwinden, auf keinen Fall. Nichts kann in der Existenz vernichtet und nichts kann der Existenz hinzugefügt werden. Die Existenz ist und bleibt immer dieselbe.

Jetzt akzeptiert sogar die Wissenschaft, dass wir nichts vernichten können, und dass wir nichts hinzufügen können, dass nur die Formen sich verändern. Der Fluss fließt immer weiter, nur die Wellen verändern sich. Manchmal sind es große Wellen, manchmal kleine, manchmal keine Wellen, aber es ist derselbe Fluss, mit Wellen – großen Wellen, kleinen Wellen, ohne Wellen... Es ist der gleiche Fluss. Diese Einsicht führt dich über die Zeit hinaus. Und über die Zeit hinausgehen heißt, über Not und Leid hinausgehen. Das Zeitlose kennen heißt, die Welt der Seligkeit betreten.Besinne dich auf das Bleibende, auf das, was niemals kommt und niemals geht. Das ist Gott, und es ist in dir wie es in jedem andern ist.

25. *Tag*

Jeder Mensch bringt eine Wahrheit in die Welt. Jeder Mensch ist ein Bote Gottes, nicht nur Jesus Christus oder Buddha oder Zarathustra. Die wissen, dass sie es sind, andere wissen nicht, dass sie es sind. Aber mit deinem Sein bringst du vom Augenblick deiner Geburt an eine Wahrheit. Und solange diese Wahrheit nicht ausgedrückt ist, wirst du nicht zufrieden sein. Solange du deine Botschaft der Welt nicht übermittelt hast, wirst du ein tiefes Unbehagen fühlen, denn du hast deine Pflicht der Existenz gegenüber noch nicht erfüllt.

Du musst den Gesang deines Herzens singen. Du musst deinen Tanz tanzen. Du musst äußerst individuell, darfst keine Imitation, keine Kopie sein. Du musst dein ursprüngliches Gesicht hervorbringen. In dem Moment, in dem du fähig bist, der Welt dein ursprüngliches Gesicht zu offenbaren, ist dein Leben erfüllt. Dann entsteht eine gewaltige Freude!

26. Tag

Eine einzige Champakblüte reicht aus, um ein ganzes Haus mit Duft zu erfüllen. Nur eine einzige Blüte im Garten, und der ganze Garten ist voller Parfüm. Und es ist eine kleine Blume. Sie sieht nicht besonders schön aus, ihre äußere Erscheinung ist ganz gewöhnlich, aber lass dich von äußeren Erscheinungen nicht täuschen. Wenn du irgendwo zufällig auf eine Champakblume triffst, wirst du eine ganz gewöhnliche Blume sehen, die keinen zweiten Blick wert ist. Aber sie ist die allerkostbarste Blume, sie enthält das großartigste Parfüm. Denke also immer daran: die äußere Erscheinung ist nicht der wirklich bestimmende Faktor im Leben. Das Gefäß ist nicht von Bedeutung, sondern der Inhalt.

Ein Körper mag gewöhnlich sein, reizlos, und dennoch kann er eine Seele enthalten, die über alles Verstehen hinausgeht. Ein Körper mag wunderschön sein und gleichzeitig äußerst leer, ohne Seele sein. Das wird dir in deinem Leben viele Male begegnen, du wirst schöne Menschen treffen, die gar keine Seele haben, und du wirst Menschen treffen, die ganz unscheinbar sind, aber unermessliche Qualitäten haben. Lasse dich nie von äußeren Erscheinungen täuschen. Schaue immer tiefer, forsche tiefer nach. Schaue in das Zentrum, schaue nicht auf die Peripherie.

27. *Tag*

Solange man keine Musik in seinem Sein schafft, solange man nicht anfängt, als Tanz zu leben, solange man die Existenz nicht feiert, gibt es keine Möglichkeit, Gott zu kennen, denn Gott ist das äußerste Crescendo von Tanz, Gesang, Feiern. Gott ist nicht für traurige Menschen. Er ist für diejenigen, die lieben und lachen können.

Diese Existenz ist ein ungeheures Spiel. Nimm sie nicht ernst. Nimm sie mit einem Lied in deinem Herzen, nimm sie voll dankbarer Freude. Bewege dich leichtfüßig durch die Welt und mit einem Lachen in deinem Herzen.

Und dann beginnt plötzlich die ganze Existenz, sich in eine göttliche Erfahrung umzuwandeln. Das Weltliche wird heilig, das Gewöhnliche wird außergewöhnlich.

28. *Tag*

Das Leben ist eine große Kunst. Man sollte das Leben nicht als selbstverständlich hinnehmen. Geburt ist nicht synonym mit Leben, die Geburt ist nur eine Gelegenheit; danach musst du an dir selber arbeiten. Tausendundeine Sache müssen abgelegt werden: da gibt es Begierde, da gibt es Ärger, da gibt es Hass, da gibt es Lust und so weiter.

Und bevor diese Dinge nicht abgelegt sind, bevor du sie nicht aus deinem Sein entfernt hast... sie sind wie Unkraut, und wir sind so voller Unkraut, wir müssen die ganze Erde auswechseln, wir müssen die Steine herausholen, wir müssen den Boden vorbereiten, nur dann sind Rosen möglich. Und wenn in deinem Sein Rosen wachsen, beginnt dein Leben, voller Freude zu sein, beginnt dein Leben, voller Schönheit zu sein, beginnt dein Leben, voller Segen zu sein. Und dann kannst du Gott etwas darbringen, was hast du ihm sonst schon anzubieten?

29. *Tag*

Wir werden alle als Felsen geboren, und wir müssen alle Rosen werden. Der Felsen hat die Fähigkeit, eine Rose zu werden. Das sieht unmöglich aus, aber es sieht nur so aus. Es ist schon oft geschehen, es kann auch dir geschehen. Wenn es Jesus passieren kann, kann es auch dir passieren. Wenn es mir passieren kann, kann es auch dir passieren. Und ich spreche aus eigener Erfahrung. Jeder wird als Felsen geboren, aber nur sehr wenige Leute machen das Beste aus dieser großen Gelegenheit und werden zu Rosen – nur ganz, ganz wenige, seltene Menschen versuchen, das Beste aus dieser großen Gelegenheit zu machen. Die meisten leben einfach als Felsen, als lose Steine, die vom Fluss zufällig hierhin und dorthin geschwemmt werden, kein Moos ansetzen und dann sterben. Sie werden als Felsen geboren, sie sterben als Felsen. Nichts geschieht in deinem Leben, ehe du nicht eine Rose wirst.

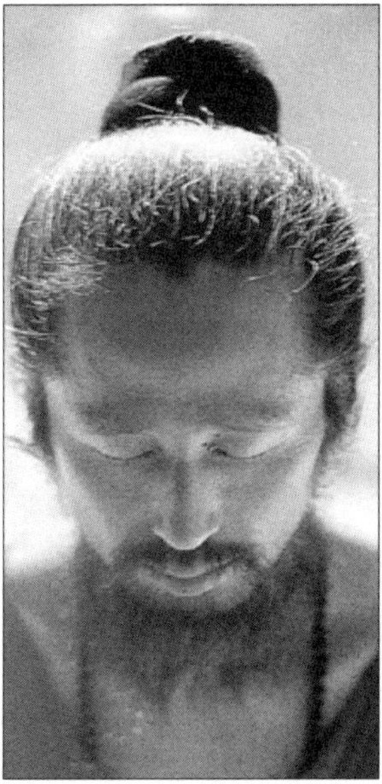

30. Tag

Der Körper ist schön, der Körper ist ein Tempel; aber er ist nur schön, wenn du weißt, dass du nicht dein Körper bist. Wenn du dich mit ihm identifizierst, wird er hässlich. Er wird ein Gefängnis statt eines Tempels.

Wenn du weißt: „Ich bin nicht mein Körper, sondern nur ein Gast, und mein Körper ist der Gastgeber", dann ist der Körper ein Tempel. Und ein Tempel hat Schönheit, Ruhe, Heiligkeit. Wenn du das vergisst, fängst du an zu denken: „Ich bin mein Körper", wie Millionen von Leuten denken – neunundneunzig Komma neun Prozent aller Menschen denken, dass sie ihr Körper sind. Doch die Erfahrung, dass, was auch immer im Körper geschieht, nichts mit dir zu tun hat, ist eine solche Freiheit, ist eine solche Erleichterung, dass du plötzlich schwerelos wirst. Diese Schwerelosigkeit ist eine der Nebenwirkungen von Meditation.

Meditation bedeutet einfach die Kunst des Zeugeseins. Beginne damit, deinen Körper zu beobachten und dann deinen Verstand – und verlasse beide. Durch Meditation wirst du aus beiden heraus sein. Und an dem Tag, an dem man weiß: „Ich bin nicht mein Körper, ich bin nicht mein Verstand", ist man zu Hause angekommen. Dann weiß man, wer man ist.

Identifizierung mit dem Körper wird Identifizierung mit Tod, Alter, Krankheit. Sobald du nicht mehr mit dem Körper identifiziert bist, wenn du weißt: „Ich bin davon getrennt, ich bin Bewusstsein", bist du augenblicklich von Krankheit, Alter, Tod befreit. Sie werden deinem Körper widerfahren, aber du bist einfach nur ein Zeuge bei alledem, nur ein Zuschauer, es hat nichts mit dir zu tun.

31. *Tag*

In allen Jahrhunderten ist immer wieder diese Erfahrung gemacht worden: Wenn in einem Dorf von tausend Einwohnern nur eine Person wirklich meditiert, dann verändert sich die gesamte Qualität der Menschen. Der Mensch hat seinen derzeitigen Entwicklungsstand nicht durch die große Mehrheit erreicht, sondern durch einige wenige Menschen wie Jesus, Buddha, Zarathustra, Krishna – nur durch diese wenigen Menschen. Mit jedem Buddha, mit jedem Christus, mit jeder erwachten Seele hat die Menschheit einen Schritt höher getan. Aber wenn Tausende von Menschen erweckt werden, dann wird die ganze Menschheit einen Quantensprung vollziehen. Das ist es, was ich den Anfang des neuen Menschen nenne.

Meine Bemühungen hier gehen dahin, nicht nur einzelnen Menschen zu helfen – anscheinend ist es das, was ich tue, aber eigentlich geht es darum, eine Situation zu schaffen, einen Hintergrund, einen essentiellen Kontext, in dem der neue Mensch erscheinen kann, mit Liebe im Herzen, mit Licht in der Seele, mit Intelligenz, mit Bewusstheit, einen Kontext von dem aus er die ganze Erde in ein Paradies transformieren kann. Dieses Wunder ist möglich. In der Tat ist es erst jetzt möglich – nie zuvor war es möglich –, denn wir haben einen bestimmten Wachstumsstand erreicht. Der Mensch ist kein Kind mehr, er ist volljährig geworden.

Aber dazu bedarf es einer großen Anstrengung. Man muss seine ganze Kraft hineinstecken. Stecke all deine Energie darein, dich selbst neu zu gebären. Es wird nicht nur eine Neugeburt für dich sein, sie wird der ganzen Menschheit dienen. Das ist für mich wahres Dienen.

Das Leben ist ein Bett aus Rosen

1. *Tag*

Es geht nicht darum, in den Himmel zu kommen, es geht darum, die Kunst zu lernen, im Himmel zu sein, wo auch immer du bist. Dieser Augenblick muss in seiner ganzen Fülle ausgekostet werden.

Nur Rebellen wissen, was Leben ist, nur Rebellen wissen, was Gott ist, denn Gott ist der Mittelpunkt des Lebens, tatsächlich sind Gott und Leben Synonyme.

2. *Tag*

Ich bemühe mich hier darum, eine völlig neue Art von Mensch hervorzubringen. Meine Vision vom neuen Menschen ist, dass er fähig sein sollte zu lieben. Er sollte nicht in ein Kloster gehen. Er sollte auf dem Marktplatz leben und doch fähig sein, alle Besitzgier, alle Bindungen, alles Festhalten, allen Neid fallen zu lassen.
Das kann man schaffen, denn ich habe es geschafft, also kannst du es auch schaffen. Ich sage nie etwas, was ich nicht aus eigener Erfahrung weiß. Ich spreche als meine eigene Autorität.
Es gibt eine Sufi-Geschichte von einem alten Meister:
Eine Frau kam zu ihm, sie brachte ihr kleines Kind mit und sagte zu dem Meister: „Ich habe diesen Jungen satt. Er isst so viele Süßigkeiten, dass ich Angst habe, er wird krank."
Der Meister sah den Jungen an und sagte zu der Frau: „Komm in einer Woche wieder."
Nach einer Woche ging sie hin, und der Meister sagte: „Es tut mir leid, komm in zwei Wochen wieder."
Nach zwei Wochen kamen sie wieder, und der Meister schaute den Jungen an und sagte: „Du kannst es schaffen!"
Der Junge sagte: „Aber warum hast du drei Wochen gebraucht, um das zu sagen?"
Der Meister sagte: „Weil ich selber Süßigkeiten liebe. Also musste ich versuchen, ob ich es schaffen konnte oder nicht, wie hätte ich dir sonst etwas sagen können? Es wäre falsch gewesen. Und es ist schwierig, ich weiß es."
Das ist auch meine Methode.

3. *Tag*

Wir werden mit einem großen Potenzial geboren, aber es ist nur ein Potenzial. Wir können sterben, ohne es zu verwirklichen; wir können am Ziel vorbeischießen, wenn wir uns nicht bewusst, mit voller Wachsamkeit bewegen. Wenn wir einfach Treibholz bleiben, den Launen des Windes und der Wellen ausgesetzt, wenn wir zufällig bleiben, dann werden wir es aller Wahrscheinlichkeit nach verfehlen.

Deshalb sieht man so viele Menschen in solch einem Elend. Das Elend hat keine äußere Ursache. Es hat seine Wurzeln darin, dass diese Menschen ihr Ziel verfehlen. Sie alle fühlen, dass ihnen etwas fehlt. Sie nehmen nicht einmal wahr, was es genau ist, aber eines ist gewiss: nicht jeder, der den Samen in sich trägt, ist gewachsen. Etwas ist nicht aufgeblüht.

Der Same muss ja unglücklich sein: Nur eine Blume kann im Wind, im Regen, in der Sonne tanzen, kann ihr Lied singen, das Lied der Seligkeit. Nur eine Blume fühlt sich wohl in der Existenz. Der Same kann sich nicht wohl fühlen; er ist geschlossen, er hat keine Verbindungen. Er weiß nichts vom Mond und der Sonne und den Sternen, er hat nicht einmal von ihnen gehört. Er weiß nichts von den Blumen und den Farben und den Regenbögen und dem Gesang der Vögel und den summenden Mantras der Bienen – davon weiß er nichts. Aber irgendwo in ihm verborgen ist eine Sehnsucht, das alles zu kennen.

Die einzige Voraussetzung dafür ist Intelligenz. Werde still, bewusst, meditativ, und deine Intelligenz wird anfangen zu wachsen. Und eines Tages wird der Same aufbrechen. Der Tag ist der Tag der höchsten Freude, wenn deine Blüten kommen, wenn es Frühling wird in deiner inneren Welt, wenn du ein Garten wirst.

4. Tag

Die Erfahrung der Stille ist etwas Einzigartiges im Leben, denn normalerweise ist das Leben sehr laut. Draußen ist Lärm, drinnen ist Lärm, und beide zusammen reichen aus, jeden verrückt zu machen. Sie haben die ganze Welt verrückt gemacht.

Man muss den inneren Lärm stoppen. Der äußere Lärm unterliegt nicht unserer Kontrolle, und es besteht auch keine Notwendigkeit, ihn anzuhalten. Aber den inneren Lärm können wir anhalten. Und wenn der innere Lärm einmal angehalten ist und sich Stille ausbreitet, ist der äußere Lärm gar kein Problem mehr. Du kannst deine Freude daran haben, du kannst problemlos damit leben.

Und die Erfahrung der inneren Stille ist einzigartig, unvergleichlich. Keine andere Erfahrung kann von solchem Wert sein, denn aus dieser Erfahrung erwachsen alle anderen Erfahrungen. Sie ist das Fundament des ganzen Tempels der Religion.

Ohne Stille gibt es keine Wahrheit, keine Freiheit, keinen Gott. Mit Stille gibt es plötzlich Dinge, die es vorher nicht gab, und Dinge, die es vorher gab, gibt es nicht mehr – deine Sichtweise hat sich verändert, deine Perspektive hat sich verändert. Stille befähigt dich dazu, das Unwissbare zu wissen. Das ist ihre Einzigartigkeit.

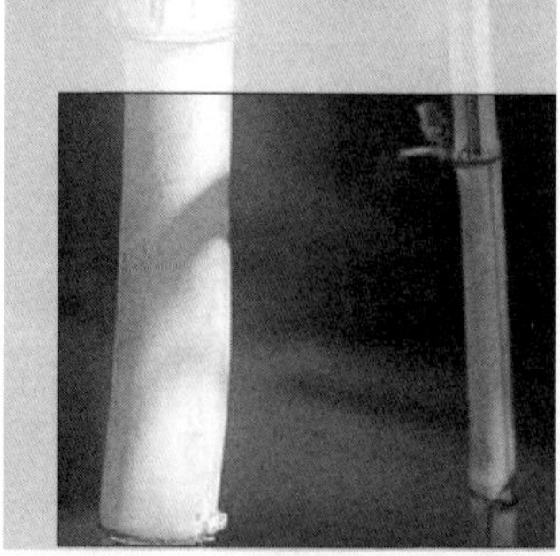

5. *Tag*

Seit ewigen Zeiten weiß man um das Geheimnis, dass Stille die allernotwendigste Voraussetzung ist. Deshalb sind die Menschen vor der Welt geflohen, weil sie glaubten, es sei unmöglich, in der Welt still zu sein.

Das war ein absoluter Fehlschluss, falsche Logik, denn Stille hat nichts mit der äußeren Welt zu tun. Sie ist etwas Inneres. Du kannst sie überall erstehen lassen. Du kannst in die Berge gehen, aber dein Verstand wird derselbe bleiben. In den Bergen wird er dieselben Spiele nur noch mehr spielen, denn da hast du nichts anderes zu tun, daher steht dem Verstand deine ganze Energie zur Verfügung.

Im Kloster, in der Wüste, in den Bergen beherrscht der Verstand dich mehr als auf dem Marktplatz, als im normalen Leben.

Es gibt Menschen, die gerne Stille hätten, aber gerne haben ist nicht genug – Liebe ist nötig. Gerne haben ist nur lauwarm, es ist so lala. Liebe bedeutet, du bist leidenschaftlich beteiligt. Liebe bedeutet, es ist eine Frage von Leben oder Tod. Liebe bedeutet Intensität, Totalität.

Und die großen Gaben des Lebens sind nur für Menschen, die bereit sind, sich total in etwas hineinzubegeben,sei es Stille, Freiheit oder Wahrheit – es kommt nicht darauf an, was es ist. Die höchsten Werte setzen alle voraus, dass du liebst.

6. *Tag*

Revolution ist politisch, Rebellion ist spirituell. Revolution braucht die Massen, Rebellion ist individuell. Und alle Revolutionen haben ohne Ausnahme versagt, denn die Massen sind unbewusst. Die Masse setzt sich aus den niedrigsten Intelligenzen zusammen. Und was kann schon aus der niedrigsten Intelligenz hervorgehen? Natürlich nimmt sie Rache: sie tötet die Zaren und sie tötet die Könige; sie zerstört Eigentum, sie stürzt die Regierung. Aber die Menschen sind absolut unbewusst, was auch immer sie tun, sie werden letztendlich versagen. Die französische Revolution hat versagt, die russische Revolution hat versagt, die chinesische Revolution hat versagt. Alle Revolutionen haben versagt.

Und Rebellion war immer ein Erfolg, aber sie ist individuell. Ein Jesus ist ein Rebell, ein Buddha ist ein Rebell, ein Laotse ist ein Rebell. Wir brauchen mehr Rebellen in der Welt und weniger Revolutionäre. Ich lehre Rebellion. Rebellion ist schön, Revolution ist hässlich. Revolution ist gewalttätig, Rebellion ist gewaltlos. Rebellion hat überhaupt nichts mit der äußeren Welt zu tun, und doch verändert sie die äußere Welt. Denn wenn das Innere erst einmal verändert ist, beginnt es, vieles in der äußeren Welt auszulösen. Aber das ist nicht unsere Absicht, es geschieht als Nebenwirkung. Selbst wenn ein einzelner Mensch sich verändert, müssen Tausende sich zwangsläufig mit verändern. Wer auch immer mit ihm in Kontakt kommt, musszwangsläufig auf die eine oder andere Art verwandelt werden. Auch in ihn fällt ein Same. In gewisser Weise bereite ich eine große Revolution vor, aber nicht durch Revolution – durch Rebellion, individuelle Transformation.

7. *Tag*

Die wahre Religion ist immer eine Übertragung jenseits von Worten, jenseits von Philosophien. Deshalb kann wahre Religion nur mit einem erweckten erleuchteten Meister erfahren werden; mit einem Jesus, mit einem Buddha, mit einem Zarathustra, mit einem Laotse kannst du sie erfahren, aber nicht durch Worte. Obwohl es die Worte eines Buddha sind, wird es dennoch in dem Moment, wenn etwas gesagt wird – etwas, das nicht gesagt werden kann – falsch. Du musst in Kommunion treten mit einem authentischen lebendigen Meister.

Und der Schüler von jemandem zu sein, der eine lebendige Stille ist, ist die einzige Art und Weise, Religion zu kosten, einen ersten flüchtigen Blick auf Religion zu werfen; dann kannst du gewiss anfangen, in dir selber danach zu suchen. Aber der erste Strahl, der erste Schlag, der erste Schock, der dich aufweckt, muss von dem Meister kommen, sonst wirst du noch viele Leben lang weiterschlafen.

Immer wenn du also eine lebendige Stille finden kannst, dann trinke davon! Und die einzige Möglichkeit, davon zu trinken, ist, deinen Verstand beiseite zu lassen, denn mit Stille kannst du nicht argumentieren. Entweder du fällst in eine tiefe Synchronizität damit, oder du bist nicht fähig, es zu verstehen. Es geht überhaupt nicht um Argumente. Es kann nicht positiv bewiesen werden, es kann nicht negativ bewiesen werden. Ihm gegenüber ist Logik völlig machtlos.

Es geht um Liebe, nicht um Logik... es geht um das Herz, nicht um den Kopf.

8. *Tag*

Die Geschichte ist voller großer Könige und Herrscher, aber die Geschichte ist nicht so voll von großen Buddhas, den Erwachten. Die Erwachten können an den Fingern abgezählt werden. Der Grund ist einfach: sie haben eine Richtung eingeschlagen, zu der es einer radikalen Transformation bedarf: vom Unbewussten zum Bewusstsein. Dein Unbewusstes muss in Bewusstsein umgewandelt werden. Wenn kein bisschen Unbewusstes im Innern zurückbleibt, wenn du voller Licht bist, bist du ein Meister geworden, ein echter Meister.

9. *Tag*

Wenn du einmal bewusst bist, dann gibt es nur Rosen über Rosen. Die Person, die das Sprichwort erfunden hat, dass das Leben kein Bett aus Rosen ist, mussunbewusst, unerweckt gewesen sein, denn alle Erwachten sagen genau das Gegenteil: das Leben ist ein Bett aus Rosen. Man braucht nur seinen inneren Gang von unbewusst auf bewusst zu schalten.

Und das ist ganz einfach, es könnte gar nicht einfacher sein. Tatsächlich gehen die Leute daran vorbei, weil er so einfach ist – es gibt keine Herausforderung für das Ego. Das Ego ist immer interessiert an etwas Schwierigem. Das Ego ist daran interessiert, zum Mond zu fliegen, zum Mars zu fliegen. Es ist nicht daran interessiert, in sein Inneres zu gehen.

Der Vorgang kann auf eine simple Formel gebracht werden: Was auch immer du tust, tu es und bleibe wach, bewusst. Wenn du gehst, beobachte dein Gehen; wenn du isst, beobachte dein Essen, stopf dich nicht einfach mechanisch voll. Dein Verstand ist ganz woanders, du denkst an tausendundeine Sache, und deine Hände stopfen weiter, und dein Mund kaut weiter. Es ist ein mechanischer Vorgang. Du bist dir gar nicht bewusst, was du tust.

Nur wenn du total im Moment bist, kannst du bewusst sein. Vergiss also die ganze Welt, während du isst. Wenn du isst, dann iss einfach nur; wenn du gehst, dann geh einfach nur; wenn du zuhörst, dann hör einfach nur zu; wenn du sprichst, dann sprich einfach nur und bleibe ganz und gar dabei, wachsam, jede Geste, jede Nuance wahrnehmend. Und allmählich wirst du den Kniff, den Dreh herauskriegen.

10. *Tag*

Normalerweise sind wir tausenderlei, nicht eins. Wir sind viele, eine Vielheit, eine Menge. Aber wenn man bewusst wird, verliert die Menge ganz langsam ihre Vielheit und wird eins. Es entsteht eine Integration, eine Kristallisation, und dann ist da große Harmonie.

Zuerst muss man in sich selber harmonisch werden, und dann kann man mit dem Universum, mit den Sternen und dem Mond und der Sonne und den Bäumen und den Vögeln in Harmonie sein – dieses ganze, weite, unendliche Universum, man kann damit verschmelzen. Es gibt zwei Schritte des Verschmelzens: der eine in dir selbst, der ersten Einheit, und der zweite mit dem Ganzen, der zweiten Einheit. Und mit diesen zwei Schritten ist die ganze Reise vollständig.

Werde zuerst eins mit dir selbst, dann werde eins mit dem Ganzen – das nenne ich Heiligkeit. Werde bewusst, so dass dein Leben nichts anderes ist als Poesie, Musik, Harmonie, Einheit, Einssein. Ehe das nicht geschieht, hat man in äußerster Vergeblichkeit, umsonst gelebt.

11. *Tag*

Wenn fast neunundneunzig Prozent deines unbewussten Territoriums bewusst geworden sind, beginnst du Blüten hervorzubringen. Und wenn einhundert Prozent deines Territoriums zurückgewonnen sind, wenn nichts von deinem Unbewussten in dir zurückgeblieben ist, verströmen die Blüten ihren Duft. Und ehe man nicht ein reiner Duft geworden ist, hat man sein Leben vollkommen vergeudet. Nur mit dem Verströmen deiner innersten Herrlichkeit betrittst du das Königreich, das Königreich des Unendlichen und des Ewigen. Dann gibt es keinen Tod, keine Geburt. Dann bist du immerdar hier und jetzt. Der Körper wird vergehen, aber nicht du, der Verstand wird vergehen, aber nicht du. Und wenn man das kennt, was immerdar währt, kennt man die Wahrheit.

12. *Tag*

Der Zustand des Unbewussten ist vergleichbar mit den Wurzeln eines Baumes. Die Wurzeln des Baumes bleiben im Untergrund, du siehst sie nicht. Und so ist unser Unbewusstes: Untergrund. Wir sehen es nicht, aber es beeinflusst alles. Es beeinflusst die Zweige, die Blätter, die Blüten. Unsere Wurzeln sind verborgen, aber sie sind sehr wichtig; sie sind der wichtigste Teil des Baumes. Und solange wir unsere Wurzeln nicht verstehen, können wir keine wirkliche Erfahrung unseres ganzes Seins haben.

Die Zweige des Baumes sind wie unser sogenanntes Bewusstsein, es ist sehr zerbrechlich, eine ganz dünne Schicht, und es kann ganz leicht durch einen Zufall zerstört werden. Nur ein kleines Missgeschick, und es bricht zusammen. Jemand beleidigt dich, und du bist nicht mehr bewusst; jemand sagt etwas, und schon sind Meditation und Bewusstheit vergessen.

Man muss dieses kleine Bruchstück von Bewusstheit als Samen benutzen und dafür sorgen, dass er wächst... Arbeite immer mehr mit ihm zusammen, mit diesem kleinen Teil deines Seins, der bewusst ist. Und arbeite immer weniger mit dem größeren Teil deines Seins zusammen, der unbewusst ist. Wähle immer das Bewusste, meide das Unbewusste. Durch diese Zusammenarbeit wächst das Bewusste, und wenn du aufhörst, mit dem Unbewussten zusammenzuarbeiten, schrumpft es.

Schließlich wird das gesamte Territorium des Unbewussten vom Bewusstsein in Besitz genommen. Das ist der Augenblick, in dem du anfängst zu blühen. Zum ersten Mal trägt dein Baum Blüten.

13. *Tag*

Die Zeit ist reif für eine große Bewusstseinsexplosion. Noch nie ist sie so reif gewesen, denn das Leben ist in Entwicklung begriffen, und wir nähern uns einem Höhepunkt. Wenn es uns nicht gelingt, eine radikale Transformation zu vollziehen, dann wird eben dieser Zustand der entwickelten Menschheit zur Belastung für uns werden. Der Mensch ist kein Kind mehr, und wenn er weiterhin die alten Kleider trägt, die für Kinder gemacht waren, kommt er zwangsläufig in Schwierigkeiten. Er wird unnötigerweise verkrüppelt bleiben, einfach nur, weil die Kleider zu klein sind und er groß geworden ist. Christentum, Hinduismus, Islam, das sind die Kleider, die für einen anderen Stand der Menschheit gemacht wurden, als der Mensch noch kindlicher war. Jetzt passen sie nicht mehr, sie sind rettungslos veraltet. Diese Kleider stimmten für eine gewisse Zeit. Jetzt stimmen sie überhaupt nicht mehr. Jetzt ist der Zeitpunkt gekommen, alle Kleider zu ändern, die Zeit ist reif, den ganzen Menschen zu ändern. Er musstotal überholt werden.

14. *Tag*

Der wahrhaft religiöse Mensch wird sein alltägliches Leben mit ungeheurer Freude und Ekstase leben. Er wird es nicht alltäglich nennen. Er wird es mit außerordentlicher Feinfühligkeit leben. Es ist ein Geschenk des Ganzen, es ist eine Gabe des Jenseitigen; es muss hoch geachtet, geliebt und wertgeschätzt werden. Und es ist wirklich ein enormes Geschenk. All diese Bäume und die Vögel und die Menschen und die Flüsse und die Berge und die Sterne und der weite Himmel, all diese Ewigkeit... es scheint wirklich seltsam, krank, dass jemand in dieser feiernden Existenz ernst sein kann.

Aber Ernsthaftigkeit ist gepriesen worden, und weil sie gepriesen wurde, haben die Leute versucht, ernst zu sein. Sie haben ihre Fröhlichkeit unterdrückt, sie haben ihre Tänze unterdrückt, sie haben sich zu Krüppeln gemacht, sie haben ihr Sein auf jede nur mögliche Art gelähmt. Sie haben sich selber beschnitten, so dass sie in das Seinsmuster eines respektablen Heiligen passen.

Für mich ist das ein wahres Unheil. Die Religion hat ein schweres Verbrechen am Menschen begangen, und es ist Zeit, es wieder gut zu machen. Es ist schon fast zu spät.

Dies ist die einzige Welt, und wir müssen jetzt und hier leben. Wir dürfen das Hier und Jetzt nicht für irgendeine Phantasie vom Himmel oder vom Paradies oder von *moksha* opfern.

Jeder Augenblick ist die Mutter des nächsten Augenblicks. Ihn zu verdammen ist gefährlich. Würdige ihn, liebe ihn, erfreue dich an ihm.

15. *Tag*

Gautam Buddha sagte, Meditation sei das Brüllen des Löwen, weil es eine Explosion ist. Es ist die Explosion deines Bewusstseins, und sie ist viel tiefer, viel weitreichender, als eine Atomexplosion je sein könnte.

Ja, es gibt einen Unterschied zwischen diesen zwei Explosionen. Die Atomexplosion ist destruktiv, aber die Explosion, die durch Meditation in deinem Bewusstsein geschieht, ist unweigerlich kreativ.

Es ist das Brüllen eines Löwen; denn in dem Augenblick, in dem der Mensch die tiefste Erfahrung seines Seins erlebt – und darum geht es in der Meditation –, wird er furchtlos, denn er weiß, es gibt keinen Tod mehr; er ist ewig. Es ist das Brüllen eines Löwen, denn jetzt kann niemand ihn versklaven. Ja, du kannst ihn töten, aber du kannst ihn nicht versklaven, du kannst seine Seele nicht töten. Du kannst seinen Körper ins Gefängnis werfen, aber nicht sein Sein; jetzt kennt er die Freiheit, und die Freiheit kann ihm nicht genommen werden. Es setzt ungeheuren Mut frei. Er kann mit der ganzen Welt kämpfen.

Tatsächlich haben alle großen Meditierer mit dieser dummen Welt gekämpft, jeder allein, auf sich gestellt. Jesus, Buddha, Laotse, Kabir – zu allen Zeiten standen die Meditierer im Kampf gegen die kollektive Dummheit der Menschheit. Sie wurden abgeschlachtet, gekreuzigt, getötet, vergiftet, aber das ändert nichts daran.

Immer wenn ein Mensch wieder den Zustand von Meditation erreicht, explodiert das Brüllen des Löwen. Wieder gibt es einen wirklichen, authentischen Menschen, der bereit ist, alles der Wahrheit zu opfern.

16. Tag

Genau wie die Erde und die Planeten um die Sonne kreisen, so kreist dein inneres Sein um das Zentrum der Seligkeit. Wenn es einmal erkannt ist, werden die Dinge ganz einfach, klar; dann tastest du nicht mehr im Dunkeln herum, dann kannst du direkt auf das Zentrum zugehen. Und sobald du dich auf das Zentrum zubewegst, beginnt sich dein Leben aufzuhellen.
Es gibt vier Ls, die ich lehre: Leben, Liebe, Lachen, Licht. Und sie geschehen genau in dieser Reihenfolge.
Zuerst Leben – man muss immer lebendiger, voller Lebenslust, Lebensfreude, Intensität werden; man darf nichts zurückhalten. Wenn du voller Leben bist, beginnt die Liebe ganz von selbst zu geschehen; denn was willst du mit dem Leben machen, was willst du mit dieser überfließenden Energie machen? Du musst sie mit anderen teilen; und genau das ist Liebe – ein Teilen deiner Lebensenergie. Und in dem Moment, in dem du deine Lebensenergie teilst, schwindet alle Traurigkeit, dann ist das Leben einfach ein von Herzen kommendes Lachen.
Wenn diese drei Ls erfüllt sind, geschieht das vierte automatisch – das vierte ist die Belohnung vom Jenseitigen. Dann senkt sich Licht auf dich herab.
Und in dem Augenblick, in dem das Licht in dich eingedrungen ist, bist du erleuchtet – das ist die Bedeutung des Wortes Erleuchtung.

17. *Tag*

Die Menschen leben in Lügen. Natürlich sind diese Lügen schön, bequem, angenehm, sie spenden einen gewissen Trost. Aber Lügen sind schließlich Lügen, sie können nicht helfen. sie wirken wie Opium. Sie können dir helfen, dein Elend zu vergessen, sie können als Beruhigungsmittel benutzt werden; aber sie ändern nichts an der wirklichen Krankheit. Sie verdecken nur die Symptome.

Und Millionen von Menschen auf der Welt leben mit bequemen Lügen. Sie nennen sie Wahrheiten... aber die grundlegende Eigenschaft von Wahrheit ist, dass sie deine eigene Entdeckung sein muss.

Wahrheit ist nicht übertragbar, niemand kann sie dir geben. Du musst sie in eigener Anstrengung entdecken. Deshalb kann das, was man von anderen bekommt, bestenfalls eine schöne Lüge, eine nette, süße Lüge sein. Und man kann sich mit süßen Nichtigkeiten umgeben. Aber das ist ein gefährliches Spiel, denn du verlierst die Gelegenheit, die Zeit, die Energie, die dir die Welt der Wahrheit hätte zur Verfügung stellen können.

Sich der Wahrheit weihen bedeutet: Ich werde keiner Tradition angehören, ich werde keinem Kult, keinem Glauben angehören. Ich werde meine eigenen Nachforschungen anstellen, ich werde nur glauben, wenn ich weiß, niemals vorher.

Bevor du das nicht entschieden hast, bleibt die Wahrheit weit entfernt. Sobald die Entscheidung in deinem Herzen gefallen ist, ist sie nicht mehr weit. Wenn du die Wahrheit einmal kennst, kennst du das ewige Leben. Du kennst das, was einen Anfang, aber niemals ein Ende hat. Und das sollte das einzige sein, dem man sich weiht, das einzige, dem man sich hingibt.

18. *Tag*

Es ist ein völlig paradoxes Phänomen, dass wir dann in Fesseln liegen, wenn wir von der Existenz getrennt sind. Die Getrenntheit selbst wird zur Fessel. Natürlich ist jede Schranke eine Beschränkung, jede Grenze eine Begrenzung. In dem Moment, in dem du den Zaun abreißt, den du um dich selbst herum gezogen hast, bist du frei. Dann ist der ganze Himmel dein und alle Sterne. Und mit dieser Freiheit kann man Wahrheit, Liebe, Göttlichkeit erfahren.

In den Fesseln des Egos können wir nur in Lügen, in Hass, in Schlechtigkeit leben, denn wir haben in einer völlig falschen Auffassung Wurzeln geschlagen. Unsere ganze Welt steht auf dem Kopf. Es ist, wie wenn das Blatt eines Baumes glaubt, dass es vom Baum getrennt ist. Allein dieser Gedanke lässt es farblos werden. Die Säfte fließen nicht mehr, das Grün kommt nicht mehr, das Blatt beginnt zu sterben, zu verwelken. In dem Moment, in dem es den Gedanken des Getrenntseins aufgibt, versteht es: „Ich bin ein Teil des Baumes und der Baum ist ein Teil der Erde, und die Erde ist ein Teil des Sonnensystems und das Sonnensystem ist ein Teil des Kosmos." Das kleine Blatt ist genau so sehr ein wesentlicher Teil des Ganzen wie die größte Sonne. Und in der Existenz gibt es keine Hierarchie, denn die Existenz ist eins. Deshalb ist der kleinste Grashalm genau so wichtig wie der größte Stern. Es gibt kein höher, kein tiefer. Dieses Verständnis befreit deine eingesperrte Herrlichkeit. Plötzlich fühlst du dich so unermesslich weit, dass du nur noch jubeln und feiern kannst. Du kannst nur noch tanzen und singen.

19. *Tag*

Man kann sich nur erfüllt fühlen, wenn man Teil dieser ungeheuer schönen Existenz wird. Weniger als das reicht nicht. Weniger als das, und du wirst immer das Gefühl haben, dass etwas fehlt. Du musst unermesslich weit sein, so weit, dass die Sterne und Wolken in dir sind; dann gibt es Erfüllung.
Wenn du die ganze Existenz in dir trägst, dann fehlt natürlich nichts. Alles ist in dir, also kann gar nichts fehlen. Und wenn nichts fehlt, ist der Punkt äußersten Wohlseins erreicht.
Wohlsein kann nicht höher gehen als das; du hast den Everest des Wohlseins erreicht. Es ist der Gipfel, das Crescendo, und man kann nicht herunterfallen. Man kann deshalb nicht herunterfallen, weil man dazu geworden ist. Du bist nicht mehr getrennt davon, deshalb kannst du nicht fallen. Es ist nicht etwa so, dass du Wohlsein fühlst, sondern du bist das Wohlsein, und es ist äußerst wichtig, das zu verstehen.

20. *Tag*

Ein Mensch ohne Meditation weiß nichts von der Herrlichkeit der Existenz, weiß nichts von der glorreichen Gelegenheit, die ihm gegeben wurde. Er ist in tiefem Schlaf und hört nichts von dem Gesang und der Musik. Die Blumen blühen, aber er schläft fest – mitten im Garten Eden!

Alles, was er braucht, ist ein Erwachen, so dass er die Blumen, die Sterne, die Vögel, die Bäume und diese ganze ungeheure Pracht der Existenz sehen kann. Sie ist unglaublich, unfassbar! Uns ist die schönste und perfekteste aller Welten gegeben worden. Die Welt kann nicht perfekter sein, als sie ist; aber das müssen wir entdecken. Es ist eine Herausforderung! Und es ist gut, eine Herausforderung im Leben zu haben, sonst wäre das Leben tot. Es ist die Herausforderung, die das Leben lebendig macht.

Und Meditation ist die größte Herausforderung im Leben: sie ist das Entdecken deiner Wachsamkeit, sie ist das Vernichten deiner Schläfrigkeit, deines Schlafwandelns, sie ist ein gewaltiges Erwecken deiner Seele.

21. *Tag*

Die äußere Revolution ist nichts, verglichen mit der inneren Revolution. Die äußere Revolution erweist sich nur als Reform, sie erweist sich niemals als wirkliche Revolution, denn der Mensch bleibt derselbe. Nur die Strukturen um ihn herum werden verändert. Das Gefängnis wird verändert, aber der Gefangene bleibt derselbe, immer noch gefangen – vielleicht in einem bequemeren Gefängnis, angenehmer, mit Fernsehen und Fußballplatz und Einrichtungen, die freien Menschen zur Verfügung stehen, aber er ist immer noch im Gefängnis, es gibt keine Freiheit.

Die innere Revolution bringt Freiheit. Und der einzige Weg, der einen dazu bringt, durch die innere Revolution zu gehen, ist Meditation. Meditation bedeutet einfach nur, alles das zu vergessen, was du gelernt hast. Sie ist ein Vorgang der Dekonditionierung, ein Vorgang der Enthypnotisierung.

Wenn du einmal leer, weit, still, rein bist, dann ist die Revolution geschehen, die Sonne ist aufgegangen; dann lebst du in ihrem Licht. Und im Licht deiner inneren Sonne leben heißt, richtig leben.

In dem Augenblick, wo du still und bewusst und klar wirst und dein innerer Himmel voller Entzücken ist, hast du zum ersten Mal vom wahren Leben gekostet. Man kann es Gott nennen, man kann es Erleuchtung nennen, man kann es Befreiung nennen, die Erfahrung von Wahrheit, Liebe, Freiheit, Seligkeit – verschiedene Namen, aber das Phänomen ist dasselbe.

22. *Tag*

Alles, was du hast, kann verloren gehen, kann gestohlen werden, kann weggenommen werden. Zumindest der Tod wird dich von deinem Besitz trennen. Nur das, was du geworden bist, kann nicht weggenommen werden. Sogar der Tod kann dich nicht davon trennen. Du hast es nicht, du bist es.

Deshalb sagen die großen Weisen der Upanishaden: „Wenn man Gott kennt, wird man Gott." Wenn man Gott kennt, wird man Gott, denn Gott kennen ist nicht wie Kenntnisse haben. Die kannst du vergessen. Gott kennen bedeutet einfach nur, dass du eine neue Seinsqualität erreicht hast. Sie wird Teil deines Atmens, Teil deines Herzschlags.

Die letztendliche Vereinigung mit dem Ganzen bedeutet einfach, du bist das Ganze geworden. Deshalb fühlt man an diesem Punkt: Ich bin angekommen. Dies war das Ziel, das ich Tausende von Leben lang gesucht habe. Dies ist das Zuhause, nach dem ich gesucht habe. Ich habe viele, viele Häuser gehabt, aber kein Haus erwies sich wirklich als Zuhause, sie waren nur Karawanenstationen, und immer musste ich sie verlassen. Aber dieses Zuhause kann ich nicht mehr verlassen, denn *ich bin* das Zuhause.

23. *Tag*

Lebe dein Leben, als seiest du der erste Mensch auf der Erde, lebe als seiest du Adam oder Eva – vor dir war niemand da, deshalb kannst du niemanden nachahmen. Wenn du einmal anfängst, dein Leben nach deinem eigenen Licht zu leben, ohne die geringste Angst, Fehler zu machen... man muss einfach Fehler machen, sie sind natürlich, unvermeidlich und sogar nützlich. Wenn man keine Fehler macht, kann man nicht lernen. Natürlich sollte man denselben Fehler nicht zweimal machen, denn das ist dumm. Finde immer wieder neue Fehler, neue Irrtümer, neue Wege, die dich in die Irre führen.

Es ist besser, auf einem neuen Weg in die Irre zu gehen, als der Masse auf dem richtigen Weg zu folgen. Denn es geht nicht um richtig oder falsch, sondern es geht darum, authentisch zu sein, dir selber treu, verantwortlich für dein Sein.

Meditation heißt, bei allem, was du tust, deine Intelligenz anzuwenden. Und allmählich wird deine Intelligenz ihr eigenes Licht.

24. *Tag*

Meditation holt dich aus der Psychologie der Herde heraus. Zuerst macht sie dich menschlich, und dann führt sie dich dem Übermenschlichen entgegen, das göttlich ist. Aber das ist Rebellion, und darum war die Masse nie fähig, den Meditierern zu vergeben, und sie wird nie dazu fähig sein.

Ich bin kein Pessimist, ich bin ungemein optimistisch, denn ich sehe, wie die Menschheit wächst, mündig wird. Aber es ist eine Tatsache – sogar Optimisten können es nicht leugnen –, dass die Massenpsychologie niemals fähig sein wird, sich auf die Stufe der individuellen Psychologie zu erheben. Sie mag sich ein wenig verbessern, aber der Unterschied zwischen dem Individuum und der Masse immer derselbe bleiben. Wenn die Massenpsychologie sich auf eine etwas höhere Stufe erhebt, wird sich die individuelle Rebellion auch auf eine etwas höhere Stufe erheben. Der Abstand wird der gleiche bleiben.

Und es ist wirklich eine Freude, gegen alles zu rebellieren, was faul und hässlich ist, gegen alles, was tot ist und stinkt. Es ist eine Freude, es ist eine Herausforderung, und es ist eine großartige Gelegenheit zu wachsen. Nur Individuen wachsen zur Göttlichkeit, und ich bestehe darauf und betone noch einmal, dass nur Individuen religiös sein können. Religion kann niemals ein Kult, ein Bekenntnis, eine Kirche sein. Wenn etwas eine Kirche, ein Kult, ein Bekenntnis wird, ist es mit Sicherheit keine Religion. Es ist getarnte Politik.

25. *Tag*

Die gesamte Evolution des Menschen hängt von einigen wenigen Menschen ab; sie können an den Fingern abgezählt werden. Die Massen haben keinerlei Beitrag geleistet. Sie waren nur totes Gewicht, sie haben nicht geholfen. Der Massenverstand ist immer gegen das Neue. Sie haben Jesus nur deshalb gekreuzigt, weil er so neu war. So, wie er sprach, hatte noch nie jemand gesprochen; so, wie er sich verhielt, hatte sich noch nie jemand verhalten. Der Pöbel konnte diesen Mann nicht ertragen – so ein schöner Mann, so ein wunderbarer Mensch – und die Masse entschloss sich, ihn zu kreuzigen. Und es war immer der gleiche Fall, dasselbe haben sie mit Sokrates und mit Mansur gemacht.

Immer wenn es einen Menschen gibt, der das Neue in die Existenz bringt, der zum Instrument des Jenseitigen wird, ist sein Leben in Gefahr, denn die Massen fühlen sich angegriffen, beleidigt; ihre Egos sind verletzt. Aber das Merkwürdige daran ist, dass diese wenigen Menschen, die von den Leuten getötet und ermordet und gefoltert wurden, die Ursache für das gesamte Gedeihen der Menschheit sind, sie sind der Grundstein dieses Tempels, der noch immer unvollständig ist. Es sind noch viele Opfer nötig, es müssen noch viele Jesuse gekreuzigt werden, es müssen noch viele Sokratese vergiftet und getötet werden

26. *Tag*

Lebe spontan, von einem Moment zum andern. Dieser Moment ist alles. Die Vergangenheit muss fallengelassen, vergessen werden, denn sie ist nicht mehr, und um die Zukunft brauchst du dir keine Sorgen zu machen, denn sie ist noch nicht. Dann ist dieser wunderschöne Moment alles, was übrig bleibt. Mach diesen Moment zu einem Freudenfest, lebe diesen Moment total, und dieser Moment wird das Tor zu Gott.

Gott kennt nur eine Zeit, und die ist jetzt, und nur einen Ort, und der ist hier. Gott ist immer jetzt-hier. Wenn du dich also einmal von der Vergangenheit und der Zukunft zurückgezogen hast, bleibt nur Gott übrig. Es besteht keine Notwendigkeit zu beten, es besteht keine Notwendigkeit, in Schriften zu forschen, es besteht keine Notwendigkeit, in allen möglichen dummen esoterischen Lehren zu wühlen; man kann ganz schlicht sein, und man kann die Wahrheit ohne alles Aufheben finden. Die gesamte Theologie ist ein unnötiger Wirbel, viel Lärm um nichts.

Mein Ansatz ist, total in der Gegenwart zu leben. Alles andere ist unnötig.

27. *Tag*

Jeder Moment bietet dir zwei Alternativen: du kannst unglücklich sein, oder du kannst selig sein. Du hast die Wahl.

Ein hassidischer Meister lag im Sterben, und seine Schüler fragten ihn: „Verrate uns jetzt dein Geheimnis. Wir haben dich fast fünfzig Jahre lang beobachtet, und wir haben dich niemals traurig gesehen, nicht einmal einen einzigen Augenblick lang. Und wir haben von deinen Vätern und Vorvätern gehört, dass du in deiner Jugend sehr traurig und ernsthaft warst. Was ist dann geschehen? Wie bist du so fröhlich geworden?"
Er sagte: „Sie haben recht. Bis zu meinem dreißigsten Lebensjahr war ich sehr traurig und ernsthaft. Dann dachte ich eines Morgens: ‚Was mache ich denn? Warum bin ich so traurig und ernsthaft? Warum soll ich meine Energien verschwenden? Heute will ich mal, nur so zur Abwechslung, fröhlich sein.' Ich versuchte es, und es gelang. Seitdem stelle ich mir jeden Morgen, wenn ich aufwache, die Frage: ‚Zusya' – Zusya war sein Name – ‚was willst du heute? Willst du traurig, ernsthaft und traurig, unglücklich oder selig sein?' Und ich entscheide mich immer für selig sein. Seitdem bin ich immer selig."

Ich stimme diesem Mann Zusya vollkommen zu, er hat sicherlich recht: Es ist nur eine Frage der Entscheidung. Versuch es also von morgen früh an. Du bist lange genug ernsthaft gewesen. Oder du kannst sogar jetzt anfangen. Du brauchst nicht einmal bis morgen zu warten, denn – wer weiß – morgen kommt vielleicht nie. Lass es auf einen Versuch ankommen. Und glaube mir, es wird dir gefallen.

28. *Tag*

Wir sind vom Alten geprägt, wir leben gemäß dem Alten, wir leben für das Alte, wir opfern uns auf für das Alte. Das heißt, wir werden vom Friedhof aus dominiert, unser ganzes Leben wird kontinuierlich nach hinten gezogen. Das ist nicht die wahre Art zu leben; es ist vielleicht eine gute Art, Selbstmord zu begehen, aber es ist keine Art zu leben.

Um authentisch zu leben, muss man jeden Moment die Vergangenheit sterben lassen, damit man jeden Moment neu und frisch ist, so frisch wie die Tautropfen in der frühen Morgensonne, so frisch wie die Lotusblüte, die sich gerade auf dem See öffnet. Jeder Moment sollte frisch, jung, lebendig, unschuldig, unbelastet von der Vergangenheit sein.

Das Leben gibt dir so viele Überraschungen, so viel Staunen, so viele Gaben, dass du es unmöglich zurückzahlen kannst. Nur Tränen der Dankbarkeit, nur ein Herz, das vor Dankbarkeit höher schlägt – das ist alles, was wir geben können.

29. *Tag*

Der Mensch ist ein Tempel, aber von außen kannst du nur die Wände sehen. Es ist sehr merkwürdig, dass nicht nur andere dich von außen sehen, sondern dass du selbst dich auch von außen siehst. Du schaust in den Spiegel, um dein Gesicht zu finden, du schaust in die Augen der anderen, um dein Bild zu sehen, du hörst dir an, was andere von dir denken, um zu erfahren, wer du bist – gut, schlecht, moralisch, unmoralisch, ein Heiliger, ein Sünder. Das ist wirklich merkwürdig, denn wir wissen es ja selbst von innen, wir brauchen doch gar keinen Spiegel. Es besteht überhaupt keine Notwendigkeit, sich auf die Meinung der anderen zu verlassen, denn ihre Meinungen geben uns nur Auskunft über unsere Wände, über die äußeren Wände unserer Tempel. Über die Gottheit darin können sie uns keine Auskunft geben.

In dem Moment, in dem du im Zentrum deines Seins sitzt und beobachtest, wirst du sehen: Dein Körper ist nur ein Tempel, Gott ist in deinem Innern. Und es ist unmöglich, es von außen zu finden, und es ist nicht nötig, es von außen zu finden.

Wenn du den Gott in deinem Innern einmal entdeckt hast, wirst du fähig, es auch in andern zu sehen, dasselbe. Dann weißt du, dass auch sie Tempel sind und dass Gott in ihnen sein muß, denn sie leben, und Leben ist Gott.

Du wirst es auch sonst überall finden. Du wirst es in den Bäumen, in den Tieren sehen. Überall wirst du es sehen. Überall wo Leben ist, ist Gott. Dann wird die ganze Welt sein Tempel.

30. *Tag*

Nur wenn man fühlen kann: „Die ganze Existenz braucht mich", „Ich bin nicht durch Zufall hier", „Ich habe eine bestimmte Aufgabe zu erfüllen", „Mein Leben mussetwas Schönes zur Existenz beitragen", fühlt man sich erfüllt; nur dann wirst du fühlen, dass du dein Werk vollbracht hast. Und die Freude, die du erfährst, wenn du eine Arbeit vollendet ausgeführt hast, eine Arbeit, bei der du mit Leib und Seele dabei warst...

Wenn du sie gut gemacht hast, wenn du sie gut zu Ende geführt hast, steigt Ekstase in dir auf. Die Existenz ist durch dich ein wenig reicher geworden, als sie vorher war.

Diese Erfahrung machst du, wenn du stiller wirst. Je stiller du wirst, desto mehr beginnst du, die Hände des Höchsten hinter dir zu fühlen. Wenn du vollkommen still wirst, entdeckst du plötzlich, dass du nur eine Bambusflöte an den Lippen des Höchsten bist – sein Lied fließt durch dich hindurch. Deine einzige Aufgabe besteht darin, es nicht zu verhindern, es nicht zu verzerren, es in seiner Reinheit durch dich hindurchfließen zu lassen. Es sollte so vorgetragen werden, wie es ist.

31. *Tag*

Werde zu einem Lied, freu dich des Lebens! Tanze mit dem Wind und der Sonne und dem Regen. Es ist heiliger Boden, auf dem du wandelst, alles ist göttlich, alles um dich herum. Es ist undankbar, kein Lied zu sein, es ist undankbar, nicht zu tanzen. Wir können unsere Dankbarkeit zu Gott ausdrücken, indem wir kleine Lieder singen, kleine Tänze tanzen. Wir können auf unsere eigene kleine Art feiern. Lass das Leben also ein Feiern werden, ein Freudenfest, ein Halleluja!

In Stille sitzen,
nichts tun,
der Frühling kommt

1. *Tag*

Das wirkliche Abenteuer beginnt erst, wenn du anfängst, tiefer in dein Sein zu gehen und gleichzeitig höher in dein Bewusstsein. Diese beiden Vorgänge sind zwei Seiten einer Medaille. Wenn du tiefer gehst, gehst du höher; und wenn du höher gehst, gehst du tiefer. Es ist eine Dimension, die vertikale Dimension. Die Leute, die ein flaches Leben führen, leben horizontal, und natürlich ist ihr Leben wie ein platter Reifen, ganz durchlöchert.

Werde etwas Vertikales. Sannyas ist ein Wechsel vom Horizontalen zum Vertikalen. Dann ist das Leben wirklich Seligkeit, ein Gottesgeschenk. Man kann es Gott nicht zurückerstatten, das geht nicht. Man kann nur dankbar sein, unermesslich dankbar. Und das ist Gebet, das ist Religion: eine tiefe Dankbarkeit gegenüber der Existenz für alles, was sie für uns getan hat.

2. *Tag*

Es gibt zwei Welten, die eine ist außen, die andere ist innen. Eigentlich sind es nur für die Unwissenden zwei, nur weil du die Einheit noch nicht gesehen hast, sind es zwei, weil dein Ego zwischen den zweien steht wie eine Trennungslinie. Sobald das Ego sich in Luft auflöst, verschwindet, gibt es nur eine Welt. Dann ist sie weder subjektiv noch objektiv, weder außen noch innen, aber für den Anfang müssen wir den Stand akzeptieren, in dem wir uns befinden. Deshalb sage ich, es gibt zwei Welten. Ich meine damit, für dich gibt es zwei Welten, die innere und die äußere.

Um zur letzten Wahrheit zu gelangen, muss man zuerst die innere Welt erforschen. Und wir alle erforschen die äußere – wir fangen mit dem falschen Schritt an. Dann wird auch alles andere falsch. Wenn der erste Schritt falsch ist, dann wird auch alles andere falsch.

Du musst zuerst deine innere Lichtquelle finden. Erforsche sie – und es ist eines der ekstatischsten Abenteuer, tatsächlich das ekstatischste Abenteuer. Kein anderes Abenteuer ist damit vergleichbar, nichts reicht daran heran. Sogar zum Mond oder zum Mars fliegen kommt nicht daran heran. Es ist nichts, verglichen mit der Reise, die Jesus machte oder die Buddha machte. Das sind wirkliche Abenteuer.

3. *Tag*

Alles was im Zentrum deines Seins geschieht, beeinflusst auch die Peripherie. Wenn es dunkel ist in deinem Haus, werden deine Fenster und deine Türen natürlich auch dunkel sein. Und wenn du eine Kerze darin anzündest, dann wird das Licht durch das Fenster, durch die Tür nach außen gelangen. Von weit her wird ein Mensch, der sich im Dschungel, im Dunkeln verirrt hat, Beistand, Trost, eine Richtung finden, weil dein Haus von einer kleinen Kerze erleuchtet wird; er wird sich darauf zubewegen. Aber wenn dein Haus dunkel ist, wird er nicht in der Lage sein, es zu finden.

Wenn man voller Seligkeit wird, wird man voller Licht. Unglücklichsein ist Dunkelheit, Seligsein ist Licht. Und du siehst, wie der Mensch voller Seligkeit leuchtet, er strahlt vor Licht. Etwas von seinem Innersten beginnt, durch den Körper nach außen gefiltert zu werden – und das gibt ihm ungeheure Schönheit.

4. *Tag*

Wir sind aus Licht gemacht, die ganze Existenz ist aus Licht gemacht, und doch haben das völlig rätselhafte Phänomen, dass wir in Dunkelheit leben. Es ist wirklich unglaublich, wie wir es fertig bringen, in Dunkelheit zu leben. Es ist ein Kunststück! Wir alle tun ein großes Wunder: wir sind aus Licht gemacht, und doch leben wir in Dunkelheit.

Der Grund dafür ist, dass wir uns niemals selber beobachten. Wir beobachten alle anderen, fortwährend schauen wir hierhin und dorthin. Unsere Augen eilen ständig von einem Objekt zum andern, aber sie sind niemals still und stumm, um einen kleinen Schimmer von unserem eigenen Sein zu erhaschen. Und genau dieser kleine Schimmer verwandelt dich, weckt dich auf. Dann gibt es keinen Tod, dann gibt es keine Begrenzung mehr für dich, dann bist du unbegrenzt, dann bist du Freiheit – und die Freude an der Freiheit ist unendlich.

5. *Tag*

Für gewöhnlich ist der Mensch unbewusst. Nur ein kleiner Teil hat Bewusstsein erlangt, ein sehr winziger Teil, sehr flackernd. Jederzeit, beim kleinsten Vorfall, wirst du wieder unbewusst. Jemand tritt dir auf die Zehen, und du bist unbewusst; jemand schlägt dich, und du bist unbewusst; jemand beleidigt dich, schaut dich ärgerlich an, und du bist unbewusst; eine schöne Frau geht an dir vorbei, und du bist unbewusst. Dein Bewusstsein ist nicht viel, es ist nur ein sehr peripheres Phänomen. In deinem Innern trägst du einen riesigen Kontinent an Unbewusstheit. Der muss transformiert werden.

Wenn dein ganzes Sein bewusst wird, wenn nichts dich unbewusst machen kann, wenn dein Bewusstsein sogar in tiefem Schlaf ein subtiler Hintergrund bleibt, dann bist du zu Hause angekommen. Wenn man erwacht ist, ist man zu Hause angekommen. Wenn man nicht erwacht ist, dann wandert man weiter überallhin, nur nicht nach Hause.

6. Tag

Gott kann nicht bewiesen werden. Es gibt kein Argument für ihn noch gegen ihn. Aber wenn die Bewusstheit wächst, beginnt man Gott zu fühlen. Während in dir immer mehr Bewusstheit wächst, nimmst du wahr, dass die Dinge verschwinden: die Materie verschwindet, und das Universum beginnt dir, anstatt als Materie, als göttlich, als Bewusstsein zu erscheinen.

Es ist ein einfaches Gesetz: die Welt erscheint dir als Materie, weil du dich selber für den Körper hältst. Du siehst die Welt als das, was du bist. Wenn du denkst, du bist der Körper, dann ist die Welt Materie; es gibt keinen Gott. Wenn du denkst, dass du eine Seele bist, wenn du dich selbst als Bewusstsein erfährst, dann wird die Welt von dir augenblicklich als Bewusstsein erfahren. Die Welt ist ein Spiegel; alles, was du bist, wird zurückreflektiert. Deshalb bekommst du nur das, was du verdienst.

Werde bewusster, und die Welt wird mit dir bewusst. Wenn du auf dem Gipfel deines Bewusstseins bist, verschwindet die Welt als Materie, sie verwandelt sich in Göttlichkeit. Das ist die äußerste Erfahrung von Wahrheit, von Liebe, von Seligkeit.

7. *Tag*

Für gewöhnlich ist der Mensch sehr grausam, grausamer als jedes andere Tier, animalischer als jedes andere Tier. Der Mensch in seiner Unbewusstheit steht weit unter dem Tierreich, denn kein Tier außer dem Menschen tötet seine eigene Gattung, kein Tier tötet einfach als Spiel. Unter den Tieren gibt es keine Jäger. Sie töten nur, wenn sie hungrig sind, sonst nicht.

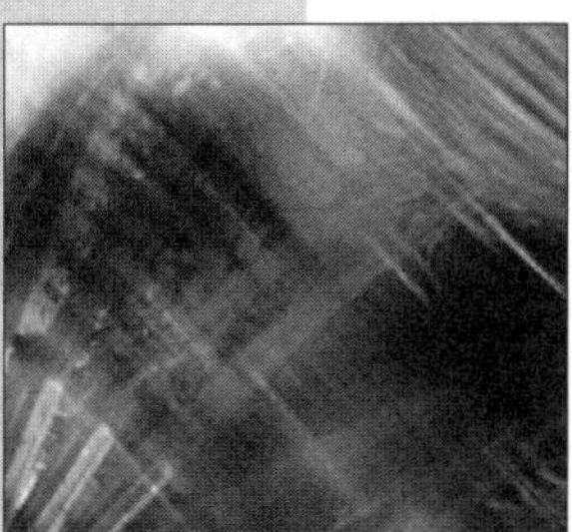

Andererseits kennt aber auch kein anderes Tier Mitgefühl. Deshalb kann der Mensch tiefer fallen als die Tiere, und er kann höher aufsteigen als die Götter. Das ist die Schönheit des Menschen, seine Pracht, seine Herrlichkeit: er hat ein weites Spektrum, das ganze Universum steht ihm zur Verfügung. Er kann der Tiefste sein, und er kann der Höchste sein.

Weihe dich dem Ziel des Höchsten. Es ist die Entscheidung: „Ich werde mich nicht zufrieden geben, bevor ich nicht die höchste Transformation erreicht habe.“ Und wenn deine Entscheidung total ist, beginnt es zu geschehen. Nichts fehlt außer dieser Entscheidung, akzeptiere Entschiedenheit.

8. *Tag*

Die Wahrheit kann nicht übertragen werden – das ist eine der wesentlichen Eigenschaften von Wahrheit. Meine Wahrheit kann nicht deine Wahrheit werden. Sobald ich sie dir gebe, in genau dem Moment, wird sie falsch. Es ist, wie wenn man einen Baum entwurzelt: in dem Moment, in dem du ihn entwurzelst, ist er tot. Er ist nur lebendig, wenn er verwurzelt ist. Und der Baum der Wahrheit kann nicht verpflanzt werden, du kannst ihn nicht in eine andere Erde stecken.

Jeder Mensch muss seine eigene Wahrheit entdecken. Lerne von Buddha die Möglichkeit der Wahrheit, lerne von Buddha die Hoffnung, lerne von Buddha die Zuversicht: „Ja, es ist möglich! Wenn es für einen Menschen möglich ist, warum nicht für mich?"

Aber versuche nicht, etwas auszuleihen, denn alles, was du ausleihst, sind nur Worte, sie werden in deinem Leben keine Bedeutung haben. Bedeutung kommt durch Erfahrung.

9. *Tag*

Wahrheit ist niemals bequem. Anfangs ist sie sehr unbequem. Buddha soll gesagt haben, dass Lügen am Anfang süß und am Ende bitter sind, und dass Wahrheit am Anfang bitter und am Ende süß ist. Und er hat recht, absolut recht. Die Wahrheit ist bitter. Nicht, dass die Wahrheit wirklich bitter wäre; aber weil wir so lange in Lügen gelebt haben, tut es weh, wenn die Wahrheit kommt und unsere Lügen zerschmettert werden.

Und Wahrheit kennt keine Kompromisse. Wenn sie kommt, müssen alle Lügen zerschmettert werden. Am Anfang entsteht Chaos, aber aus diesem Chaos werden Sterne geboren, aus diesem Chaos entsteht Kreativität. Deshalb haben nur einige wenige wagemutige Seelen die Wahrheit erfahren. Die anderen leben mit ihren Lügen im Arm, sie halten ihr Spielzeug, ihre Teddybären fest umschlungen, sie klammern sich an bequeme Ideen. Der Mensch hat zum Beispiel Angst vor dem Tod. Weil er Angst vor dem Tod hat und nichts von Unsterblichkeit weiß, hält er sich an der Idee der Unsterblichkeit fest. Es kommen Leute zu mir und fragen: „Was geschieht nach dem Tod?"

Und ich sage zu ihnen: „Versuche, zuerst herauszufinden, was vor dem Tod passiert. Du lebst – im Moment solltest du dich damit beschäftigen, was Leben ist."

Wenn du weißt, was Leben ist, wenn du weißt, was jetzt gerade ist, wirst du fähig sein, die gleiche Bewusstheit anzuwenden, wenn der Tod kommt. Es ist dieselbe Bewusstheit; derselbe Spiegel, der das Leben reflektiert, wird den Tod reflektieren. Und wenn du bewusst bist, gibt es keinen Tod, gibt es keine Geburt, gibt es nur Ewigkeit. Aber das muss eine Erfahrung sein, keine Idee.

10. *Tag*

Ich lehre hier keine Philosophie und ich lehre kein Dogma, kein Bekenntnis. Meine ganze Lehre besteht aus Experimentieren, Erfahren, mit Offenheit in dich selbst gehen, ohne Glaubenssätze – denn jeder Glaubenssatz wird ein Hindernis auf dem Weg dazu sein, die Wahrheit zu wissen.
Jeder Glaube steht der Erforschung der Wahrheit entgegen. Sei also kein Christ oder Hindu oder Muslim, sei kein Theist und kein Atheist. Wozu auch, du weißt ja gar nichts! Wisse einfach „Ich weiß nichts“, und geh mit diesem Wissen nach innen wie ein unschuldiges Kind, das nichts weiß. Wenn man sein eigenes Sein unschuldig wie ein Kind betreten kann, und wenn man aus dem Nichtwissen heraus handeln kann, dann ist es nicht weit weg; es ist sehr nahe.
In dem Moment, in dem du dein Sein kennst, hast du den Schlüssel gefunden, den Meisterschlüssel, der viele, viele Türen aufschließen kann. Tatsächlich reicht der eine Schlüssel aus, um alle Türen aufzuschließen. Ich nenne diesen Schlüssel die Wahrheit, deine Wahrheit, deine von dir erfahrene Wahrheit.
Lass also allen Glauben fallen, lass alle Lügen fallen, die andere dir beigebracht haben, und mache dich unschuldig, leer, nichts wissend auf den Weg. Und bald wirst du einen großen Schatz finden, große Weisheit in dir selbst. Sie ist schon da, sie wartet nur darauf, dass du mit leeren Händen kommst. Meditation bedeutet, mit leeren Händen nach innen gehen, leer von allem Glauben, leer von allem Wissen.

11. *Tag*

Was Christus sagt, ist seine Erfahrung, was die Christen sagen, ist ihr Glaube. Und der Abstand zwischen Erfahrung und Glauben ist enorm. Er ist unüberbrückbar. Sei niemals ein Gläubiger, wenn du die Wahrheit wissen willst. Ich sage nicht, du sollst ein Ungläubiger sein, denn das ist auch wieder ein Glaube – ein negativer Glaube, ein Anti-Glaube...

Die Wahrheit steht dir genau so zur Verfügung wie einem Jesus, einem Buddha, einem Krishna. Sie ist niemandes Eigentum, sie ist jedermanns Recht von Geburt an. Man sollte sie erforschen, man sollte sich hineinbegeben. Anstatt zu glauben, sollte man aufgeschlossen an sie herangehen. Glauben verschließt dich.

Du lebst bereits mit einem vollzogenen Schluss, der dir von anderen gegeben wurde, der in Wirklichkeit zufällig ist. Wenn du von einem Hindu aufgezogen wurdest, bist du ein Hindu. Wenn du von einem Muslim aufgezogen wurdest, bist du ein Muslim. Es ist also nur eine Frage der Konditionierung, eine Frage dessen, wer dir die Konditionierung gegeben hat, wo du zufällig geboren wurdest.

Komm aus aller Konditionierung heraus, werde frei, so dass du erforschen kannst, so dass du erkunden kannst. Die erste Voraussetzung für dieses Erforschen ist, alle A-priori-Schlüsse fallen zu lassen, dann kannst du eines Tages erfahren. Und an dem Tag, an dem du erfährst, wirst du ein Christus, wirst du dein eigener Buddha – und das hat seine Schönheit. Christus ist schön, aber ein Christ ist hässlich.

12. Tag

Die Wahrheit muss deine eigene sein, keine geborgte. Sie muss in dir geboren werden, du kannst sie nicht adoptieren. Wenn eine Frau kein Kind bekommen kann, adoptiert sie ein Kind; sie hofft und glaubt, dass es sie zu einer Mutter machen wird. Aber nur wenn du ein Kind neun Monate lang in deinem Schoß trägst, kannst du eine Mutter sein. Jene neun Monate, wenn das Kind im Mutterleib ist, sind bedeutsam, denn Mutter und Kind leben in tiefer Harmonie – keine Trennung, ein tiefes Einssein. Das Kind atmet durch die Mutter, es hört immerzu den Herzschlag der Mutter.

Psychologen sagen, Musik habe eine solch verzaubernde Wirkung auf uns, weil das Kind den Herzschlag der Mutter hört. Ohne das... wenn das Kind im Tiefkühlfach aufgezogen wird – und über kurz oder lang werden sie das tun – wird dieses Kind keine Sehnsucht nach Musik haben, es wird keinerlei Gespür für Rhythmus haben. Es wird kalt sein, äußerst kalt. Es wird keine Wärme haben, es hat den Mutterleib nicht gekannt. Es wird fast unmenschlich sein, denn das Kind verändert sich ständig mit den Stimmungen der Mutter. Und das ist nicht einseitig. Die Mutter verändert sich ebenfalls mit den Stimmungen des Kindes; es ist ein ständiger Austausch. Diese neun Monate, der Schmerz, das Gewicht, die Aufopferung, sind ein Muss, sonst fehlt der Mutter etwas.

Dasselbe gilt für die Wahrheit: du musst eine Mutter für sie sein, du kannst sie nicht adoptieren.

Meditation bedeutet einfach, alles fallen zu lassen, was adoptiert, angenommen ist, so dass du frei wirst, das zu wissen, was in dir ist.

13. *Tag*

Die Menschen gehen in die Irre, weil sie nicht wissen, wo sie sich Rat holen können. In der Vergangenheit gingen sie zu den Priestern, jetzt haben sie angefangen, zu den Psychoanalytikern zu gehen. Der Psychoanalytiker ist der neue Priester. Weder der Priester noch der Psychoanalytiker weiß irgendetwas. Der Priester war selber nicht klar, der Psychoanalytiker ist es auch nicht.

Ich bemühe mich hier, euch zu helfen, eure eigene Stimme zu finden, so dass du keinen anderen Rat brauchst. Ich gebe euch keinerlei Rat. Ich versuche nicht, eure speziellen Probleme zu lösen. Mein Bemühen ist ganz radikal: Ich helfe euch einfach, den inneren Lärm abzustellen, so dass ihr eure eigene Stimme hören könnt. Dann könnt ihr nichts falsch machen. Dann lebt ihr in eurem eigenen Licht.

14. *Tag*

Das kollektive Bewusstsein ist rastlos geworden, weil man uns Ehrgeiz gelehrt hat. Wie kannst du ruhen, wenn du ehrgeizig bist? Ehrgeiz bedeutet rennen, mit großer Geschwindigkeit rennen, denn es gibt noch mehr Läufer, du bist nicht allein. Mach ihnen Konkurrenz, mit allen nur möglichen Mitteln. Es kommt nicht darauf an, ob die Mittel gut sind oder schlecht, das einzige, worauf es ankommt, ist Erfolg – denn uns ist immer wieder gesagt worden, dass nichts so erfolgreich ist wie Erfolg.

Wenn du erfolgreich bist, wird man alles, was du gemacht hast, für gut halten. Wenn du versagst, wird man sogar das, was gut war, für schlecht halten.

So werden wir auf einen politischen Kampf vorbereitet – um Geld, Macht, Prestige, Namen, Berühmtheit. Natürlich ruft all das eine Art Fieber hervor, es erlaubt dir keine Ruhe; Ruhe scheint eine Zeitverschwendung zu sein. Du bekommst sogar gesagt, dass es gut ist, etwas Stupides zu machen, solange du nur etwas machst, damit du ein Macher bleibst, damit dir die Qualität des Machens nicht abhanden kommt. Nichts haben sie so sehr verdammt wie Ruhe. Sie sagen, ein leerer Kopf ist die Werkstatt des Teufels...

Alles, was ich lehre, ist genau das Gegenteil von diesem Quatsch, der der Menschheit übergestülpt wurde. Er hat das menschliche Bewusstsein vergiftet. Ich sage euch, nichts ist besser als etwas. Wie gut das Etwas auch sein mag, es kann nie besser sein als nichts. Ich sage euch, ein leerer Kopf ist nicht die Werkstatt des Teufels, er ist der Schrein Gottes.

15. *Tag*

Schwache Menschen umgeben sich mit einer Fassade von Überlegenheit – das ist es, was einen Egotrip ausmacht. Immer wenn du einen Egoisten siehst, kannst du absolut sicher sein, dass tief in ihm ein Minderwertigkeitskomplex besteht. Er leidet sehr stark, weil er fühlt, dass er nichts ist, aber das kann er nicht zugeben. Er muss es verstecken, nicht nur vor anderen, sondern auch vor sich selbst. Er muss das Gefühl der Minderwertigkeit so tief in seinem Unterbewusstsein unterdrücken, dass er es gar nicht mehr wahrnimmt. Ein wirklich seliger Mensch hat nichts zu verstecken. Er drückt sich aus, er ist kreativ. Und weil er nichts zu verstecken hat, hat er keine doppelte Persönlichkeit. Doppelte Persönlichkeiten sind kompliziert.

Und bei zwei Persönlichkeiten kannst du nicht stehen bleiben. Wenn du dich einmal in diese Richtung bewegst, brauchst du bald eine dritte Persönlichkeit, dann eine vierte, dann eine fünfte... und dieser Prozess geht weiter ad infinitum. Eine Lüge braucht die nächste Lüge, um sich zu beschützen, und so weiter und so fort. Sprich eine einzige Lüge aus, und du wirst tausendundeine Lüge erfinden müssen, um sie zu beschützen. Und für sich selbst brauchen sie wieder neue Lügen. Du wirst vollkommen vergessen, warum du angefangen hast zu lügen, was die erste Lüge war. Aber ein Mensch, der selig ist, hat nichts, wofür er lügen müsste, hat nichts zu verstecken, hat nichts zu verdecken. Er braucht keine andere Persönlichkeit – er ist einfach. Und er ist niemals arrogant, das kann er gar nicht, das braucht er nicht. Warum sollte er arrogant sein? Er ist so selig, dass er dankbar ist, er ist nicht arrogant. Er ist nicht sauer auf die Welt, er ist sehr dankbar – allen ist er dankbar.

16. Tag

Gedanken sind wie Wellen, sie halten deinen Geist ständig in Bewegung. Und wenn der Geist in Bewegung ist, kann er den Mond nicht widerspiegeln. Er ist wie ein See voller Wellen, der Mond ist da, aber der See ist unfähig, ihn widerzuspiegeln. Wenn der See völlig still geworden ist, als wäre er ein Spiegel, wird der Mond in seiner ganzen Herrlichkeit reflektiert. Tatsächlich ist der Mond, der sich im See spiegelt, viel schöner als der richtige Mond, denn der See fügt seiner Schönheit, seiner Pracht etwas hinzu. Und das gleiche gilt für die Wahrheit. Wenn du absolut still bist und die Wahrheit in dir reflektiert wird, gewinnt sie etwas. Die Wahrheit wird reicher, wenn sie im Bewusstsein eines Buddhas reflektiert wird.

Jeder Buddha hat den Diamanten der Wahrheit immer schöner werden lassen. Aber die ganze Kunst ist, in Stille zu sein, in totaler Stille. Das wird also deine Arbeit an dir sein: in Stille sitzen, nichts tun, der Frühling kommt, und das Gras wächst ganz von selbst. Die Erleuchtung kommt, so wie das Gras wächst – ganz von selbst. Anstrengung ist nicht nötig. Das einzige, was nötig ist, ist, all deine Anstrengungen vollkommen zurückzuziehen, so als wärest du gar nicht – das ist mit Stille gemeint. In dem Moment, wo du dich völlig entfernt hast, kommt die Wahrheit an, und sie kommt mit einer solchen Pracht und Schönheit, mit einer solchen Seligkeit und Gnade, mit einer solchen Ekstase, dass man es sich nicht vorstellen kann.

17. *Tag*

Der Mensch ist ein Fremdling auf der Erde. Er ist hier, aber er gehört nicht hierher. Er versucht auf jede Art, sich ein Heim zu schaffen, Beziehungen zu schaffen, aber alles schlägt fehl. Er bleibt obdachlos, solange er nicht nach innen schaut, denn da ist sein wirkliches Zuhause. Und das Innen geht über die Erde hinaus, das Innen ist nicht Teil dieser Erde. Es ist hier, und es ist nicht hier.

Sobald wir einmal wissen, wer wir in unserer inneren Welt sind, verschwindet das Gefühl, ein Fremdling zu sein. Du hast dein Heim, dein Universum gefunden; du hast Göttlichkeit gefunden.Solange das nicht geschieht, werden alle Anstrengungen nichts bringen. Alle unsere Liebesbeziehungen werden nichts bringen, ohne Ausnahme. Dass es eine Ausnahme geben könnte, ist nur unsere Hoffnung. Alle Macht bringt nichts. Man kann alle Reichtümer dieser Welt besitzen, und man bleibt doch arm. Man kann die ganze Welt besitzen, und tief im Innern weiß man doch, dass man hohl und leer ist, und dass das Leben keinen Sinn hat.

Wenn du dein Zentrum einmal gesehen hast, wird deine Peripherie ein Teil davon. Dann lebst du in der Welt, und doch lebt die Welt nicht in dir. Du lebst in der Welt und bleibst doch unberührt davon.

18. *Tag*

Unser Verstand bewegt sich wie ein Pendel von heiß zu kalt und von kalt zu heiß. Er hält nie in der Mitte an. Wenn er in der Mitte anhielte, würde er etwas absolut Neues erfahren, das Kühle.

Die Lust ist heiß, sie ist ein Fieber, sie ist fieberhaft, sie ist fast ein Zustand von Wahnsinn. Und genau am entgegengesetzten Ende ist Hass, und der ist kalt, äußerst kalt. Das eine ist fieberhafte Hitze und das andere ist tödliche Kälte – und der Verstand bewegt sich fortwährend zwischen diesen beiden hin und her. Du kannst jemanden lieben oder du kannst jemanden hassen. Deshalb können Freunde leicht zu Feinden werden und Feinde zu Freunden; es gibt keinen großen Unterschied.

Meine Bemühungen hier gehen dahin, dir genau den Punkt zu geben, der in der Mitte der beiden Extreme ist. Buddha hat seinen Weg *majjhim nikaya* genannt; *majjhim nikaya* bedeutet: der Mittelweg. Er pflegte zu sagen, wenn du genau in der Mitte bist, gehst du über das einander Entgegengesetzte, die Polarität hinaus, dann bist du weder voller Lust noch voller Hass. Und dieser Zustand der Kühle, in dem dich nichts aus dem Gleichgewicht bringt, weder Liebe noch Hass, ist der Zustand, in dem Seligkeit gefunden wird, in dem Gott gefunden wird, in dem Wahrheit gefunden wird.

Und genau wie wenn das Pendel der Uhr in der Mitte anhält – wenn du das Pendel in der Mitte anhältst, stoppt die Uhr – auf genau die gleiche Art – wenn du deinen Verstand in der Mitte anhältst – verschwindet der Verstand, und auch die Zeit verschwindet. Plötzlich gehst du in die Ewigkeit ein. Und das ist die Welt Gottes, die Welt der Unsterblichen.

19. *Tag*

Die Zen-Meister nennen den Zustand der Meditation die herbstliche Jahreszeit, wenn alle Blätter fallen, und die Bäume nackt und bloß da stehen. Wenn das Bewusstsein alle Gedanken fallen lässt, ist es wie ein Baum ohne Blätter, ohne Laub, dem Wind, dem Mond, der Sonne, dem Regen ausgesetzt, ungeschützt, unbedeckt. In dieser Ausgesetztheit ist Gemeinschaft mit Gott. Diese Gemeinschaft ist Liebe. In dieser Gemeinschaft wird man ein Liebender Gottes.

20. *Tag*

Meditation ist nicht gegen das Denken, sondern für Transzendieren; sie geht über die Gedanken hinaus. Du wirst so vollkommen nackt, dass Gott dich so sehen kann, wie du wirklich bist: ohne Maske, ohne Gewand, einfach wie ein kleines Kind. Und das sind die großen Augenblicke des Lebens, wenn die Liebe aus dem Jenseitigen auf dich herabzuregnen beginnt, und du Gottes Geliebter wirst. Aber man muss es sich verdienen, man muss dessen wert sein, man muss sich darum verdient gemacht haben. Dieses Verdienst entsteht durch Meditation. Meditation bereitet dich darauf vor, Liebe zu empfangen. Gott ist immer bereit, sie zu geben, aber wir sind nicht bereit, sie zu empfangen, wir sind nicht leer genug, sie zu empfangen. Wir sind so voller Schrott, wir sind so voller Gedanken, Begierden, Erinnerungen, Träume, dass in uns kein Platz ist. Dieser Platz muss geschaffen werden. Das ist die Kunst der Meditation: inneren Platz schaffen.

21. *Tag*

Die Zen-Leute sagen: „In Stille sitzen, nichts tun, der Frühling kommt, und das Gras wächst ganz von selbst." Du musst einfach nur still sitzen und nichts tun, und alles geschieht einfach aus sich selbst heraus, der Frühling kommt und das Gras wächst. Einfach nur so geschieht alles. Du brauchst nichts zu tun. Meditation ist nicht etwas, das du tun musst, es ist etwas, das du verstehen musst.

Wenn du Meditation verstehst, ist das genug; wenn du, egal wo, schweigend sitzt, kannst du dich in Meditation versenken. Meditativ sein ist keine Handlung, sondern ein Zustand von Schweigen, ein Zustand der Stille, wenn alles anhält, wenn jede Bewegung aufhört, wenn du in totaler Ruhe bist. Und das sind die Augenblicke, in denen du weißt, dass du unsterblich bist, dass nur der Körper sterben wird, dass du nicht sterben wirst. Dann verschwindet alle Furcht, denn alle Furcht ist im Tod verwurzelt.

Und Furchtlosigkeit ist das Wesentlichste, um ein Leben in Freude zu führen.

22. Tag

Lerne, in Stille zu sitzen, nichts zu tun – einfach sitzen, in dir ruhen, in dich entspannen. Es braucht eine kleine Weile, denn wir sind dazu erzogen worden, rastlos zu sein; wir sind von Menschen erzogen worden, die selber rastlos waren. Sie haben uns vergiftet, sie haben uns korrumpiert – nicht mit Wissen, nicht mit Absicht. Sie mögen gute Menschen gewesen sein, sie mögen sogar versucht haben, uns zu helfen. Aber sie waren unbewusst, und unbewusste Menschen können nicht helfen, sie können nur schaden. Trotz all ihrer guten Absichten können sie nur schaden. Sie haben alle rastlos, nervös gemacht. Alle laufen, beeilen sich und wissen nicht wohin, und wissen nicht warum, wozu. Das Sich-Beeilen an sich ist wichtig geworden, als ob es einen eigenen Wert hätte.

Ein Meditierender muss lernen, nur das Wesentliche zu tun und sein Leben nicht mit Unwesentlichem zu verschwenden. Ein Meditierender muss lernen, sich zu entspannen, sich auszuruhen und die Ruhe zu genießen. Und ganz allmählich beginnt man, sich in seinem eigenen Zentrum niederzulassen. Und in dem Moment, in dem du deinen eigenen Mittelpunkt berührt hast, hast du die Ewigkeit berührt, hast du die Zeitlosigkeit berührt, hast du zum ersten Mal einen Geschmack von Nektar bekommen.

23. *Tag*

Wenn du dich tiefer in das Schweigen versenkst, verschwinden alle Wünsche und Begierden. Sie bestehen nur an der Peripherie, wie Wellen an der Oberfläche bestehen; wenn du tief in den Ozean hinabtauchst, gibt es keine Wellen. Genau so sind Wünsche und Begierden nur an der Peripherie deines Bewusstseins. Wenn du tief hinabtauchst... je tiefer du gehst, desto weiter entfernt sind sie. Im Mittelpunkt deines Seins hast du total vergessen, dass es je Wünsche gab. Sie gleichen Träumen, Phantasien.

Der Augenblick deines Eintretens in dich selbst ist der erhebendste Augenblick. Dann magst du an die Oberfläche zurückkommen, aber du kannst den Kontakt mit deinem Zentrum nicht verlieren. Sogar wenn du an der Peripherie bist, bleibst du in deinem Mittelpunkt. Dann sind all die Wellen nur Spiele. Man kann schön und anmutig handeln und spielen, aber ohne jede Störung, ohne jede Spannung, ohne jede Anstrengung. Man kann auf dem Marktplatz sein und gleichzeitig in tiefer Stille. Man kann in der Menschenmenge sein und gleichzeitig absolut allein.

24. *Tag*

Von außen betrachtet erscheint der Mensch als sehr kleiner Tautropfen. Aber das ist nur die Erscheinung, lass dich von der Erscheinung nicht täuschen. Und es ist von außen, dass er wie ein kleiner Tautropfen erscheint. Wenn du aus dem Inneren deines Seins heraus, von innen schaust, verändert sich die ganze Sichtweise. In dem Moment, in dem du dich in deinem inneren Zentrum befindest und dich von dort aus siehst, ist dir eine große Überraschung sicher: du erscheinst dir ozeanisch, so unermesslich weit, wie du dir nur vorstellen kannst, tatsächlich weiter als der ganze äußere Raum, größer als der Himmel.

Aber da wir uns nur von außen kennen, glauben wir weiterhin an unser Kleinsein. Und aufgrund dieses Gefühls von Kleinsein entsteht ein Minderwertigkeitskomplex, und der erzeugt Millionen von Problemen – nicht ein oder zwei, sondern Millionen. Wir sind ozeanisch: weder klein noch groß, einfach unendlich, ohne Anfang, ohne Ende. Das ist unsere Göttlichkeit.

25. *Tag*

Der Mensch, der im Moment lebt, führt ein vertikales Leben – er wächst an Tiefe. Und je tiefer du gehst, desto höher steigst du. Es ist wie bei einem Baum: die Wurzeln gehen tief in den Boden, und der Baum wächst hoch in den Himmel; je tiefer die Wurzeln, desto höher der Baum. Es steht immer im Verhältnis zueinander. Mit kleinen Wurzeln kann der Baum nicht hoch in den Himmel wachsen – er wird umfallen. Wenn der Baum die Sterne berühren möchte, dann muss er mit seinen Wurzeln bis in die Hölle reichen.

Deshalb lebt ein richtiger Mensch sein Leben mit einer solchen Totalität, dass er die tiefsten Tiefen, den felsigen Grund seines Seins erreicht. Und er beginnt, an die Sterne heranzureichen, an die äußersten Höhen und Gipfel von Seligkeit. Das ist Freiheit – Freiheit zu sein und Freiheit, total und ganz zu sein.

26. Tag

Wachstum ist eine steil bergan steigende Aufgabe. Es ist die größte Herausforderung, es ist der Everest, der höchste Aufstieg – gefährlich, voller Wagnisse. Aber je gefährlicher es ist, desto bezaubernder, desto verlockender, desto interessanter. Je gefährlicher es ist, desto mehr Abenteuer ist darin enthalten.

27. *Tag*

Feiglinge, Schwächlinge können nicht religiös sein, obwohl Tempel und Kirchen und Moscheen voll von diesen Leuten sind – und zwar so sehr, dass sie die ganze Religion mit Angst verseucht haben. In fast allen Sprachen der Welt gibt es Wörter wie „gottesfürchtig" für religiöse Menschen.

Aber ein religiöser Mensch ist absolut furchtlos, er ist nicht gottesfürchtig, er ist gottliebend. Seine Religion besteht aus Liebe, nicht aus Angst. Wie kannst du aus Angst heraus beten? Wie kannst du aus Angst heraus lieben? Hassen kannst du aus Angst heraus...

Angst und Gier gehören zusammen, es sind die zwei Seiten einer Medaille. Angst hat die Hölle geschaffen, und Gier hat den Himmel geschaffen, die beiden sind Projektionen von Angst und Gier...

Der religiöse Mensch lebt voller Freude: es gibt nichts zu fürchten. Und aus dieser Furchtlosigkeit erwächst ein Geist wie ein Fels, und auf diesem Felsen kann man den Tempel Gottes bauen – das ist die einzige Möglichkeit.

28. *Tag*

Für den Körper kannst du zu einer Kosmetikerin gehen, für den Verstand kannst du zu einer Universität gehen, aber für die innere Gnade musst du nach innen gehen. Die Buddhas können dich nur aufmerksam machen auf den Weg; sie können dir nur vage Hinweise geben und keine speziellen Programme, denn die innere Reise ist eine mysteriöse Reise. Es können keine Landkarten geschaffen werden, keine Programme festgelegt werden, denn jeder einzelne muss auf einem anderen Weg reisen, und jeder einzelne muss in eine andere innere Welt gehen, denn jeder einzelne hat eine einzigartige innere Landschaft.

Meditation ist der einzige Weg, der dich zur Gnade bringt, zu innerer Schönheit, zu innerer Verwirklichung. Aber wenn sie einmal erreicht ist, wird dein ganzes Leben davon durchflutet. Dann wird, was immer du anfasst, zu Gold.

29. *Tag*

Wenn jemand stirbt, finden wir schöne Worte, um es zu beschreiben: „Gott hat ihn heimgeholt.“ Wir sagen nicht: „Er ist gestorben“, sondern: „Gott hat ihn heimgeholt, er ist zum anderen Ufer gegangen.“

In jeder Sprache gibt es Ausdrücke, um das Wort „Tod“ zu vermeiden, aber egal, was wir tun, er ist da. Und jeder weiß, dass es ihn gibt. Vom Moment der Geburt an folgt der Tod dem Kind. Jeden Tag ist er bei dir, und man muss ihm begegnen; man muss ihm ins Angesicht sehen und sich mit ihm arrangieren. Der einzige Weg ist Meditation. Meditation bedeutet, dir bewusst zu werden: „Wer bin ich? Bin ich der Körper oder der Verstand, oder bin ich noch etwas mehr, etwas anderes?“

Meditation bedeutet, innerhalb deines Seins bewusst zu werden, wachsam zu werden, zu beobachten, Zeuge zu sein. Dann ist das alles sehr einfach: du kannst sehen, dass du nicht der Körper bist, denn eines Tages war dieser Körper ein kleines Kind, denn wurde er ein Jugendlicher, dann wurde er alt – und du bist derselbe. Der Körper ist durch tausendundeine Veränderung gegangen, und du bist noch genau derselbe, dir ist nichts geschehen.

Der Verstand ändert sich sogar noch mehr als der Körper. Den einen Moment gibt es Ärger, im nächsten Moment gibt es keinen Ärger, den einen Moment gibt es Traurigkeit, im nächsten Moment gibt es Freude – es ändert sich ständig. Du bist Zeuge bei all dem, der Beobachter kann nicht beobachtet werden. Du bist das Subjekt, und all diese Dinge sind das Objekt. Und wenn das deine tiefe Erfahrung wird, dann wächst Verwirklichung, eine große Freiheit in dir.

30. *Tag*

Der Tod ist der Urgrund all unserer Ängste – und wir sind von Tod umgeben. Immer wenn du jemanden sterben siehst, erinnert dich das an deinen Tod. Frage niemals, für wen die Glocke läutet – sie läutet immer für dich.

Die Leute sprechen nicht gern über den Tod. Es wird für unhöflich, schlechte Manieren, unzivilisiert gehalten, über den Tod zu sprechen, denn es erinnert jeden an seinen eigenen Tod, der immer da ist und wie ein nacktes Schwert an einem dünnen Faden über dir hängt. Jeden Moment kann es fallen. Nur eine kleine Brise reicht aus, und es kann auf dich fallen. Wie kannst du da das Leben genießen? Wie kannst du total leben, wenn der Tod dir immer wie ein Schatten folgt? Er verdirbt dir alle Freude.

Allein Meditation kann dir bewusst machen, dass du unsterblich bist. Tatsächlich kannst du gar nicht sterben, selbst wenn du willst, es gibt keine Möglichkeit zu sterben. Du bist nie geboren worden, und du wirst niemals sterben. Du warst vor der Geburt, und du wirst nach dem Tod bleiben. Geburt bedeutet nur, in einen bestimmten Körper zu gehen, und Tod, diesen bestimmten Körper zu verlassen – aber du bist ewig.

31. *Tag*

Den Tod klar zu sehen – wach, bewusst – ist die größte Erfahrung im Leben. Es ist die größte Erfahrung, weil jemand, der dieses Geschehen betrachten kann, niemals wieder in einen Körper geboren wird. Dann wird er ein Teil des ewigen Bewusstseinsstroms, des universalen Bewusstseins, dann wird er ein Teil Gottes.

Bevor diese Erfahrung nicht gemacht ist, wirst du immer und immer wieder in den Körper zurückkommen. Der Körper ist wie eine Schule: wenn du versagst, musst du zurückgehen, wenn du bestehst, brauchst du nicht zurückzugehen.

Meine Beobachtung ist, dass jeder bei dieser Erfahrung bestehen kann; jeder hat das Potential, wir versuchen nur nie, es zu verwirklichen.

Das Heute ist noch zu haben

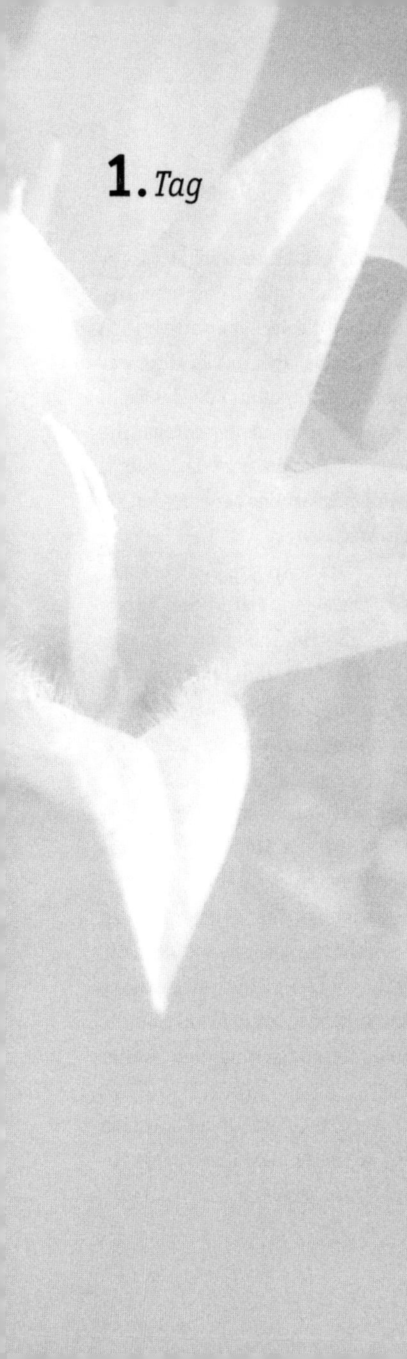

1. *Tag*

Das Leben besteht aus kleinen Dingen, aber wenn du dich freust, verwandelst du diese gewöhnlichen Dinge in etwas Außergewöhnliches. Selbst essen wird heilig, wenn es dir Freude macht. Wenn es dir Freude macht, den Fußboden zu putzen, wird es Gebet. Wenn es dir Freude macht, für deine Freunde, für deinen Geliebten, für deine Kinder, für deine Eltern zu kochen, wird es Meditation. Das Geheimnis liegt in der Freude. Freue dich an allem, was du tust, dann tust du es für Gott, dann bringst du Gott eine Opfergabe dar. Wenn der richtige Moment gekommen ist und du reif und bereit bist, steigt die Sonne immer über dem Horizont auf, und alle Dunkelheit verschwindet.

2. Tag

Liebe ist eine kleine Lampe, aber das genügt; tatsächlich ist es mehr als genug. Du brauchst keine Sonne mit dir herumzutragen; eine kleine Lampe in der dunklen Nacht genügt. Natürlich fällt ihr Licht nur einige Meter weit voraus, aber das ist alles, was du brauchst: du gehst diese paar Schritte, dann fällt das Licht ein paar Meter weiter voraus, und es ist dir immer voraus. Die Liebe ist eine kleine Lampe in deinem Herzen, aber das genügt; du brauchst nicht mehr für die Pilgerschaft des Lebens. Und sie zeigt dir immerfort den richtigen Weg.

Wenn man anfängt, auf das eigene Herz zu hören, dann braucht man auf kein anderes Gebot zu hören. Dann flüstert Gott immer in dir und zeigt dir den Weg. Weil die Menschen nicht auf ihr Herz hören, werden sie von den Priestern und den Politikern ausgebeutet, die den Leuten sagen, was sie tun sollen und was sie nicht tun sollen, und natürlich ist das, was zu tun sie dir raten, im Sinne ihrer eigenen Interessen – natürlich. Sie versklaven dich mit schönen Worten – Moral, Religion, Spiritualität– ihr ganzes Trachten geht dahin, die Menschen zu versklaven, die Menschen gefangen zu halten.

Die Freiheit kommt, wenn du anfängst, auf dein eigenes Herz zu hören. Und meine Arbeit hier besteht nur aus einem: Ich helfe dir, deine eigene Stimme zu finden, deine eigene stille, kleine Stimme. Wenn du sie einmal gefunden hast, ist die Funktion des äußeren Meisters beendet, denn du hast deinen inneren Meister gefunden.

Und ein wahrer Meister arbeitet immer so, dass du deine eigene Lichtquelle entdecken kannst. Er will nicht, dass du von ihm abhängig bist, denn alle Abhängigkeit ist Sklaverei.

3. *Tag*

Kenntnisse kommen von anderen, Weisheit kommt aus deinem innersten Kern; sie steigt daraus empor, sie ist dein. Kenntnisse sind niemals dein, aber Kenntnisse sind billig, leicht zu haben. Weisheit ist mühsam. Du musst tief in deinem Sein nachgraben. Es ist, wie wenn man einen Brunnen in die Erde gräbt, viele Felsen müssen entfernt werden. Vielleicht musst du sie mit Dynamit sprengen. Es ist mühsam; aber wenn du ohne Unterlass mit großer Totalität, Intensität, Durchhaltevermögen, Geduld gräbst, wirst du eines Tages feststellen, dass das Wasser steigt.

Jalaluddin Rumi, einer der bedeutendsten Sufimystiker, nahm einst alle seine Schüler mit auf ein Feld, wo sie etwas Bedeutsames sahen. Der Bauer grub ein Loch in die Erde, und Jaladdin sagte zu seinen Schülern, sie sollten auf dem Feld herumgehen und sich umschauen. Der Bauer hatte fast ein Dutzend Löcher gegraben. Er sagte: „Ich habe nach Wasser gegraben, und wenn ich an einem Platz kein Wasser finde, dann beginne ich, an einer anderen Stelle zu graben."

Jalaluddin sagte zu seinen Schülern: „Schaut euch diesen Mann an. Er ist sehr stellvertretend für die Menschheit. Wenn er an einer Stelle weitergegraben hätte, hätte er schon längst Wasser gefunden, aber er wechselt immer wieder den Platz. Seine Geduld ist sehr gering, und so hat er das ganze Feld zerstört."

Man muss an einer Stelle mit aller Anstrengung graben und mit der absoluten Entschlossenheit, die Quelle der Weisheit in sich zu finden, ganz gleich, was es verlangt, ganz gleich, wie lange es dauern wird.

4. Tag

Die Leute leben in ständiger Unzufriedenheit mit allem. Das ist eine Gewohnheit. Es ist nicht etwa so, dass sie zufriedener wären, wenn sie mehr Geld und ein besseres Haus und eine bessere Frau und einen besseren Sohn und eine bessere Arbeit hätten – so ist es nicht. Ganz gleich, was sie haben, sie werden immer unzufrieden bleiben. Arm sind sie unzufrieden, reich sind sie unzufrieden.

Unzufriedenheit ist eine Verstandesgewohnheit, der Verstand lebt davon, sie gehört zu ihm. Der Verstand kann niemals zufrieden sein. Wenn du das einmal verstehst, geschieht ein Wunder; dann kannst du den Verstand beiseite lassen, denn er wird dir niemals Zufriedenheit verschaffen. Das liegt nicht in seiner Natur, deshalb fragst du nach dem Unmöglichen.

Wenn du verstehst, warum du unzufrieden bist, wenn du keine äußeren Vorwände dafür findest und erkennst, dass der Verstand einfach so funktioniert, dann kann es fallengelassen werden. Es ist ganz leicht. Es geht darum, es zu sehen.

Beobachte deinen Verstand. Schau in die Vergangenheit. Viele Male hast du gedacht, du würdest glücklich sein, wenn du etwas Bestimmtes bekommst. Und dann hast du es bekommen und warst doch nicht glücklich. Das ist schon so oft geschehen, aber du lernst nicht daraus. Immer wieder geraten die Leute in die gleiche Falle. Beobachte also deinen Verstand und all die Tricks, die er immer wieder benutzt. Für eine Transformation braucht es nichts anders, als die Fähigkeit die Mechanismen des Verstandes zu beobachten. Wenn du das verstanden hast, geschehen die Dinge ganz von allein, mühelos und leise.

5. *Tag*

Ein zufriedener Mensch ist nichts als Liebe. Er ist nicht einmal liebevoll, er ist einfach Liebe. Er liebt um der Liebe willen, denn auf diese Weise zeigt er seine Dankbarkeit der Existenz gegenüber. Das ist seine Dankbarkeit, sein Gebet. deshalb liebt er alles und jeden. Und dafür verlangt er keine Gegenleistung. Er gibt einfach, weil ihm von Gott so viel gegeben wurde, dass wir es ein wenig teilen sollten.

Und das Wunder ist, je mehr wir teilen, desto mehr kommt ständig zu uns. Wenn du einmal das Geheimnis und die Arithmetik des Teilens gelernt hast, kannst du nicht mehr damit geizen. Du wirst einfach immer mehr so viel wie möglich teilen, denn je mehr du teilst, desto mehr hast du.

Teile deine Seligkeit, teile deine Liebe, teile dein Verstehen, teile alles, was du hast, alle inneren Reichtümer. Wenn ich sage, dass der zufriedene Mensch die Liebe selber wird, meine ich im Grunde dieses Teilen.

Stelle deinen Verstand also von Unzufriedenheit auf Zufriedenheit um und betrachte dann das Wunder, dass die Liebe in tausend Strömen, in vielen Dimensionen, auf vielen Wegen durch dich zu fließen beginnt. Und das Leben wird eine solche Herrlichkeit, unfassbar für den Intellekt, unergründlich für den Verstand, ein unermessliches Mysterium und höchste Ekstase.

6. Tag

Werde zuerst zufrieden, dann wird dein Leben eine Quelle der Freude für andere werden. Das ist der einzige wahre Dienst, nicht der Dienst, den die christlichen Missionare immer tun. Das ist Bösartigkeit und nichts sonst. Es ist Menschen im Namen des Dienens ausbeuten, es ist Menschen bekehren, es ist ein politisches Spiel. Und die Menschen, die andere bekehren, sind selber gar nicht bekehrt.

Bekehrt bedeutet nicht, dass man die Religion gewechselt hat, es bedeutet, dass man das Bewusstsein gewechselt hat. Das genau ist die Bedeutung von Bekehrung: Wenn du nicht mehr schläfst, sondern erwacht bist, wenn du nicht mehr voll bist von dem Schrott der Gedanken und Erinnerungen und Wünsche, wenn du äußerst still bist – das ist Bekehrung. Wenn der Kopf verschwunden ist, du bist kein Kopfmensch mehr, wenn das Herz an seine Stelle getreten ist, wenn du ohne Kopf und reines Herz bist – das ist Bekehrung. Es ist nicht ein Hindu, der ein Christ wird, oder ein Christ, der ein Hindu wird – das ist reine Dummheit. Nur das Gefängnis zu wechseln, von einem Gefängnis ins andere, ist keine Bekehrung.

Bekehrung ist etwas Inneres. Die einzige Bekehrung, die mir bekannt ist, führt vom Verstand zur Meditation, denn das verändert dein ganzes Sein. Von Unzufriedenheit bringt sie dich zu einer ungeheuren Zufriedenheit.

7. *Tag*

Werde immer fröhlicher, verpasse keine Gelegenheit dazu. Die Leute sind sehr dumm, sie verpassen nie eine Gelegenheit, unglücklich zu sein. Wenn es keinen Anlass dazu gibt, erfinden sie sogar einen, phantasieren sie. Wenn es in der Gegenwart nichts gibt, suchen sie in der Vergangenheit. Wenn es in der Vergangenheit nichts gibt, denken sie an die Zukunft. Aber irgendwie müssen sie etwas finden, worüber sie sich Sorgen machen können, worüber sie unglücklich sein können. Kein Wunder, dass die Welt voller Elend ist.

Genau so solltest du mit der Seligkeit umgehen: verpasse niemals eine Gelegenheit. Jeden Tag gibt es tausendundeine Gelegenheit. Wenn du einmal wach bist, wirst du überrascht sein, wie viele Gelegenheiten du bis jetzt verpasst hast. Auf Schritt und Tritt gibt es Gelegenheiten. Man braucht sie nicht zu erfinden, man braucht nicht zu phantasieren, es gibt sie ständig – Gott überschüttet uns damit. Aber wir sind an eine falsche Haltung gewöhnt, an einen falschen Ansatz, eine negative Einstellung zum Leben. Wir wählen die Dornen und ignorieren die Blüten.

Wenn du die Dornen wählst und die Blüten ignorierst, wird es über kurz oder lang keine Blüten für dich geben, sondern nur Dornen. Sogar Blüten werden Dornen für dich sein, denn dein ganzer Ansatz ist so, dass eine Blume dich nur an Dornen erinnert. Und auch das Gegenteil geschieht. Wenn du die Blüten wählst, erinnern sogar Dornen dich an schöne Blumen. Allmählich verschwinden die Dornen, das ganze Leben wird voller Blumen, es wird Frühling.

8. Tag

Vergiss nicht, der Mensch kommt als eine leere Leinwand zur Welt. Gott gibt dir kein Programm mit, du bist nicht programmiert. So etwas wie ein Schicksal gibt es nicht; das ist die Erfindung von Feiglingen. Es ist die Erfindung von Menschen, die nichts aus ihrem Leben machen wollen, die so faul und so feige sind, dass sie keinerlei Risiko eingehen wollen.
Sie werfen die ganze Verantwortung auf Gott. Sie nennen es Schicksal, Kismet, Karma, tausend Namen. Aber alle sind im Grunde nur Tricks, um die Verantwortung zu vermeiden, die besagt: „Ich bin verantwortlich für mein Leben. Was auch immer ich bin, ich habe es so gemacht, und was auch immer ich morgen sein werde, ist das, was ich heute kreiere. Am Gestern kann man nichts ändern, man braucht sich gar nicht darum zu kümmern, es ist beendet. Aber das Heute steht noch zur Verfügung, und aus dem Heute kommen alle Morgen.
Wir sind absolut verantwortlich für alles, was wir sind. Das ist das erste, was man akzeptieren muss. Am Anfang tut es weh, denn das Ego fühlt sich ganz zerschmettert. „Ist das meine eigene Verantwortung? Habe ich dieses ganze Unheil angerichtet, dieses ganze Chaos, das ich bin?" Das tut dem Ego weh. Aber wenn wir es verstehen, kann es der Anfang eines neuen Lebens werden. Nur ein paar Striche, und das traurige Gesicht wird ein lächelndes Gesicht.
Aber was auch immer zu tun ist, wir müssen es heute tun, denn gestern ist nicht mehr und morgen ist noch nicht da. Das einzige, was uns zur Verfügung steht, ist heute, und heute ist genug.

9. *Tag*

Es gibt Leute, die das Sprichwort erfunden haben, dass jede dunkle Wolke einen silbernen Rand hat. Und es gibt Leute, die sagen, dass jeder silberne Rand eine dunkle Wolke in sich hat. Beide haben recht. Ich sage nicht, dass der eine recht und der andere unrecht hat, beide haben recht.

Es gibt Leute, die denken, dass es nur einen Tag zwischen zwei Nächten gibt, und es gibt Leute, die denken, dass es nur eine Nacht zwischen zwei Tagen gibt. Beide haben recht, aber was nützt dir das?

Wenn du auf negative Art und Weise denkst, wird dein Leben unglücklich sein, und wie kann ein unglücklicher Mensch religiös sein? Wofür kann er Gott danken? Nur ein seliger Mensch kann religiös sein, denn er hat so viel, wofür er Gott danken kann. Jeden Tag wird er mit Blumen überschüttet.

Ich habe von einem wunderbaren Rabbi gehört, der von einem hundertstöckigen Gebäude fiel. Der Rabbi war sehr bekannt, alle Leute im ganzen Gebäude kannten ihn. Die Leute guckten aus ihren Fenstern und fragten: „Wie geht es dir?"

Und er sagte: „So weit, so gut."

Er fiel weiter und sagte dabei: „So weit, so gut!"

Das ist die richtige Einstellung: so weit, so gut. Wen kümmert es schon, was als nächstes passiert? Wenn es geschehen muss, muss es geschehen. Aber der Mensch, der ganz bis zum Ende sagen kann: „So weit, so gut", der wird ein völlig anderes Ende haben, denn sein Ende ist der Höhepunkt seiner ganzen Haltung. Es kommt nicht von ungefähr, es kommt aus seinem Sein: Auch sein Tod wird schön sein.

10. *Tag*

Dem Menschen, der nur Meditation kennt, fehlt etwas, und dem Menschen, der nur Liebe kennt, fehlt auch etwas. Der ganze Mensch kennt beides. Er hat die beiden Seiten der selben Medaille in der Hand. Er hat alles, was wertvoll in ihm ist. Sein Leben wird ganz auserlesen, es wird ein wunderschöner Gesang, eine anmutige Erfahrung. Er ist etwas vom Jenseitigen auf dieser Erde. Er lebt auf der Erde, aber er ist ein Teil des Himmels. Er ist ein Wunder, er ist paradox, aber in seiner Paradoxheit ist er ganz. Und ganz sein ist heilig sein. Das ist meine Definition eines Heiligen.

11. *Tag*

So wie ein Fluss in den Ozean mündet, so mündet der Meditierende in die unendliche Weite der Existenz und wird eins damit. Die Zweiheit verschwindet – das ist die Erfahrung der Unsterblichkeit. Dann ist man – aber nicht vom Ganzen getrennt, man ist ein Teil des Ganzen, ein zugehöriger organischer Teil des Ganzen. Diejenigen, die das erlangt haben, sind die Erwachten.

Aufgrund des Lichts wird der Erwachte erleuchtet genannt. Er hat die Erfahrung des inneren Lichts gemacht – und das ist die größte Erfahrung im Leben. Das Leben ist wirklich eine Gelegenheit, das Licht zu erfahren, erleuchtet zu werden.

12. *Tag*

Bewusstsein ist unsterblich. Wie kann man in Freude leben, bevor man das nicht weiß? Wenn der Tod das Ende von allem ist, wird alles sinnlos. Deine Kreativität ist sinnlos, wenn der Tod das Ende von allem ist. Deine Liebe ist sinnlos, wenn der Tod das Ende von allem ist. Alle deine Freuden sind nichts als Beschäftigung. Du hältst dich irgendwie beschäftigt, so dass du dem ständigen Klopfen des Todes an deiner Tür aus dem Weg gehen kannst. Aber wie lange kannst du ihm aus dem Weg gehen? Ob du das Klopfen hörst oder nicht, eines Tages wird der Tod die Tür öffnen und hereinkommen. Und er wird nicht einmal fragen: „Darf ich eintreten, mein Herr?" Er kommt einfach herein.

Mit dem Tod kann man keinen Sinn im Leben fühlen. Wenn alles im Grab endet, was macht es da schon, ob du ein Heiliger oder ein Sünder bist, ob du weltberühmt warst oder ein Niemand? Der Tod macht alle gleich.

Aber wenn es etwas in dir gibt, das dem Tod widersteht, dann hat das Leben eine Bedeutung. Dann ist das, was du tust, bedeutsam. Dann ist jede Handlung von Wert, denn jede Handlung kommt aus deiner unsterblichen Quelle, aus deinem Sein. Sie repräsentiert dich. Und sie repräsentiert dich nicht nur, sie offenbart dich auch – den anderen und dir selbst. Sie ist eine Manifestation deines Seins. Dann ist deine Kreativität deine Manifestation. Dann hat alles, was du tust, im Kontext der Ewigkeit einen Sinn.

Sieg ist nur möglich, wenn du das Unsterbliche in dir kennst – und es kann erkannt werden. Die ganze Suche und das Nachforschen gelten dem, was immerdar lebt.

13. *Tag*

Der Mensch hat eine unermessliche Pracht in sich verborgen. Der Mensch ist eine Herrlichkeit, aber eine eingesperrte Herrlichkeit. Diese Herrlichkeit muss freigelassen werden. Es ist wie bei einem Samen, der Tausende von Blüten in sich verbirgt, gefangen hält: er braucht einen Gärtner, der ihm hilft. Er braucht die richtige Erde.

Und der Same braucht auch ein wenig Mut, um seine Abwehr aufzugeben, die harte Schale, die ihn umgibt und beschützt. Dann beginnt Leben unmittelbar aus ihm herauszuwachsen, Millionen von Blättern kommen und Millionen von Blüten und wieder Millionen von Samen. In der Tat hat ein einziger Same so viel Herrlichkeit in sich versteckt, dass er die ganze Erde grün machen kann.

Beim Menschen ist das gleiche der Fall: Der Mensch ist ein Same mit Tausenden von Blüten in Wartestellung.

Meditation ist die Methode, um sie freizulassen. Und die Kunst ist die gleiche wie die des Gärtners. Du bist der Same, und du musst auch der Gärtner sein. Du bist der Same, und du musst auch die Erde sein. Und du musst diese harte Kruste um dich herum aufgeben, das Ego – und augenblicklich werden Wunder möglich. Man kann es nicht glauben, bevor man nicht erfahren hat, was im Innern verborgen ist.

14. *Tag*

Buddha, Christus, Zarathustra, Laotse – all diese Menschen haben nur ein Wissen erlangt, die einfache Kunst, in ihre Mitte zu gehen und die Welt von dort zu betrachten von wo die Perspektive vollkommen anders ist. Die ganze Welt wird anders, es ist nicht mehr die gleiche Welt. Auf eine Art bleibt alles gleich, auf eine andere Art ist nichts mehr das gleiche.

Es wird so eine wundervolle Erfahrung, so eine Ekstase, dass Worte nicht ausreichen, um es auszudrücken. Sogar Poesie reicht nicht aus, sogar Musik reicht nicht aus. Sogar Tanzen kann keinen wirklichen Hinweis darauf geben. Es gibt keine Möglichkeit, es in einer Geste auszudrücken. Jeder einzelne muss es erfahren, muss es wissen. Der einzige Weg, es zu wissen, ist, es zu erfahren.

15. *Tag*

Seligkeit ist nicht etwas, das dir hinzugefügt werden kann. Sie ist nichts durch Leistung Erworbenes, sie ist bereits in dir. Du hast sie mit deinem Leben mitgebracht, sie gehört untrennbar zu deinem Sein. Sie braucht Entfaltung, sie ist wie eine Knospe – nur eine kleine Bemühung, und sie kann eine Blume werden. Wenn am Morgen die Sonne aufgeht, beginnen die Knospen, Blumen zu werden.

Durch Meditation geschieht das gleiche in der inneren Welt, im inneren Garten der Seele. Wenn deine Bewusstheit wächst, gibt diese Bewusstheit eine innere Wärme. Man kann es fast fühlen. Wenn das Erwachen beginnt, kannst du sehen, wie sich einige Energie in dir bewegt; sie steigt nach oben, entgegen der Schwerkraft. Je höher sie steigt, desto mehr kannst du sie fühlen. Und sowie deine innere Welt warm und voller Licht wird, werden viele Knospen zu Blumen. Plötzlich ist der Frühling da.

Seligkeit ist die erste Blume, die sich öffnet, und dann folgt viel anderes nach, als ob die Seligkeit die Tür zum Tempel öffnete. Das erste ist Seligkeit, und das letzte ist die Erfahrung der Göttlichkeit, und zwischen den beiden wird es viele, viele Blumen geben.

16. *Tag*

Man kann reich sein, indem man viele Dinge besitzt, aber es ist ein Pseudoreichtum, er gaukelt dir nur etwas vor. Du kommst mit leeren Händen auf die Welt, und du wirst sie mit leeren Händen verlassen. All deine Besitztümer wirst du zurücklassen müssen. Du kannst also dein Leben damit verschwenden, sie anzusammeln, aber du gewinnst nicht wirklich etwas. Im Gegenteil, du vergeudest eine Riesengelegenheit, reich zu sein.
Der wahre Reichtum ist etwas Inneres, er hat nichts mit Dingen zu tun. Und vergiss nicht, ich bin nicht gegen Dinge – benutze, genieße die Dinge, sie haben ihre Nützlichkeit. Ich bin nicht ‚anti'-Welt, ‚anti'-Leben, ‚anti'-Genießen – genieße das Leben in all seiner Schönheit. Aber vergiss nicht, das ist nicht alles, das ist nur eine sehr periphere Welt. Dein wirklicher Schatz ist in dir. Verliere dich also nicht im Dschungel der Welt, sonst bleibst du arm und stirbst arm.
Ich nenne Meditation den größten Reichtum, weil sie dir deinen eigenen, unendlichen Schatz bewusst macht. Sie macht dich zum Meister im Königreich Gottes. Und der einzige Schlüssel zu diesem Königreich ist Meditation, Stille, Wachsamkeit, Bewusstheit.

17. *Tag*

In der Gegenwart zu leben, ist die einzige Art und Weise zu leben. Und wenn du in der Gegenwart lebst, ohne Vergangenheit, die dich nach hinten zieht, und ohne Zukunft, die dich nach vorne zieht, wenn deine totale Energie in diesem Augenblick konzentriert ist, gewinnt das Leben eine ungeheure Intensität. Es wird eine leidenschaftliche Liebesgeschichte. Du stehst von deiner eigenen Energie in Flammen. Du wirst voller Licht, denn bei einer bestimmten Intensität wird Feuer zu Leben, Intensität zu Licht.

Und das ist der einzige Weg, reich zu sein, zu blühen und zu gedeihen. Alle anderen sind arm. Sie mögen alles Geld der Welt haben, aber es sind arme Leute.

Es gibt zwei Arten von armen Leuten in der Welt – die armen Armen und die reichen Armen. Reichtum hat nichts mit Besitztümern zu tun, es hat etwas damit zu tun, wie du lebst, mit deiner Lebensqualität, mit der Musik in deinem Leben, mit der Poesie in deinem Leben.

Und all diese Dinge geschehen nur durch Meditation. Es hat nie einen anderen Weg gegeben, es gibt keinen, und es wird nie einen geben.

18. *Tag*

Der einzige Weg, reich zu sein, ist, für Gottes Existenz verfügbar zu werden, für all ihre Farben, für all ihre Regenbogen, für all ihre Lieder, für all ihre Bäume und Blumen, denn Gott findet man nicht in den Kirchen – Kirchen werden von Menschen hergestellt. Gott findet man in der Natur.

Du findest ihn in den Sternen, du findest ihn in der Erde. Wenn es zum ersten Mal regnet und dieser herrliche Geruch aus der Erde aufsteigt, da kannst du Gott finden. Du kannst Gott in den Augen einer Kuh oder im Kichern eines Kindes finden. Du kannst Gott überall finden, außer an den Plätzen, die die Priester erfunden haben. Kirchen, Tempel, Moscheen sind leer, so leer wie die Leute sind.

Sobald man bereit ist, das Leben bedingungslos so zu akzeptieren, wie es kommt, stürzt Gott aus jeder Ecke und jedem Winkel auf einen zu. Voll von Gott zu sein, ist die einzige Möglichkeit, Sinn und Bedeutung im Leben zu haben. Und der Mensch, der Gott erkannt hat, hat Unsterblichkeit erkannt. Dann stirbt nur der Körper. Der essenzielle Kern seines Seins bleibt immerdar und immerdar.

19. *Tag*

Jeder Augenblick sollte ein Augenblick des Staunens, des Sich-Wunderns sein. Wenn du das Leben mit den Augen eines Kindes betrachtest, wird die ganze Welt gott-voll. Wenn dein Herz voller Staunen ist, ist die Welt voller Gott. Wenn dein Herz berechnend und schlau ist, verschwindet Gott aus der Welt, Gott stirbt. Dann lebst du in einer gottlosen Welt, und in einer gottlosen Welt zu leben ist überhaupt nichts wert. Dann verliert das Leben seine gesamte Bedeutung. Es wird absolut weltlich, eine reine Nützlichkeit – und das ist das Hässlichste, was dem Menschen widerfahren kann.
Meine Sannyasins müssen ein Leben in Schönheit führen, ein Leben voller Anmut, voller Poesie, voller Musik, sie müssen das Leben zelebrieren. Tanze, denn es geschieht durch den Tanz, singe, denn es geschieht durch den Gesang, dass du verletzlich wirst für Gott, offen für Gott. Es ist keine Frage der Argumente, es geht nicht um Beweise, von Philosophie oder Theologie.
Das Wort Liebe definiert Sannyas ganz genau. Und ein Herz voller Liebe ist auf natürliche Weise voller Poesie.
In Poesie leben heißt, ein Sannyasin sein.

20. Tag

Alle Religionen haben versagt. Die Menschheit ist überhaupt nicht religiös geworden. Nach Tausenden von Jahren des Lehrens ist nicht viel passiert. Etwas ist grundsätzlich schief gegangen. Die Religionen haben etwas grundsätzlich Falsches gelehrt.
Sie haben den Leuten gesagt: „Seid gut, seid zuerst tugendhaft, seid moralisch, und dann werdet ihr mit Seligkeit belohnt." Genau so ist es nicht, das ist genau das Gegenteil der Wahrheit. Sei voller Seligkeit, und du bist gut. Ein Mensch voller Seligkeit kann zu niemandem schlecht sein, er kann niemandem Unrecht tun – das ist unmöglich.
Jeder möchte seinen Kindern helfen; die Absichten sind gut, aber das Resultat ist nicht gut. Die Lehrer möchten den Schülern helfen; die Universitäten sind dazu da, bessere Staatsbürger zu formen – aber nichts passiert. Die Kirchen, die Priester, die Tempel überall versuchen, ein schöneres Leben zu schaffen, und das Leben wird immer hässlicher. Und ich zweifle nicht an ihren Absichten; ihre Absichten sind sehr gut, aber sehr unwissenschaftlich. Sie wollen, dass du lange lebst, und sie geben dir immerfort Gift.
Ihre Absicht ist gut, aber was sie tun, ist nicht gut, es kann nicht gut sein. Sie sind unglücklich, deshalb bringt alles, was sie tun, anderen Unglück. Wir können anderen nur das geben, was wir selber schon haben, umgekehrt ist es nicht möglich. Wenn du voller Licht bist, wenn dein ganzes Sein voller Seligkeit ist, bringst du mit allem, was du tust, auf natürliche Weise Freude zu anderen. Und Seligkeit entsteht durch Meditation, nicht durch Tugendhaftigkeit. Meditation bringt Seligkeit, Seligkeit bringt Tugend: Das ist das fundamentale Gesetz.

21. *Tag*

Wenn du selig sein möchtest, musst du gegen viele Dinge rebellieren, die dich unglücklich machen... Aber die Gesellschaft möchte, dass du unglücklich bist. Es gibt Gründe, warum die Gesellschaft daran interessiert ist, dass du unglücklich bist: Ein unglücklicher Mensch ist leicht zu lenken, ein unglücklicher Mensch ist immer auf einem so niedrigen Energiestand, dass er versklavt werden kann. Unglücklichsein wirkt fast wie eine spirituelle Kastration.

Es ist eine sehr subtile Strategie: Das Kind wird von Anfang an langsam spirituell kastriert, es wird spirituell impotent gemacht. Es wird gezwungen, allem möglichen Blödsinn zu gehorchen. Dinge werden ihm aufgezwungen, und es ist hilflos. Es ist von seinen Eltern abhängig. Es weiß, dass es nicht ohne ihre Unterstützung existieren kann, deshalb muss es Kompromisse schließen, und ganz allmählich vergisst es, dass es schon zu viele Kompromisse geschlossen hat. Zu dem Zeitpunkt, wenn es allein auf eigenen Füßen stehen kann, hat es völlig vergessen, was Freiheit ist, was die Schönheit, intelligent zu sein, ausmacht – es ist zum Sklaven geworden.

Bis heute hat diese Gesellschaft – und wenn ich „diese Gesellschaft" sage, meine ich alle Gesellschaften der Welt – sie haben alle ein und dasselbe gemacht, sie haben den Geist des Menschen zerstört. Ich bemühe mich hier darum, dich wieder lebendig zu machen, dich aus dem Grab hervorzuholen. Meine Sannyasins müssen rebellisch, intelligent sein, nur dann sind sie selig. Riskiere alles, um selig zu werden, denn nichts ist kostbarer als Seligkeit. Lass das dein einziges Ziel im Leben sein, alles andere ist zweitrangig, unbedeutend.

22. *Tag*

Brich die Verbindung mit deiner Vergangenheit von diesem Moment an ab. Beginne, dein Leben von diesem Moment an zu zählen. In einem Jahr bist du ein Jahr alt – das Leben, das vorher war, war nur eine Traumerscheinung. Jetzt musst du erwachen, du musst wacher, aufmerksamer, bewusster werden.

Wenn du einmal anfängst, dich auf mehr Bewusstsein zuzubewegen, wirst du liebevoller, wirst du seliger, wirst du göttlicher. Zum ersten Mal fühlst du, dass das Leben ein großes Geschenk ist, eine Segnung Gottes. Und eine große Dankbarkeit erwächst in deinem Herzen. Das ist wahres Gebet.

23. *Tag*

Man kann sein Leben sehr leicht vergeuden, weil es so kurz ist. Aber es ist merkwürdig: Wenn du die Leute fragst: „Warum spielst du Karten? Warum spielst du Poker? Warum hast du dich so in Schach vertieft?", antworten sie: „Um die Zeit totzuschlagen." Als ob sie mehr Zeit hätten, als sie brauchten. Als ob die Zeit so unnütz wäre, dass du sie totschlagen musst.

Zeit ist das Allerkostbarste. Einmal vergangen, ist sie für immer vergangen. Und wir haben nicht viel Zeit; das Leben ist wirklich sehr kurz. Es fliegt so schnell dahin, dass zwischen Geburt und Tod kein großer Abstand ist. Und die Leute schlagen die Zeit tot und wissen überhaupt nicht, dass es tatsächlich genau umgekehrt ist: Die Zeit tötet dich.

24. *Tag*

Der einzige Zweck des Lebens besteht darin, die Zeit zu transzendieren. Das Leben ist eine Gelegenheit in der Zeit, die Zeit zu transzendieren. Man muss eine Leiter erschaffen. Die Zeit bewegt sich horizontal, genau wie das Alphabet, ABC, linear, in einer Linie. Transzendenz ist vertikal, sie ist wie eine Leiter, nicht linear. Man geht höher oder tiefer, was letztendlich das gleiche ist, was letztendlich das gleiche bedeutet. Wenn du höher gehst, gehst du tiefer. Wenn du tiefer gehst, gehst du höher. Aber du beginnst, dich in einer ganz neuen Dimension zu bewegen. Du bewegst dich nicht mehr horizontal, du bewegst dich vertikal.

Diese Bewegung geschieht durch Meditation. Meditation ist die Leiter, von der ich spreche. Sie führt dich über die Zeit hinaus, und plötzlich explodiert eine immense Jugend in dir. Die Berührung der Ewigkeit ist Jugend.

Dann weißt du, dass es keine Geburt und keinen Tod gibt. Dann weißt du, dass du zum Ewigen gehörst. Die Erfahrung des Ewigen ist die Erfahrung Gottes.

Das sind die beiden einzigen Möglichkeiten, die dem Menschen zur Verfügung stehen: Entweder bewegt er sich in der Zeit, dann bewegt er sich horizontal, linear – das ist die Art des Verstandes – oder er bewegt sich vertikal – das ist die Art des Nicht-Verstandes. Zeitlosigkeit ist die Art des Nicht-Verstandes. Und Meditation ist nichts anderes als die Kunst, vom Verstand in den Nicht-Verstand zu springen, vom Horizontalen zum Vertikalen.

Es ist der größtmögliche Quantensprung, es ist das radikalste Phänomen. Nur ein Anflug davon, und du bist voll von Gott...

25. *Tag*

Die Wahrheit ist immer neu, immer frisch, immer jung. Sie ist so frisch wie die Tautropfen auf den Grashalmen am frühen Morgen, so frisch wie die Blütenblätter des Lotus, der sich gerade im Teich öffnet, so frisch wie die Augen eines Kindes.
Die Wahrheit ist niemals alt, denn die Wahrheit ist nicht Teil der Zeit. Die Wahrheit ist ewig, deshalb ist sie immer jetzt. Die Wahrheit kennt nur eine Zeit, und das ist jetzt, und nur einen Raum und das ist hier. Sie kennt keine Vergangenheit und keine Zukunft. Sammle niemals die Vergangenheit. Lass die Vergangenheit jeden Tag sterben. Säubere dich jeden Tag von der Vergangenheit, werde sie los, sammle sie nicht an.
Jeder Tag schlüpft aus dem alten. Wenn du am Abend schlafen gehst, dann sage dem Tag, der nicht mehr ist, Lebewohl, beende ihn, schließe das Kapitel ab. Lass es wirklich abgeschlossen sein, öffne es nie wieder. Es ist beendet. Und beginne am nächsten Morgen frisch, als ob du neu geboren wärst. Und plötzlich wirst du feststellen, dass dein Leben anfängt, neue Qualitäten zu haben, von denen du nie vermutet hättest, dass sie in dir verborgen sind. Dein Potential wird anfangen, sich zu verwirklichen, und jeder Tag wird neue Überraschungen bringen, und jeder Tag wird ein unermessliches Mysterium werden. Es ist das Alte, das dir nicht erlaubt, das Mysterium zu erfahren. Bleibe frisch, jung, neu, und du bist nicht sehr weit davon entfernt, eines Tages plötzlich über Gott zu stolpern, denn Gott ist immer neu. Wenn auch du neu bist, könnt ihr euch treffen, denn ihr seid beide im gleichen Raum.

26. Tag

Man sollte niemals in Begrenzungen denken; man sollte sich aller Vorstellungen von Begrenztheit entledigen. Wenn du weißt: „Ich bin nicht der Körper“, ist das der Anfang einer großen Pilgerschaft. Wenn du dann weißt: „Ich bin auch nicht der Verstand“, ist es ein weiterer Schritt. Wenn du dann schließlich weißt: „Ich bin nicht einmal das Gefühl“, ist das der letzte Schritt.

Mit diesen drei Schritten ist die Reise vorbei, denn mit dem vierten Schritt entdeckst du dein Sein, und dieses Sein ist unermesslich weit, unendlich, so weit wie der Ozean, so weit wie der Himmel. Wenn du das erfährst, erfährst du Gott. Wenn du das erfährst, erfährst du Seligkeit, Ekstase. Es ist die einzige Erfahrung, für die es sich einzusetzen lohnt. Alles andere ist reine Vergeudung, Vergeudung der großen Gelegenheit, den wahren Schatz zu finden.

Und du hörst nicht auf, Muscheln und farbige Steine am Meeresstrand zu sammeln, während der Schatz in dir ist, während das Königreich Gottes in dir ist. Höre also auf, in Begrenzungen zu denken, so dass du immer mehr merkst, wie du dem unbegrenzten Sein näher kommst, dem unendlichen Sein.

27. *Tag*

Der Mensch erscheint von außen wie ein kleiner Tropfen, aber von innen ist er total anders. Die Innenansicht ist die eines Ozeans.

Von außen erscheinen wir als kleine Tautropfen, weil nur unser Körper sichtbar ist. Aber von innen, wenn man in seinem eigenen Sein verwurzelt und zentriert ist, wenn in tiefer Stille Klarheit entsteht, wenn man in tiefer Meditation unbewölkt sehen kann, wenn der ganze Rauch der Wünsche und Gedanken verschwindet, wenn der Spiegel absolut rein ist und das reflektiert, was ist, nimmt man plötzlich das eigene Bewusstsein wahr und nicht den Körper.

Tatsächlich vergisst man in dem Moment den Körper. Nicht nur den Körper, auch den Verstand vergisst man. In dem Moment erfährt man das grenzenlose Bewusstsein. Dieses grenzenlose Bewusstsein, dieses ozeanische Bewusstsein ist unser wahres Sein. Das ist es, was wir sind. Wir sind nicht, was wir zu sein scheinen. Lass dich also vom Schein nicht täuschen. Entscheide also nicht, wer du bist, indem du in den Spiegel guckst, denn der Spiegel kann nur deine physische Erscheinung wiedergeben. Du musst deinen inneren Spiegel säubern, nur dann wirst du wissen, wie unermesslich weit du bist. Du bist so groß wie das gesamte Universum.

28. *Tag*

Jeder trägt die Wahrheit in seinem eigenen Sein, aber nur ganz wenige Menschen dringen bis zu ihrem Zentrum vor, die meisten laufen ständig an der Peripherie herum. Die periphere Aktivität ist Philosophie, und der Sprung von der Peripherie in das Zentrum ist das, was ich Religion nenne.

Von Religion kann es nicht viele geben. Philosophien kann es viele geben. Es gibt so viele Philosophien, wie es Menschen gibt, denn es gibt so viele Philosophien, wie es Köpfe gibt. Jeder Kopf, jede Person hat ihre eigene Philosophie. Aber Wahrheit ist immer gleich. Mein innerstes Sein und dein innerstes Sein sind nicht zwei verschiedene Dinge. Im Zentrum treffen wir uns alle und sind wir eins. Nur an der Oberfläche sind wir verschieden.

Es ist genau wie die Wellen des Ozeans: An der Oberfläche besteht jede Welle für sich von den anderen getrennt, aber darunter ist nur ein Ozean, da gibt es keine Wellen mehr. Diese ozeanische Erfahrung, diese Erfahrung von Einssein ist Wahrheit.

Und Wahrheit befreit. Wahrheit befreit dich von allem Unglücklichsein, von aller Qual, von Tod, von Angst, von Gier. Die Wahrheit befreit dich ganz einfach von Problemen aller Art. Sie löst alles. Sie lässt dich dein Leben in jedem einzelnen Augenblick zelebrieren.

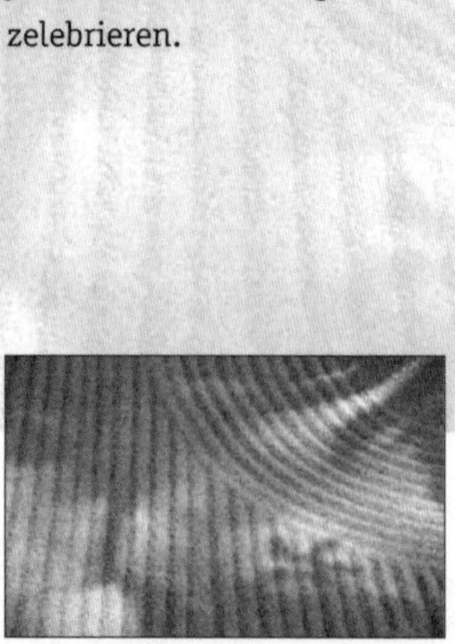

29. *Tag*

Das Außergewöhnliche ist im Gewöhnlichen versteckt, das Heilige ist im Profanen versteckt. Und an dieser Stelle sind die Religionen in die Irre gegangen: Ihr Heiliges ist gegen das Gewöhnliche. Mein Heiliges ist in dem Gewöhnlichen.

Daher haben die Religionen die Leute verdammt, die gesagt haben, dass das Leben aus Essen, Trinken und Fröhlichsein besteht. Die Religionen haben diese Leute als Materialisten verdammt. Ich verdamme diese Leute nicht. Ich sage, das ist der richtige Ansatz, das ist ein guter Anfang. Wenn du Essen, Trinken und Fröhlichsein genießt, wirst du früher oder später neugierig werden. Früher oder später muss im Herzen eines intelligenten Menschen die Frage entstehen: Gibt es da nicht noch mehr?

Wenn diese Frage in dir entstanden ist, ob es da nicht mehr gibt – du kriegst einen kleinen Schimmer von diesem „mehr", so dass du anfängst, dich auf dieses „mehr" zuzubewegen, um es zu entdecken, um es zu erfahren – ist Meditation ganz natürlich, du wirst niemals in die Irre gehen.

Der erste Schritt ist der wichtigste Schritt. Tatsächlich ist der erste Schritt die halbe Reise. Lerne also, alles zu genießen, und lass alle Arten von Traurigkeit und Ernsthaftigkeit fallen. Tanze, singe, feiere und beginne allmählich, zu meditieren und es herauszufinden, denn es gibt mit Sicherheit mehr. Aber für dieses „mehr" brauchst du eine tiefere Intelligenz. Meditation gibt deiner Intelligenz Tiefe, sie gibt dir Klarheit, und das ist alles. Sie säubert deinen Spiegel, und du beginnst, das Leben klarer zu reflektieren.

30. *Tag*

Der Pöbel, die Herde will, dass du ein Teil der Herde wirst. Sie wollen, dass du ihnen deine Intelligenz opferst. Die Masse möchte, dass du konform bist. Das ist die Wurzel des Übels, das die Intelligenz der Menschen zerstört. Und wenn Intelligenz zerstört wird, kannst du nicht wissen, was Seligkeit ist.

Jedes Kind wird mit Intelligenz geboren, und fast jedes Kind wird vergiftet. Bevor es überhaupt verstehen kann, was es mit sich gebracht hat, ist es schon gelähmt, verkrüppelt, und zwar unter schönen Benennungen – sie mögen es Taufe oder Beschneidung nennen. Es sind äußerst blödsinnige Ideen. Es wird konditioniert, und alles Mögliche wird ihm aufgezwungen. Zu dem Zeitpunkt, wenn es ein erwachsener Mensch wird, hat es schon alle Intelligenz irgendwo auf dem Weg verloren, es ist dumm geworden. Und es wird immer unglücklich bleiben.

Die Religionen beuten dein Unglücklichsein aus. Sie sagen: „Du bist unglücklich, weil du nicht an Gott glaubst, weil du in deinen vergangenen Leben gesündigt hast, weil du nicht tugendhaft bist. Beichte, wenn du unglücklich bist, bete, wenn du unglücklich bist, gehe regelmäßig in die Kirche, wenn du unglücklich bist." Und diese Dinge haben einen gewissen Anreiz, denn die Menschen wollen ihr Unglücklichsein loswerden; deshalb sind sie bereit, jeder Idee zu folgen

Aber ein dummer Mensch kann nicht verstehen, was er tut, warum er es tut, wohin er geht. Als allerestes muss seine eingesperrte Intelligenz befreit werden. Dann ist Seligkeit ganz einfach, sie ist eine Nebenwirkung. Wenn du deine Intelligenz einmal kennst, beginnst du augenblicklich, dich mit Seligkeit überschüttet zu fühlen.

31. *Tag*

Die Moral ist für den Menschen da – der Mensch ist nicht für die Moral da. Und die Moral muss sich mit den Zeiten verändern. Die Bedürfnisse der Menschen verändern sich, die Erfordernisse verändern sich. Man kann nicht mit den alten Regeln weitermachen. Die zehn Gebote wurden vor dreitausend Jahren erlassen. Jetzt ist alles anders – sie sind völlig irrelevant. Ihr müsst neue Wege zu leben finden, neue Wege zu sein. Die einzige Möglichkeit ist, dass wir die Vorstellung vom Gewissen fallen lassen. Anstatt auf unser Gewissen sollten wir uns auf unser Bewusstsein verlassen.

Das Gewissen ist immer von anderen geschaffen. Es ist eine Manipulation, eine subtile Sklaverei. Bewusstsein ist deine eigene Kreation, es ist deine eigene Anstrengung, auf deinen eigenen zwei Beinen zu stehen, das Leben anzuschauen und genug Mut zu sammeln, deinem eigenen Licht gemäß zu leben. Natürlich kannst du, wenn du deinem eigenen Licht gemäß lebst, viele Fehler machen. Aber es ist nichts falsch daran, Fehler zu machen, denn das ist die einzige Möglichkeit zu lernen. Je mehr Fehler man macht, desto mehr lernt man. Das einzige, was du im Gedächtnis behalten solltest, ist: Mach nicht immer wieder denselben Fehler, denn das ist dumm. Mach neue Fehler, finde Gelegenheiten, neue Fehler zu machen.

Indem du wächst, indem du lernst, indem du bewusst wirst, indem du immer wacher wirst, entsteht eine gewisse innere Disziplin in dir, ganz ohne Druck von außen; denn du kannst sehen, was richtig und was falsch ist.

Liebe braucht Wurzeln in der Erde

1. *Tag*

Unschuld ist das Allerkostbarste, denn nur dem unschuldigen Herzen kann all das geschehen, was wertvoll ist. Für den Schlauen geschieht nichts. Für den Schlauen ist Liebe unmöglich, für den Schlauen ist Seligkeit unmöglich, für den Schlauen ist alles von Wert unmöglich. Für den Schlauen ist Geld möglich, ist Macht möglich, ist Prestige möglich. All das ist wertloses Zeug. Der Tod zerstört es alles.
Aber für den Unschuldigen geschieht etwas, das sogar der Tod ihm nicht nehmen kann. Sei unschuldig, dann ist Gott dein. Lasse alle Schlauheit, alle Cleverness, alle Kenntnisse fallen, alles, was dir die Idee vermittelt, du wüsstest etwas. Bewege dich mit staunendem Herzen ehrfurchtsvoll auf Gott zu, und dann ist Erfolg gewiss.

2. *Tag*

Wir sind auf der Suche nach einem Zuhause. Jeder von uns – bewusst oder unbewusst, wissend oder unwissend – sucht nach einem Zuhause. Irgendwo tief in unserem Innern ist eine Erinnerung, dass wir einmal ein Zuhause hatten. Sie ist sehr verschwommen, nicht scharf gestochen, aber du hast es nicht ganz vergessen, niemand vergisst es jemals ganz. Es ist wie ein Land in weiter Ferne – irgendwann einmal, als du glücklich, selig, voller Freude warst, als es keine Angst, keine Qual, keine Verantwortung gab, als das Leben reine Seligkeit war, als das Leben nur ein Tanz, ein Lied war.

Irgendwo tief in unserem Innern lauert immer noch dieser Wunsch, der uns anspornt, es wiederzufinden. Alle Religionen wurden aus dieser Sehnsucht geboren; sonst gäbe es keinen Grund für Religionen, sie erfüllen keinerlei praktischen Zweck. Aus diesem Grund erscheint Religion einem praktisch gesinnten Menschen absolut absurd. Sie scheint völlig unnütz zu sein, sie ist pure Zeitverschwendung. Du könntest etwas produzieren, aber du machst nichts. Aber sogar der praktische Mensch wird, wenn er ein wenig tiefer in sich hineinschaut, irgendwo versteckt das Gefühl finden: „Dies ist nicht das ganze Leben, dies kann nicht alles sein. Es muss noch etwas anderes geben."

Natürlich wissen wir nicht genau, was dieses etwas ist, aber ein unablässiges Gefühl, eine intuitive Kraft bleibt im Innern am Werk. Früher oder später muss man darauf hören, und je früher man darauf hört, desto besser, denn man weiß nie, wann das Leben zu Ende geht. Das kann jeden Moment passieren.

3. *Tag*

Ein jeder wird von Gott berufen, aber wir haben unsere Berufung völlig vergessen. Wir haben sogar vergessen, warum wir hier sind. Wir leben in tiefer Vergesslichkeit, und das nennen wir Leben. Und Menschen, die in allem so äußerst vergesslich sind, halten sich für intelligent. Wenn du die Erwachten fragst, werden sie das reine Torheit nennen. Wir müssen aus dieser Torheit aufwachen. Wir sind hier, um einen bestimmten Zweck zu erfüllen. Jeder ist hier, um ein Lied zu singen, um einen Tanz zu tanzen, um einen bestimmten Duft freizusetzen. Aber das ist nur möglich, wenn du so wach wirst, dass du dich selbst direkt siehst und nicht durch die Brille von anderen.

Bisher hast du alles, was du über dich weißt, von anderen. Jemand sagt, dass du sehr nett bist, und du glaubst es. Jemand sagt, dass du sehr intelligent bist, und du glaubst es. Der eine sagt dies und der andre sagt das, und du sammelst das alles ständig. Du weißt nichts unmittelbar über dich. Du kennst dein Gesicht aus dem Spiegel, aber der Spiegel kann nur deine Maske spiegeln. Um dein ursprüngliches Gesicht zu sehen, musst du nach innen gehen. Du musst es mitten im Kern deines Seins entdecken.

Wenn du dein ursprüngliches Gesicht einmal kennst, steigt große Freude in dir auf, große Seligkeit ist geboren. Plötzlich siehst du, dass du nicht zufällig bist, dass du von Gott berufen bist, dass du eine wichtige Botschaft für die Existenz trägst, dass du gebraucht wirst, dass du eine bestimmte Absicht im großen Plan der Dinge erfüllst, einen dir innewohnenden organischen Zweck, der großen Frieden, große Freude schenkt.

4. Tag

Der Mensch muss wieder zum Kind werden. Nur dann nimmt er die Schönheit der Existenz, das Wunder der Existenz wirklich wahr. Diese Ehrfurcht ist der Anfang der Religion. Aber jedes Kind – und es muss einfach geschehen, es ist unvermeidlich fast ein notwendiges Übel – jedes Kind verliert notgedrungen seine Unschuld, denn es muss erzogen werden. Es muss in bestimmten Sprachen, Naturwissenschaften, Geographie, Mathematik, bestimmten wichtigen Fächern unterrichtet werden. Es muss ein Experte auf einem bestimmten Gebiet werden, ein Arzt, ein Ingenieur, ein Wissenschaftler. Das Leben erfordert es, dass man es nicht sich selbst überlassen kann.

Und all diese Erziehung nimmt ihm seine Unschuld. Es wird kenntnisreich, es wird voll von Informationen, und es vergisst die Freude des Staunens. Denn jetzt glaubt es zu wissen. Was gibt es da zu staunen? Es vergisst die ungeheure Dimension der Ehrfurcht. Nichts ist mehr eine Überraschung – das ist eine Art spiritueller Tod.

Es wird sehr nützlich für die Welt, es wird clever, schlau, es wird mächtig. Und weil es eine bestimmte Nützlichkeit in der Welt hat, wird es eine Ware auf dem Markt. Man kann es kaufen und verkaufen. Je mehr Kenntnisse es hat, desto höher ist sein Preis. Aber etwas ganz Wertvolles ist verloren gegangen, das wiedergewonnen werden muss.

5. *Tag*

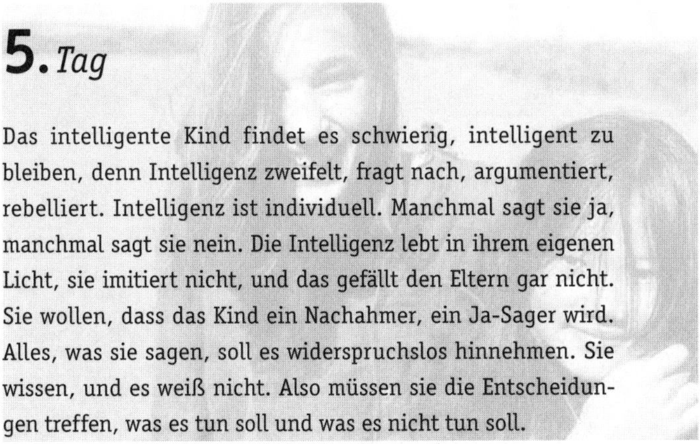

Das intelligente Kind findet es schwierig, intelligent zu bleiben, denn Intelligenz zweifelt, fragt nach, argumentiert, rebelliert. Intelligenz ist individuell. Manchmal sagt sie ja, manchmal sagt sie nein. Die Intelligenz lebt in ihrem eigenen Licht, sie imitiert nicht, und das gefällt den Eltern gar nicht. Sie wollen, dass das Kind ein Nachahmer, ein Ja-Sager wird. Alles, was sie sagen, soll es widerspruchslos hinnehmen. Sie wissen, und es weiß nicht. Also müssen sie die Entscheidungen treffen, was es tun soll und was es nicht tun soll.

Deshalb befindet das intelligente Kind sich in einer schwierigen Situation. Wenn es intelligent sein möchte, ist es in permanenten Schwierigkeiten. Zu Hause gerät es in Schwierigkeiten, in der Schule gerät es in Schwierigkeiten, im Gymnasium, in der Universität gerät es in Schwierigkeiten. Überall, wo es hinkommt, gerät es in Schwierigkeiten.

Solange man nicht wirklich genug Mut hat, all diese Schwierigkeiten zu akzeptieren und gleichzeitig darauf zu bestehen, intelligent zu sein, was wirklich äußerst selten ist, ist man über kurz oder lang einfach gezwungen, Kompromisse zu schließen. Der Druck wird einfach zu stark.

Langsam und allmählich vergisst es, was Intelligenz ist. Es wird stumpf. Je stumpfsinniger es wird, desto geachteter wird es.

Man erfährt Gott nicht durch Wissen – es geschieht durch Unschuld. Man erfährt Gott auch nicht durch Glauben, es geschieht durch Intelligenz. Man braucht ungeheure Intelligenz, um Gott zu kennen.

6. *Tag*

Der Meditierer kennt keinen Unterschied zwischen Schwarzen und Weißen. All das erscheint ihm kindisch; nach der Hautfarbe zu unterscheiden, ist so kindisch. Ein intelligenter Mensch kann das gar nicht. Deshalb sind die Politiker gegen Meditation. Der Staat ist gegen Meditation, denn ein Meditierer wird sehr stark in seiner Seele. Es ist unmöglich, ihn zu versklaven. Er wird ein Individuum, und er macht seine Individualität geltend. Er ist bereit, sein Leben hinzugeben, aber er ist niemals bereit, Kompromisse zu schließen.

Aus dem Grund sage ich, dass Meditation mit Sicherheit eine Gabe Gottes ist, weil die ganze Welt dagegen ist. Und dennoch interessiert sich von Zeit zu Zeit einmal jemand für Meditation. Da muss eine versteckte Hand Gottes im Spiel sein. So muss es sein, denn nur Gott ist auf Seiten der Meditation. Und Menschen, die für Meditation sind, sind Menschen Gottes.

7. *Tag*

Die sogenannten organisierten Religionen waren nicht hilfreich. Im Gegenteil, sie haben diesen inneren Konflikt immer mehr hervorgerufen. Sie haben ihn akuter, chronischer, mehr wie ein Krebsgeschwür gemacht, weil sie Schuld verursachen. Sie spalten jeden Menschen in das Höhere und das Niedrigere, in das Gute und das Schlechte. Und wenn du einmal gespalten bist, musst du in Zwiespalt geraten, in Zwiespalt mit dir selbst. Du kannst weder gewinnen noch besiegt werden. Du bist im Limbo und kämpfst und kämpfst – keine Niederlage und kein Sieg. Nichts kommt dabei heraus als Frustration, Stumpfsinn.

Ich möchte, dass ihr euch selbst liebt, denn nur durch diese Liebe entsteht Frieden. Ich möchte, dass ihr euch in toto annehmt, wie ihr seid. Das bedeutet natürlich nicht, dass es kein Wachstum gibt. Tatsächlich geschieht eine große Explosion, wenn du dich wirklich annimmst, wie du bist, denn die Energie, die sonst in Konflikte verwickelt ist, wird freigesetzt. Und diese Energie steht dir jetzt zur Verfügung. Das macht dich stark, das macht dich intelligenter, das macht dich wacher, das macht dich lebendiger, das kreiert eine Seele in dir.

8. *Tag*

Denken kommt vom Kopf, vom Verstand. Nicht-Verstand ist der Anfang einer völlig neuen Dimension, wenn alle Gedanken versiegen und nur noch völlige Stille herrscht, als ob ein Stillstand erreicht ist. Nichts bewegt sich, alles hat angehalten. Die Zeit hat angehalten, man ist einfach in der Gegenwart. In diesem gewaltigen Augenblick – es ist der allerlebendigste Augenblick deines Lebens – entdeckst du dich selbst. Und das bringt Rebellion in dein Sein. Du bist ein total anderer Mensch, neugeboren, nicht mehr derselbe alte Mensch – der alte ist gestorben. Du stehst nicht einmal in Verbindung mit dem alten. Es ist nicht etwa so, dass das alte Haus verfeinert wurde, das Alte hat sich einfach in Luft aufgelöst.

Mit dieser Lebendigkeit muss man einfach bei allem, was man tut, bei allem, was man sagt, rebellisch sein. Sehr wenige Menschen werden in der Lage sein, einen zu verstehen. Die Massen können nicht verstehen, sie waren schon immer gegen Meditierer. Sie haben Angst vor Menschen wie Jesus und Sokrates und Mansur. Sie haben sie aus dem einfachen Grunde getötet, weil sie ihre Vision nicht verdauen konnten. Sie konnten nicht akzeptieren, dass jemand eine solche Höhe erreicht hatte. Wenn du jemanden auf einer solchen Höhe akzeptierst, bedeutet es, du akzeptierst, dass du selbst in Dunkelheit lebst, und das ist erniedrigend. Die einzige Möglichkeit, ihr Ego wiederzugewinnen, ist, den betreffenden Menschen zu vernichten, ihn vom Schauplatz zu entfernen. Die reine Anwesenheit dieses Menschen bringt sie dazu, sich schuldig zu fühlen, weil sie nicht das getan haben, was sie hätten tun sollen, weil sie nicht das sind, was sie sein sollten – und das können sie ihm nicht verzeihen.

9. *Tag*

Die Religionen haben Angst vor der Liebe erzeugt. Deshalb lebten die Mönche von den Nonnen getrennt, die Nonnen lebten von den Mönchen getrennt. Sie haben enorme Angst. Es gibt noch ein katholisches Kloster – eintausend Jahre alt – auf dem Berg Athos. Seit eintausend Jahren hat keine einzige Frau das Kloster betreten. Sie lassen nicht einmal ein sechs Monate altes Mädchen hinein. Und schon gar keine Frau! Was für Menschen leben eigentlich darin – Mönche oder Monster? Sie haben sogar Angst vor einem sechs Monate alten Mädchen. Sie müssen innerlich kochen. Sie müssen auf Vulkanen von Sexualität sitzen. Und es ist ihnen nicht erlaubt, das Kloster zu verlassen. Wenn ein Mönch einmal in das Kloster eingetreten ist, ist er für immer darin. Es hat einen Eingang, aber keinen Ausgang. Als erstes haben die Religionen also diese blödsinnigen Leute geschaffen – bar aller Liebe, bar aller Wurzeln, der Erde entfremdet; sie sind tot. Und das zweite Resultat war, dass sie unkreativ wurden, denn ohne Liebe gibt es keine Kreativität, ohne die Welt gibt es keine Kreativität.

Liebe ist die Quelle aller Kreativität, und alle Religionen dieser Welt haben Menschen geschaffen, die unkreativ waren. Das ist eine Schande. Millionen von Menschen, die einen immensen Beitrag zur Welt hätten leisten können, die sie zu einem wunderschönen Ort, einem Paradies gemacht hätten, wurden herausgenommen, weggenommen. Ich bemühe mich, diesem ganzen Schwachsinn Einhalt zu gebieten, ihm ein Ende zu machen – genug ist genug. Wir sollten eine neue Art von religiösem Menschen schaffen, der weiß, wie man liebt, der weiß, was Kreativität ist.

10. Tag

Wenn du all die Faktoren unterdrückst, die den Frieden vernichten, bist du durchaus nicht Herr der Situation, denn dein ganzer Status ist falsch: Du bist der Sklave all dessen, was du unterdrückt hast. Unterdrücken macht dich nicht zum Meister. Das gilt es ganz grundsätzlich zu verstehen: Unterdrücken bringt Sklaverei.

Ein Mensch, der seinen Sex unterdrückt, wird sexueller, perverser als der normale sexuelle Mensch. Deshalb sind Mönche und Nonnen und alle anderen sexuell unterdrückten Menschen viel sexueller. Sie träumen von Sex, sie denken an Sex und an nichts anderes. Für sie ist Sex die größte Versuchung der Welt, weil sie ihn unterdrückt haben und er ohne Unterlass an ihr Herz klopft: „Lass mich frei." Ihre Energie wird um so stärker, je mehr sie sie anstauen. Sie setzt sie ständig unter Druck, einen Ausweg zu finden. Die Energie muss einfach einen Ausweg finden, wenn nicht durch die Vordertür, dann durch die Hintertür. Dann gibt's irgendeine Art von Perversion – homosexuell, lesbisch... sie sind alle irgendwie mit der Religion verknüpft.

Um ein Meister des Friedens zu sein, darfst du nichts unterdrücken, sondern musst versuchen, alles zu verstehen. Durch Verstehen wirst du ein Meister. Das ist das Wunder des Verstehens: alles, was du wirklich verstanden hast, hat keine Macht mehr über dich.

11. *Tag*

Ein Kind kommt in reiner Stille. Die Leinwand ist leer. Es hat Anmut, Schönheit, die Musik der Stille. Aber wir fangen an, jedes Kind mit religiöser Ideologie, mit politischer Ideologie vollzustopfen. Wir fangen an, jedes Kind mit Ehrgeiz zu vergiften. Wir kreieren Begierden in ihm, wir kreieren Konkurrenz in ihm, wir kreieren Imitation in ihm. Wir sagen ihm: „Schau, dass du dieses oder jenes wirst, du musst Präsident oder Premierminister des Landes werden, du musst der Reichste werden."

Alle Eltern wollen, dass ihr Kind das Größte wird. Alle Eltern leben ihre unerfüllten Wünsche durch das Kind aus. Sie waren nicht in der Lage, ihre eigenen Wünsche zu erfüllen. Niemand war je in der Lage, seine Wünsche zu erfüllen, denn Wünschen als solches ist unerfüllbar. Und daran kann man nichts ändern, es liegt nicht in der Natur der Sache, es ist kein Lebensgesetz.

Jedes Kind kommt heil und ganz in die Welt, und wir fangen sofort an, ihm Wunden beizubringen. Bis jetzt hat die Menschheit auf völlig falsche Art existiert. Etwas ist grundsätzlich, wesentlich falsch. Unsere ganze Erziehung ist ehrgeizig, politisch; unsere Religionen sind politisch. Vielleicht sind sie die Politik des Jenseits, aber sie sind politisch. Du musst in den Himmel kommen, auch dort in der anderen Welt musst du was Großes erreichen.

Niemand sagt, dass man einfach leer, ohne Inhalt sein soll – aber in dieser Leere, in diesem Nichts blüht das Höchste.

12. Tag

Jedes Kind ist unschuldig, aber es ist sich dessen nicht bewusst. Es ist unschuldig, aber ohne jedes Bewusstsein. Der Unterschied zwischen einem Kind und einem Christus ist nur dies: beide sind unschuldig – was die Unschuld betrifft, sind sie an genau der gleichen Stelle – der Unterschied besteht im Bewusstsein. Wenn Unschuld unbewusst ist, muss sie verloren werden. In der berechnenden Welt kannst du sie nicht lange behalten.

Auf dem Marktplatz musst du so schlau wie möglich sein. Man muss die Methoden der Schlauheit lernen, und dafür sind unsere Schulen, Hochschulen und Universitäten da. Wahre Erziehung muss noch geboren werden, bisher gibt es sie noch nicht.

Wahre Erziehung wird dich bewusst unschuldig machen; wahre Erziehung wird Bewusstsein hinzufügen. Was Erziehung im Moment macht, ist, Unschuld zerstören. Statt dir zu helfen, schadet sie dir. Natürlich sagt sie, dass es zu deinem eigenen Besten ist. Aber der Baum muss nach seinen Früchten beurteilt werden. Dass die ganze Welt in so einem Durcheinander, so einem Chaos lebt, ist Beweis genug, denn das ist die Nebenwirkung unserer ganzen Erziehung, Zivilisation, Kultur.

Wahre Erziehung bedeutet für mich, deine Unschuld muss beschützt, respektiert, geachtet werden, denn sie ist ein Geschenk Gottes. Sie ist außerordentlich kostbar. Und die beste Art, sie zu beschützen, ist, dir eine Art Bewusstheit zu geben. Darum geht es bei der Meditation: Bewusstheit in dir zu erzeugen, so dass deine Unschuld nicht mehr im Dunkeln, sondern im vollen Licht ist.

13. *Tag*

Wir waren bisher nicht fähig, eine Gesellschaft zu schaffen, die der Intelligenz erlauben kann, ihre höchsten Gipfel zu erreichen. Wir leben immer noch mit primitiven Ängsten; wir leben immer noch mit Aberglauben und tausendundeinem Tabu. Meditation heißt, diesen ganzen Schwachsinn loswerden, den dir die Gesellschaft aufzwingt. Meditation heißt Freiheit von allen Strukturen, die dir von anderen aufgezwungen werden. Wenn der Spiegel wieder klar ist, kannst du wieder das reflektieren, was ist.

Und Gott ist ein anderer Name für das, was ist – nichts anderes. Wenn erst einmal die Staubschichten entfernt sind, die auf deinem Spiegel abgelagert waren, wirst du in der Lage sein, die Wirklichkeit zu reflektieren. Und wenn die Wirklichkeit erst einmal so reflektiert wird, wie sie ist, beginnst du darauf zu antworten, du wirst zum ersten Mal verantwortlich.

14. *Tag*

Die ganze Kunst der Meditation besteht darin, dir ewigen Frieden, Stille, Freude zu bringen. Und das Wunder ist: sie steigen aus deinem Innern auf. Meditation entfernt einfach alle Hindernisse, die ihnen im Weg stehen. Sie entfernt alle Steine, und die Ströme beginnen zu fließen. Und wenn du einmal weißt, dass es nichts mit irgendetwas Äußerlichem zu tun hat, dann hast du große Unabhängigkeit, große Freiheit. Du bist von niemandem abhängig, du kannst dich absolut an deinem Alleinsein freuen. Dein Alleinsein leuchtet; es ist nicht mehr einsam, es ist voller Freude, es ist ein tanzendes Alleinsein, es ist ein singendes Alleinsein, es hat große Schönheit und große Poesie und große Musik.

15. *Tag*

Alle Religionen haben die Feigheit des Menschen ausgebeutet. Sie machen dir Angst, und wenn du einmal vor Angst zitterst, bist du leicht auszubeuten, zu manipulieren. Dann können die Priester dich unter ihre Fittiche nehmen, und sie können sagen: „Keine Angst, mein Sohn, wir stehen dir bei, wir beten für dich. Du befolgst einfach unsere Anweisungen; tu, was wir sagen, und wir sorgen dafür, dass du in den Himmel kommst. Wenn du nicht folgsam bist, wenn du nicht auf uns hörst, kommst du in die Hölle."

Und sie haben die Hölle in so lebhaften Farben dargestellt, dass jeder davor Angst haben muss. Und sie haben den Himmel so herrlich beschrieben, dass es Gier hervorruft. Die Hölle ruft Angst hervor, der Himmel ruft Gier hervor; und mit diesen beiden ist die gesamte Menschheit auf spirituelle Sklaverei reduziert worden.

Religion hat nichts mit Sklaverei zu tun, es ist reine Rebellion. Daher sage ich, Mut ist die wesentlichste Eigenschaft. Und wir brauchen jetzt mutige Menschen in der Welt, so dass sie all diese Strategien zerstören können, die im menschlichen Bewusstsein verankert sind. Die Menschheit ist schon so lange ausgebeutet worden, es ist Zeit, dass dem Einhalt geboten wird, dass es für immer aufhört.

16. *Tag*

Das Leben ist ein Geschenk Gottes. Das haben alle vergessen. Niemand ist Gott dankbar für sein Leben, im Gegenteil, die Leute beschweren sich ständig. Sie kennen keine Dankbarkeit. So ein kostbares Geschenk, so ein unvergleichliches, einzigartiges Geschenk. Aber die Leute sind so dumm, dass sie es überhaupt nicht würdigen. Sie nehmen es als selbstverständlich hin, als ob es ihr Recht wäre. Es ist nicht unser Recht, wir können keinen Anspruch darauf erheben. Wir haben es nicht verdient, wir sind seiner nicht wert.

Es wird uns nicht deshalb gegeben, weil wir es verdient haben, sondern weil Gott der Versuchung nicht widerstehen kann, es uns zu geben. Er muss einfach teilen, er fließt so sehr mit Lebensenergie über, dass er nicht weiß, was er damit tun soll. Deshalb überschüttet er uns ständig damit. Würdig, unwürdig, verdient, unverdient, Heilige, Sünder – das ist ganz gleich, Gott gibt ständig. Das ist seine ihm innewohnende Natur. Er gibt, denn er hat so viel, dass es ihm zur Last wird, wenn er nicht gibt. Er ist wie eine Wolke voller Regenwasser – sie muss regnen. Sie regnet auf Steine, sie regnet auf Felsen, sie regnet überallhin. Sie muss regnen. Das verstehen heißt religiös sein.

Dieses Verständnis bewirkt eine Veränderung in deinem Bewusstsein. Dann beschwerst du dich nicht mehr, dann bist du unermesslich dankbar – und diese Dankbarkeit ist Gebet.

17. *Tag*

Meditation ohne Frieden ist tot, erzwungen, nicht wirklich Meditation, sondern eine Art Konzentration. Und das ist einer der größten Irrtümer, der von vielen begangen wird: sie glauben, Konzentration sei Meditation. Das ist es nicht. Meditation ist genau das Gegenteil davon. Bei der Konzentration ist dein Verstand angespannt, bei der Meditation ist dein Verstand entspannt. Und das Wunder der Entspannung ist, dass der Verstand bei totaler Entspannung verschwindet. Der Verstand kann nur mit Spannungen, Kümmernissen, Sorgen bestehen. Davon ernährt er sich. Deshalb führt Konzentration niemals über den Verstand hinaus.

Man kann auch ohne Meditation friedvoll sein, und auch dann stimmt etwas nicht. Dieser Frieden besteht nur an der Oberfläche, und tief im Innern herrscht ständiger Aufruhr. Man sitzt auf einem Vulkan, friedlich, aber der Vulkan ist da und kann jeden Moment ausbrechen. Irgendein Vorwand reicht aus. Zwinge dich niemals dazu, friedlich zu sein, und zwinge den Verstand nie auf einen bestimmten Weg, ein Thema, in eine Richtung.

Lass dich entspannen, total entspannen, nichts tun, einfach sein. Und in dem Augenblick, wenn du reines Sein bist, wenn du nichts tust – du bemühst dich nicht, friedlich zu sein, du bemühst dich nicht, dich zu konzentrieren – wenn du dich um überhaupt nichts bemühst, in diesem mühelosen Augenblick geschehen Meditation und Frieden gleichzeitig. Und das bringt den Sieg, den inneren Sieg. Er macht dich zum Meister deiner eigenen Seele, deines eigenen Geschicks.

18. *Tag*

Man kann auf zwei Arten ruhig und still sein. Die eine ist sehr billig, aber auch oberflächlich, leicht zu erreichen, aber nicht wirklich wert, erreicht zu werden. Sie besteht darin, dich an der Oberfläche mit einer gewissen kultivierten Ruhe zu umgeben, sie zu einer Charaktereigenschaft zu machen, so dass du der Außenwelt immer ruhig und gelassen erscheinen kannst, sogar wenn es in dir brodelt. Das ist es, was die Menschen tun – zumindest was die Mehrheit angeht.

Die Gesellschaft will nur, dass du oberflächlich ruhig bist. Sie interessiert sich kaum für deine wahre Transformation, denn sie beschäftigt sich nur mit deiner Außenseite. Mit deinem Innern hat sie nichts zu tun. Sie hat kein Interesse an deiner inneren Welt. Wirkliche Ruhe, authentische Ruhe erwächst aus Meditation – nicht daraus, einen Charakter zu kultivieren, sondern aus Bewusstheit. Wenn nichts dich stören kann, wenn es unmöglich wird, dich zu stören, wenn du unfähig wirst, dich stören zu lassen, sogar wenn du gestört werden wolltest, nur dann ist etwas wirklich Wertvolles geschehen. Es kann nur durch Bewusstheit geschehen.

Bringe das Licht der Bewusstheit herein und Liebe wird wachsen, Seligkeit wird wachsen, Ruhe wird wachsen, und zum ersten Mal wird dein Leben authentisch. Und authentisch sein heißt religiös sein. Dir selber treu sein heißt religiös sein. Das ist die einzig wahre Andacht, das ist das einzig wahre Gebet. Das ist das einzige Opfer, das wir Gott darbringen können, unsere Authentizität. Alles andere ist nur ein leeres ohnmächtiges Ritual.

19. *Tag*

Die Liebe muss irdisch sein. Genau wie Bäume nicht ohne Erde wachsen können – sie müssen ihre Wurzeln in der Erde haben –, so braucht die Liebe Wurzeln in der Erde. Der Körper steht für die Erde. Aber der Baum wächst hoch in den Himmel, er flüstert mit den Wolken. Jeder Baum hat das Bestreben, die Wolken zu berühren.

Aber vergiss folgendes Geheimnis nicht: Je höher der Baum wächst, desto tiefer gehen seine Wurzeln, sie stehen im direkten Verhältnis zueinander. Die Wurzeln müssen so tief gehen, wie der Baum hoch wächst. Höhe und Tiefe müssen absolut im Gleichgewicht sein. Mit kleinen Wurzeln kann der Baum nicht sehr hoch wachsen, er würde umfallen. Ein Baum ohne Wurzeln in der Erde, der immer nur höher und höher wächst und die Sterne berührt – das ist Unsinn.

Ja, die Liebe muss sich über die Erde hinaus erheben, aber sie kann nicht ohne die Hilfe der Erde aufsteigen. Sie braucht die Unterstützung der Erde. Die Liebe muss etwas Höheres als Leidenschaft werden, aber die Leidenschaft muss ihre Stütze sein. Liebe ist nicht gegen Leidenschaft – höher heißt nicht gegen. Das Höhere enthält das Tiefere, es ist größer als das Tiefere, nicht dagegen. Das Höhere verwandelt sogar die Beschaffenheit des Tieferen, es verschönert es. Es verwandelt sogar die Leidenschaft.

Das ist die Bedeutung von Mitleiden, Mitgefühl – es ist verwandelte Leidenschaft, es ist Licht gewordene Leidenschaft, dann ist es Mitleiden, Mitgefühl. Aber es ist nicht gegen Leidenschaft.

20. *Tag*

Die Welt ist so voller Hass, weil sie so voller Feiglinge ist. Die Welt ist so lieblos, weil wir keinen Wagemut in den Menschen hervorbringen. Alles, was wir Mut nennen, ist kein wirklicher Mut. Wir erzeugen den Soldaten, den Krieger, aber ihr Mut ist unecht, er ist antrainiert. Wir reduzieren einen Menschen auf eine Maschine. Sein Geist ist nicht mutig geworden, nur sein Körper-Verstand wird konditioniert.

William James, einer der größten Psychologen Amerikas, saß mit einem Freund in einem Restaurant. Sie sprachen gerade über so etwas, als sie draußen einen Soldaten im Ruhestand vorübergehen sahen, der einen Eimer mit Eiern trug. James rief aus dem Restaurant heraus: „Achtung! Stillgestanden!" Der Soldat stand sofort in „hab acht!", der Eimer lag auf dem Boden, und die ganze Straße war voll kaputter Eier. Der Soldat war sehr ärgerlich und sagte: „Wo ist der Schwachkopf, der ‚Stillgestanden!' gerufen hat?"

Aber William James sagte: „Wir haben die Freiheit, jedes Wort zu sagen, das wir wollen. Wir haben dir nicht gesagt, dass du es befolgen sollst."

Der Soldat sagte: „Obwohl ich seit zwanzig Jahren ausgedient habe, ist der Drill immer noch so stark, dass ich sogar nachts aufspringe, wenn jemand ‚Achtung! Stillgestanden!' sagt."

Wenn wir einen wahrhaft mutigen Geist geschaffen hätten, wäre die Welt voller Liebe, aber sie ist überhaupt nicht voller Liebe. Die Leute sprechen nur über Liebe, aber sie geschieht nicht, denn die Hauptvoraussetzung ist nicht erfüllt.

21. *Tag*

Das Bewusstsein des Menschen ist ewig rein, aber es wird von vielen Staubschichten verdeckt, genau wie ein Spiegel. Obwohl der Spiegel rein bleibt, kann der Staub doch, wenn er auch den Spiegel nicht zerstören kann, eines zerstören: Er kann die Eigenschaft des Spiegels, die Eigenschaft, die Wirklichkeit wiederzugeben, verdecken. Der Spiegel bleibt derselbe. Der Spiegel verändert sich nicht durch die Staubschicht, aber er wirkt nicht mehr, er wird unwirksam: er kann nicht mehr spiegeln. Die Sonne geht auf, aber nicht für ihn; der Mond spiegelt sich im See, aber nicht für ihn. Er ist da, aber eine Staubschicht hindert ihn daran, seine Wirkung auszuüben.

Das ist unsere Situation. Unser Bewusstsein ist rein, aber unser Verstand ist eine Staubschicht und nichts anderes. Dem Bewusstsein sollte erlaubt sein, die Wirklichkeit zu reflektieren – dann ist Gott überall. Wenn dein Bewusstsein einmal das reflektiert, was ist, weißt du. Gott braucht keine Beweise. Nur Gott ist und nichts sonst ist. Jede Form ist eine Manifestation Gottes. Wenn du das weißt, bist du voller Freude, denn das bedeutet, es gibt keinen Tod, kein Unglück, keine Dunkelheit. Du bist zu Hause angekommen.

22. Tag

Diese ganze Menschheit ist nichts als eine Masse von Somnambulen, von Schlafwandlern. In dem Augenblick, in dem du wach, meditativ wirst, ändert sich dein Lebensstil. Du bist nicht mehr ein Teil der Masse, du wirst zum ersten Mal ein Individuum. Und mit der Bewusstheit fallen viele Dinge einfach weg. Alles, was falsch ist, schwindet dahin, und alles, was richtig ist, beginnt dich anzuziehen. Es ist keine Frage der Wahl mehr; du brauchst zwischen dem Richtigen und dem Falschen nicht mehr zu wählen. Spontan beginnst du, dich auf das Richtige zuzubewegen. Alles Falsche wird unmöglich. Du kannst nicht mehr auf das Falsche zustolpern, du bist so wach, dass es nicht mehr möglich ist. Sogar wenn du etwas Falsches tun willst, kannst du es nicht. Du kannst nur das Richtige tun. Aus dieser Bewusstheit erwächst eine wunderbare Disziplin, die nicht von außen aufgezwungen ist. Alles, was von außen aufgezwungen wird, ist Sklaverei. Alles, was aus deinem eigenen Sein hervorgeht, was aus deiner Innerlichkeit erwächst, ist von Schönheit, denn es ist Freiheit.

23. *Tag*

Alle Religionen dieser Welt, alle sogenannten Religionen, haben einen großen Widerspruch gelehrt. Einerseits sagen sie: Entsage dem Leben, es ist gegen Gott. Solange du ihm nicht entsagst, wirst du Gott nicht erlangen. Wenn du dem Leben entsagst, wirst du ein Geliebter Gottes.

Der Widerspruch ist so klar, dass selbst ein Kind ihn sehen kann. Es ist so lächerlich: Wenn Gott dieses Leben erschafft, kann er nicht dagegen sein. Ich bin nicht gegen das Leben. Ich bin vollkommen dafür. Und meine Sannyasins müssen lernen, nicht vor dem Leben zu fliehen, sondern intensiv zu leben, die Fackel ihres Lebens von beiden Seiten gleichzeitig abzubrennen. Sogar ein einziger Augenblick totaler Festlichkeit ist genug, dann hast du die Ewigkeit geschmeckt, dann hast du erfahren, was Gott ist. Das Leben ist die Form, in der Gott sich manifestiert, und Feiern ist sein einziges Gebet.

24. *Tag*

Meditation bedarf eines sehr entschlossenen Herzens. Der wankelmütige Verstand ist unfähig, in Meditation zu gehen. Sie bedarf eines standhaften Durchhaltevermögens, denn sie braucht ihre Zeit.

Während so vieler Leben haben wir nicht-meditativ gelebt, dass es uns fast schon zur Natur geworden ist. Dieses Nicht-Meditativsein umgibt uns wie ein Felsen und muss gebrochen werden. Und solange wir den inneren Felsen nicht brechen, wird sich unsere innere Natur niemals manifestieren. Wenn man also an einem Tag meditiert und hofft, dadurch etwas zu erreichen, und merkt, dass man nichts erreicht hat, und dann die Sache aufgibt, dann wird man niemals fähig sein, in die Welt der Meditation einzudringen. Es bedarf einer absoluten Verpflichtung: „Was auch immer geschieht, unabhängig von allen Resultaten, ich bin entschlossen hineinzugehen, und ich bin bereit zu warten, und ich bin bereit, alles zu riskieren."

Je tiefer die Bereitschaft und je größer die Entschlossenheit, desto einfacher wird der Prozeß. Wenn die Entschlossenheit total ist und die Intensität absolut ist, kann es sogar in einem einzigen Moment passieren.

Alles hängt von deiner Intensität ab: es muss eine leidenschaftliche Liebesbeziehung sein. Man kann nicht nur mit der Idee herumspielen. Es muss zum Lebensinhalt werden. Und es ist es wert, alles dafür zu riskieren, denn es gibt nichts Wertvolleres. Es öffnet die Tür zum göttlichen Schatz, zum ewigen Königreich Gottes.

25. *Tag*

Nur durch Meditation wird man zum König, wird man zum Meister, wird man zum Meister über sich selbst. Und das ist die einzige Meisterschaft. Es gibt keine andere Meisterschaft auf der Welt. Wenn du nicht Meister über dich selbst bist, dann kannst du die ganze Welt besitzen, aber du bist ein Sklave, du bist kein König. Wache aus deinen Träumen auf und mache jede nur mögliche Anstrengung, um tiefer in Meditation, in Bewusstheit, ins Zeugesein zu gehen. Werde immer bewusster, und du wirst ein König. Es bedarf fortdauernder Anstrengung, und du brauchst Durchhaltevermögen und Geduld. Der Sieg ist dir sicher, aber er geschieht nur, wenn du wirklich bereit bist. Diese Bereitschaft kommt durch intensive Bemühung.

Unternimm alles, um meditativ zu sein – das ist der Schlüssel, das ist der Meisterschlüssel zu den Türen des Königreichs Gottes.

26. *Tag*

Du bist aus dem Stoff gemacht, der Gott heißt. Natürlich sind wir uns dessen nicht bewusst, aber das macht keinen Unterschied: bewusst oder unbewusst, wach oder schlafend bist du göttlich. Und wer in diesem Moment schläft, kann im nächsten Moment aufgewacht sein.

Wenn wir einen einzigen Tropfen Wasser verstehen, dann haben wir alles Wasser, das überall existiert, verstanden. Und jeder Mensch ist ein Tautropfen Gottes. Wenn wir einen Menschen verstehen können... und das einfachste und nächste ist deine eigene Existenz. Wenn das Geheimnis einmal verstanden ist, wenn die Tür einmal offen ist, dann weißt du, dass du nur ein Tautropfen derselben höchsten Realität bist, die die gesamte Existenz durchdringt. Dann gibt es keinen Tod, keine Angst, keine Gier, keine Lust. Man lebt in absoluter Freiheit, Seligkeit und Segen.

27. *Tag*

Sei so selig wie möglich, sei fröhlich, lächle und lache. Warte nicht auf irgend einen Grund zum Lachen, lache einfach wie ein Verrückter, ganz ohne Grund. Das Lachen an sich ist genug, es braucht keinen Grund. Es gibt dir so viel Gesundheit, es ist eine so gute Gymnastik für den Körper wie für die Seele, beides. Brich in ein gutes Gelächter aus, wo auch immer du gerade sitzt. Und dann werden andere auch anfangen zu lachen, wenn sie dich ohne Grund lachen sehen. Dann wirst du über die Leute lachen, die lachen, und so geht es weiter und es gibt kein Ende des Lachens. Hör nur auf, wenn dir die Tränen in die Augen treten. Das bedeutet: Stopp!

28. *Tag*

Hör auf dein Herz. Lerne immer mehr, auf dein Herz zu hören und ihm zu folgen. Der Verstand ist nicht dein, er wird dir von der Gesellschaft gegeben. Das Herz ist dein, es wird dir von Gott selber gegeben. Wenn du auf dein Herz hörst, ist Meditation nicht schwierig, du kannst sie erlangen. Dann gibt es keine Probleme mehr, du hast Klarheit, du kannst die Dinge sehen, wie sie sind. Dann besteht keine Frage, was du tun oder lassen sollst, du weißt sofort, was zu tun ist. Es gibt keine Frage nach Alternativen. Du weißt einfach, das ist das Richtige, das muss ich tun, und es gibt nichts zu bereuen.

Und man macht niemals Fehler. Die ganze Welt mag denken, dass du einen Fehler machst, aber soweit es dein Herz betrifft, bist du total darin. Du weißt aus deinem tiefsten Sein heraus, dass es kein Fehler ist, und du kennst keine Reue. Du weißt, dass es letztendlich gut sein wird. Vielleicht ist es jetzt gerade unmöglich, sich vorzustellen, was am Ende dabei herauskommen wird, aber das Herz weiß es besser, denn das Herz lebt in den tiefsten der Mysterien der Existenz. Das Herz kennt keine Vergangenheit und keine Zukunft, es kennt nur die Gegenwart. Wenn Meditation in dir erfüllt ist, wenn du einmal Meditation erlangt hast, hat dein Leben Sanftheit, Anmut, Schönheit.

29. *Tag*

Die ganze Welt wird von einer dunklen Wolke der Entfremdung dominiert. Und der Grund dafür ist, dass wir eine einfache Wahrheit vergessen haben: Gott liebt uns. Deshalb gibt es uns, wir sind seine Liebesprodukte. Seine Liebe ist die Grundlage unseres Lebens. Ohne seine Liebe können wir nicht atmen. Ohne seine Liebe hören unsere Herzen auf zu schlagen. Seine Liebe ist unsere Existenz.

Aber weil sie uns so nahe ist, ist es leicht, sie zu vergessen. Es ist kein Abstand zwischen ihr und uns. Deshalb können wir sie nicht sehen, und wir vergessen alles, was wir nicht sehen können. Wir müssen uns bewusst daran erinnern, und sowie sich dieses Erinnern vertieft, schwindet die Entfremdung. Die schwarze Wolke ist unauffindbar, und die Welt ist voller Sonnenschein. Es ist eine Freude zu sein, denn hier ist unser Zuhause, wir sind keine Zufälle. Wir sind absolut wesentlich, wir werden gebraucht. Wir dienen einem höheren Zweck, etwas, das großartiger ist als wir, etwas, das größer ist als wir.

30. *Tag*

In deiner Essenz bist du göttlich, deshalb ist alles, was dir geschieht, nur etwas Vorübergehendes. Lass dich davon nicht ablenken. Wenn es etwas Angenehmes ist – beobachte es. Wenn es etwas Schmerzliches ist – beobachte es. Das Angenehme geht vorbei, das Schmerzliche geht vorbei. Sie sind wie Wolken, die am unendlichen Himmel deines Seins vorüberziehen. Der Himmel wird von den Wolken nicht beeinträchtigt. Es mögen dunkle Wolken sein, es mögen schöne weiße Wolken sein, das ist ganz gleich – der Himmel bleibt unversehrt.

31. *Tag*

Wir sind nicht der Körper und wir sind nicht der Verstand. Wir sind reines Bewusstsein, und reines Bewusstsein ist, was Gott ist. Wenn du dein eigenes Zentrum erreichst, wirst du sehen, dass du nicht dich dort findest, sondern Gott. Man kann ihn nirgendwo anders finden, er hat seinen Wohnsitz in dir, genau in deinem Zentrum, und er wartet darauf, dass du nach Hause kommst.

Der Mensch kann ein großes Erblühen werden. Und es ist immer Frühling. Wir müssen uns nur darauf einstimmen, wir müssen uns nur auf den Frühling einstimmen, und augenblicklich werden Wunder möglich.

Und denke daran, du hast eine Recht auf all diese Wunder – jeder hat ein Recht auf all diese Wunder.

Fotos mit freundlicher Genehmigung von:

Osho International
Pratito Kiefer
Volkmar Müller
Christian Müller-Mencken
Digambar Perry
Jivana Werner

Über den Autor

OSHOS LEHREN WIDERSTEHEN JEGLICHER Kategorisierung, sie reichen von der persönlichen Sinnsuche bis hin zu den dringendsten sozialen und politischen Fragen, mit denen die Welt heute konfrontiert ist. Seine Bücher wurden aus zahllosen Tonband- und Videoaufnahmen transkribiert. Er hat über einen Zeitraum von 35 Jahren vor einer internationalen Zuhörerschaft stets aus dem Stegreif gesprochen. Der Londoner *Sunday Times* zufolge zählt Osho zu den „1000 Machern des 20. Jahrhunderts"; der amerikanische Romanautor Tom Robbins hat ihn einmal „den gefährlichsten Mann seit Jesus Christus" genannt.

Osho selbst beschreibt sein Werk als „Beitrag, die Voraussetzungen für die Entstehung einer neuen menschlichen Lebensweise zu schaffen". Diesen neuen Menschentypus hat er immer wieder als „Sorbas der Buddha" umschrieben – also einen Menschen, der nicht nur wie Sorbas der Grieche die irdischen Freuden zu schätzen weiß, sondern ebenso sehr die stille Heiterkeit eines Gautam Buddha. Wie ein roter Faden zieht sich durch alle Aspekte von Oshos Arbeit die Vision einer Verschmelzung der zeitlosen Weisheit des Ostens mit den höchsten Potenzialen westlicher Wissenschaft und Technik.

Vor allem seine revolutionären Ansätze zur Wissenschaft der inneren Transformation haben Osho berühmt gemacht. Denn seine Auffassung von Meditation wird dem rasanten Tempo einer modernen Lebensweise gerecht. Seine innovativen

„aktiven Meditationen" basieren auf dem Gedanken, dass erst der in Körper und Geist angesammelte Stress abgebaut werden muss, um, frei von Gedanken und entspannt, einen meditativen Zustand zu erfahren.

www.osho.com

Das Osho International Meditation Resort

DAS RESSORT IST EIN PLATZ, an dem Menschen eine neue Lebensweise erfahren können – geprägt von mehr Bewusstheit, Entspannung und Lebensfreude. Etwa 100 km südöstlich von Mumbai im indischen Pune gelegen, hat dieser Platz ein reichhaltiges Programm zu bieten; Tausende von Menschen aus mehr als hundert Ländern weltweit besuchen ihn Jahr für Jahr. Das Meditationgelände erstreckt sich über ca. 15 Hektar inmitten eines von prächtigen alten Baumalleen gesäumten Villenviertels namens *Koregaon Park* und bietet Unterkunftsmöglichkeiten auf dem Campus im neu erbauten Gästehaus. Außerdem gibt es ein breites Angebot an nahegelegenen Hotels und privaten Unterkünften.

Das Programm des Ressorts gründet auf Oshos Vision einer qualitativ neuen Art von Mensch, der nicht nur sein Alltagsleben schöpferisch zu gestalten vermag, sondern auch Zugang zu entspannter Stille und Meditation findet. Angeboten werden u. a. Einzelsitzungen, Kurse und Trainings zu allen möglichen Themen – von den bildenden Künsten bis hin zu ganzheitlichen Heilmethoden, von persönlicher Transformation bis hin zu Therapie, esoterischer Wissenschaft, Sport- und Fitnessprogrammen mit Zen-Akzent, Beziehungsthemen und Angebote für Menschen, die in grundlegenden Veränderungsphasen ihres Lebens sind. Und natürlich gibt es ganzjährlich die täglich stattfindenden Meditationen im Ressort.

In den Cafés und Restaurants unter freiem Himmel kann man

sowohl Menus der indischen Küche genießen als auch eine breite Palette internationaler Gerichte. Verarbeitet werden nur Gemüse aus dem organisch-kontrolliertem Anbau von der Farm des Ressorts. Der Campus verfügt zudem über eine eigene Trinkwasseranlage.

www.osho.com/ resort

Weitere Titel von Osho

DAS ZEN-PRINZIP

Der Weg des Paradoxes

ISBN 978-3-936360-96-7

Zen mischt sich nicht in irgendwelche menschlichen Vorstellungen ein. Es bevorzugt nichts. Es fügt nichts hinzu, es lässt nichts weg. Deswegen ist Zen paradox – weil das Leben paradox ist.

TAO - DAS HERZ DER FREIHEIT

ISBN 978-3-936360-46-2

In seinen Kommentaren zu fünf Gleichnissen aus „Das Buch Liehtse" stellt Osho die uralte Weisheit des Tao in das Licht seiner zeitgemäßen Deutung.

DER SUFI-WEG

ISBN 978-3-936360-48-6

Osho spricht hier über das sprichwörtliche „Stirb und werde" der mystischen Erfahrung, das bei den Sufis eine zentrale Rolle spielt. Was es damit auf sich hat, erläutert er anhand von Sufi-Geschichten.

www.innenwelt-verlag.de

INTELLIGENZ DES HERZENS

ISBN 978-3-936360-47-9

Komplett überarbeitete Neuauflage

Fragen über Gott und die Welt, von Journalisten und Hausfrauen, Übeltätern und Heiligen, Bildungsbürgern und zornigen jungen Männern.

LEBEN, LIEBEN, LACHEN

Lesebuch zum Thema Lebensfreude

ISBN 978-3-936360-83-7

LEBEN: „Sei ein Trunkenbold, betrunken vom Leben, vom Wein der Existenz."

LIEBEN: „Ein liebender Mensch liebt ganz einfach, genauso wie er trinkt, isst und schläft."

LACHEN: „Der Sinn für Humor erstreckt sich auf dein ganzes Wesen, vom Körper über den Verstand bis zur Seele."